새 선생님을 위한 한국어 문법 교육론

새 선생님을 위한 한국어 문법 교육론

초 판 인 쇄	2021년 05월 07일
초 판 발 행	2021년 05월 14일

저 자	김광순
발 행 인	윤석현
발 행 처	박문사
책 임 편 집	최인노
등 록 번 호	제2009-11호

우 편 주 소	서울시 도봉구 우이천로 353
대 표 전 화	02) 992 / 3253
전 송	02) 991 / 1285
홈 페 이 지	http://jncbms.co.kr
전 자 우 편	bakmunsa@hanmail.net

ISBN 979-11-89292-81-2   13700   정가 18,000원

새 선생님을 위한
한국어 문법 교육론

김 광 순

박문사

이 책은 한국어 교육을 시작할 새 선생님들이 가져야 할 한국어 교육을 위한 관점과 문법 교육에 활용할 수 있는 기본적인 지식, 그리고 교육현장에서 주의해야 할 내용을 중심으로 구성되었다. 이때 '한국어 교육을 위한 관점'은 외국인 학습자를 대상으로 삼는 한국어 교육의 특징에 초점을 두고 논의했으며 '기본적인 지식'은 교사가 '논문이나 전문서적'의 용어를 해석할 수 있을 정도의 수준을 기준으로 삼아 정리했다. 그리고 한국어 교육현장에서 주의할 내용은 학습자들에게 혼란을 줄 수 있는 용어, 문형, 교재 구성 등과 관련된 내용을 뜻한다.

이런 체계를 바탕으로 이 책은 다음과 같은 내용에 더욱 중점을 두고 있다.

첫째, 한국어 교육에서 '한국어학적 이론'은 매우 중요하다. 이는 객관적인 학습과 평가의 근거가 되기 때문이다. 하지만 많은 예비교사들은 한국어 교육과 '한국어학의 이론'을 별개의 것으로 여기는 경우가 많은데 이런 생각은 잘못되었음을 알리고 다양한 이론적 배경의 활용 방안에 대한 소개를 1장과 2장을 통해 정리하고 인식의 변화가 필요함을 언급했다.

둘째, 한국어 교육을 위한 문법은 한국인을 위한 학교문법과는 다른 기준이 적용되어야 한다. 한국어 교육은 한국어를 모국어로 삼지 않은 학습자를 상대로 진행되기 때문이다. 이에 한국어 교육을 위한 새로운 관점으로 문법의 개념을 설정하고 적절성을 판단할 수 있는 방안에 대한 논의를 진행했다.

셋째, 한국어학에서 중요하게 다뤄지는 논의와 전형적인 기준일지라도 실제 언어생활에서 사용되는 양상과 차이가 있거나 학습자들이 이해하기 어려운 개념은 효율적인 수업의 진행을 위해 한국어 교육의 고유한 현장의 특성을 고려한 새로운 접근 방법을 제시하도록 했다.

넷째, 본 저자의 개인적인 생각이나 경험에 의존한 논의는 각주를 통해 제시했고 관점에 따라 달리 존재할 수 있는 특정 개념과 관련된 다양한 논의는 초점을 두어 설명하지 않았으며 마지막으로 객관적인 어휘정보만을 전달하기 위해 「표준국어대사전」에서 제공하는 사전의미를 활용하여 어휘정보를 제시했다.

ㅎ
ㅇ

처음 책을 만들고자 의도했던 날에서 끝 장을 쓰기까지 오랜 시간이 걸렸다. 변명없이 우선은 게으른 나 자신을 탓해야 하겠지만 그 사이 둘째가 태어났고 첫째의 육아에 신경을 더 쓴 점도 조금의 영향으로 작용했을 거라 믿기에 나름의 위안이 된다. 그 틈에 더욱 쌓여 온 연세대학교 한국어학당에서의 9년 동안의 경험을 공유할 수 있는 최선의 결과가 활용될 수 있어 다행으로 여긴다.

이런 경험을 쌓을 수 있게 그동안 많은 가르침과 격려를 보내주신 많은 분들께 감사드린다. 특히 신입 시절 많은 실수를 웃으면서 감싸 주셨던 정희정 선생님, 함께 일을 할 때마다 많은 실수를 반복해도 금세 잊고 챙겨주시는 손성희 선생님, 다양한 질문에 항상 웃음으로 답해주시는 김제열 선생님, 밝고 따뜻한 시선으로 격려해 주시는 한상미 선생님께 깊은 감사의 말씀을 드린다. 또한 매번 새롭게 정진할 수 있는 세상을 열어 주시는 나의 지도 교수님 신현숙 선생님과 이 책을 만드는 과정에서 많은 의문점을 명쾌히 정리해주시고 늘 든든한 버팀목이 되어주시는 전나영 선생님께 감사드리는 마음을 이 여백을 빌려 남기도록 한다.

지금까지의 시간을 견디고 앞으로도 계속 나아갈 수 있는 나의 원동력은 가족이다. 공부한다고 효도는 뒷전인 아들을 알뜰살뜰 챙겨주시는 우리 엄마, 든든하게 지원해 주시는 나의 아버지에게 항상 감사한 마음을 가슴속 깊이 간직하고 있음을 전해드린다.

끝으로 이 세상의 무엇보다 최고의 보물인 첫째 아들 김온주, 둘째 아들 김온서에게 든든한 버팀목이 되어 주겠다는 약속과 그동안의 힘든 육아를 묵묵히 견디며 힘든 내색도 하지 않는 나의 아내, 김주영에게 고마운 마음을 이 책을 빌려 전하도록 한다.

2021년, 새 희망을 가득 담기 시작한 절기에, 지은이가

| 차례 |

머리말/4

8

제1장
한국어 교육과 한국어 문법

　이 장에서는 한국어 교육과 한국어학과의 관계에 대해서 살펴보도록 한다. 두 학문은 모두 '한국어'라는 언어를 공통의 대상으로 삼고 있다. 하지만 많은 한국어 교육자들은 두 학문을 별개의 관계로 설정하고 한국어학을 교육에 활용할 방법에 대한 관심을 가지지 않는다. 하지만 이 책은 효과적인 한국어 수업을 위해서는 한국어학의 이론이 매우 활용도가 높다는 점을 전제로 삼고 관련 내용을 제시하도록 한다.

1.1 한국어 교육에서의 한국어

　먼저 '한국어 교육'에 대해서 살펴보자. 한국어 교육이란 무엇일까? 학자마다 한국어에 대한 조금씩의 견해 차이는 존재한다. 이에 이 책에서의 정의가 정답이라고 할 수는 없겠으나 다음과 같은 정의를 가장 보편적인 관점에 가까운 결과로 설정할 수 있다.

(1) 한국어 교육
㉠ 한국어를 모국어로 가지지 않은 학습자에게 ㉡ 한국어를 가르치는 것.

(1)처럼 '한국어 교육'에서 설정한 교육의 대상은 '한국어를 모국어로 삼지 않은 학습자'이며 이들에게 가르치는 내용은 '한국어'다. 이때 '한국어를 모국어로 삼지 않은 학습자'란 '국적이 한국이라도 외국에서 오랜 기간 성장하여 그곳의 언어를 먼저 습득한 한국인'이라면 이들도 한국어 교육의 대상이 된다. 또한 한국이라는 지리적 위치에서 사용되는 제한적인 개념만을 한국어로 설정하지 않으며 세계에서 사용되는 넓은 범주를 '한국어'로 설정할 수 있다. 하지만 한국어 교육은 보다 객관적이며 체계적인 제한이 필요하다. 세계라는 전체의 범주에서 특수하게 사용되는 '한국어'까지 교육의 대상으로 삼을 수 없기 때문이다. 이에 다음의 특징을 보이는 한국어는 교육의 대상에서 제외하도록 한다.

(2) 한국어 교육에서 제외되는 한국어의 특징
㉠ 사용되는 범주가 제한적이다.
㉡ 변화의 속도가 매우 빠르다.

㉢ 상대방에게 불쾌감을 전달한다.

먼저 ㉠은 제한적인 [지리], 특정 [연령]이나 [성(性)]의 속성을 가진 언어 사용자들에게 제한적으로 사용되는 한국어는 교육의 대상으로 삼지 않음을 뜻한다. 이는 특정 지역에서 사용되는 방언, 남성어, 여성어 전문어, 이모티콘 등을 포함하는 개념이다. 또한 ㉡은 생성·소멸되는 속도가 빠른 유행어나 신조어 등이 가진 특징으로 아무리 사용되는 빈도가 높아도 형태·의미변화의 속도가 빨라 학습 이후 소멸될 사어死語에 가까운 특징의 어휘를 제외하는 것을 뜻한다. 마지막으로 ㉢은 대화를 지속하기 위해 가장 중요한 특징으로 대화를 단절시킬 [불쾌감]을 전달할 수 있는 표현 또한 한국어 교육의 대상으로 삼지 않음을 뜻한다.

'한국어'를 매우 포괄적인 범주로 정리하고 있는 관점과는 달리 한국어 교육을 위한 한국어의 범주를 이처럼 제한하는 것은 학습자가 실제 언어생활에서 대화를 할 때 [지역], [성별], [연령], [직위] 등의 속성과 관계없이 가장 보편적으로 사용할 수 있는 범주를 우선적으로 학습할 수 있게 하기 위함이다.

1.2 한국어학의 활용

많은 예비 교사들은 외국인에게 한국어를 가르치는 교실에서 필요한 국어학적 지식은 충분히 갖췄다고 생각하는 경우가 많다.

이에 단어의 사전의미 정도만을 파악하여 수업에 임할 뿐 다양한 문법적 규칙이나 사용 양상에 대한 정보는 파악하지 않는다.

하지만 한국어 교육은 매우 복잡한 언어학적 지식을 바탕으로 한국어 모국어 화자들의 가장 보편적인 언어 사용양상과 관련된 결과을 교사의 제한적인 설명으로, 가장 체계적으로 전달해야 하는 학문이란 점에서 한국어에 대한 명확한 이해는 아주 중요하다.

또한 학습자들은 객관적인 규칙을 중심으로 수업의 진행을 원하며 3개 국어 이상을 자유롭게 구사하는 특정 언어권의 학습자들의 언어에 대한 직관은 교사보다 풍부하여 다양한 비교를 통해 여러 질문을 하기도 한다.[1] 이런 학습자를 대상으로 수업이 진행되기에 교사는 수업에 대한 준비를 충실히 마쳐야 하며 이는 당일에 제시할 어휘와 문형의 다양한 정보를 정확하고 체계적으로 정리하고 있어야 함을 뜻한다. 이에 교사는 적어도 개론서에서 소개되는 보편적인 내용만큼의 언어학적 지식을 학습하여 한국어 교육에 적용시킬 방안을 꾸준히 고려해야 한다.[2]

하지만 '언어학'이란 범주는 세계의 언어를 대상으로 삼고 '보편성·특수성'과 관련된 다양한 논의를 진행하는 탓에 그 연구 관점

---

[1] 다양한 언어를 습득한 학습자들의 직관은 한국어만을 모국어로 삼아온 교사들과 비교하여 매우 발달해 있고 이를 바탕으로 자신들만의 체계적인 규칙을 한국어에 적용시켜 학습에 활용한다. 이에 자칫 교사는 학습자보다 언어학적인 지식이 부족한 존재가 될 수도 있단 점을 명심하며 철저한 이론적 지식을 갖춰 수업에 활용해야 한다.

[2] 실제 교육현장에서 학문의 이론을 바탕으로 체계적인 교육을 진행하지 못하는 강사의 경우 '능력없는 무능력한 강사'로 금세 낙인되어 학습자들에게 무시의 대상이 되는 일을 흔히 목격할 수 있다.

이 매우 넓어 모든 이론이 한국어 교육에 필요한 것은 아니다. 하지만 다음과 같이 언어를 구성하는 가장 기본적인 요소인 '소리, 형태, 의미'에 초점을 맞춰 연구된 학문은 한국어 교육에서 활용의 가치가 매우 높다.

> (3)　한국어 교육을 위한 학문들
> 　　(ㄱ) 소리Sound에 초점을 둔 학문
> 　　　　음성학Phonetics, 음운론Phonology
> 　　(ㄴ) 형식Form에 초점을 둔 학문
> 　　　　형태론Morphology, 통사론Syntax
> 　　(ㄷ) 의미Meaning에 초점을 둔 학문
> 　　　　의미론Semantics, 화용론Pragmatics

언어는 "생각, 느낌 따위를 나타내거나 전달하는 데에 쓰는 음성, 문자 따위의 수단. 또는 그 음성이나 문자 따위의 사회 관습적인 체계"를 사전의미로 가지는데 이를 중심으로 논의를 진행하는 학문이 바로 (3)과 관련된 내용들이다.

이때 (ㄱ)은 문장을 소리내어 발화하는 과정과 발화된 소리가 청각 기관으로 들어올 때까지의 과정에 초점을 맞춘 학문이며 (ㄴ)은 정해진 문법 규칙을 활용한 단어의 형성과 문장의 형성에 초점을 맞춘 학문, (ㄷ)은 단어와 문장을 통해서 이해할 수 있는 다양한 의미 파악에 초점을 둔 학문으로 이를 적절하게 활용할 경우 한국어 교육은 보다 질적인 발전을 이룰 수 있을 것이다.

1.2.1 음운론과 음성학

음운론과 음성학은 '소리'에 초점을 둔 학문이다. 언어학 혹은 국어학을 전공으로 삼았다면 두 학문은 특정 장비를 함께 활용해야 하며 한국인의 직관만으로 이해가 쉽지 않은 학문으로 인식하고 있을 것이다. 이는 '음운론과 음성학'이 '소리'를 연구하는 탓에 연구자가 현장에서 당장 확인할 수 있는 정보가 많지 않기 때문이다. 이런 이유로 대부분의 교사들은 한국어 교육에서 '음운론과 음성학'을 활용도가 가장 떨어지는 학문으로 여기기도 한다. 하지만 다른 학문들과 비교하여 한국어 발음교육에 가장 효과적으로 적용할 수 있다는 점은 부인할 수 없다.

지금까지 한국어 교육 현장에서 '발음'에 초점을 둔 교육을 진행하는 것은 쉽지 않게 여겨진다. 단지 단어와 문법을 학습하고 활용하는데 초점을 둘 뿐이다. 하지만 발음교육은 그 필요성이 인정되어 꾸준한 논의가 지속되고 있으며 구어 활동에 있어서 '유창성과 정확성'을 확보하는데 가장 직접적인 요소가 된다는 점에서 이 또한 한국어 교육에서 중요하게 다뤄야 할 내용이다.

가령 중국어권의 학습자의 경우 성조가 매우 발달한 언어인 탓에 한국어를 발화할 때에도 관련 현상이 나타난다. 또한 한국어와 달리 /ㄹ/이 권설음捲舌音으로 발음되어 소리값이 달라 이를 받침으로 가진 단어의 발화에 오류가 많다. 또한 일본어권의 학습자는 받침 /ㄴ/과 /ㅇ/의 발화에 오류가 많은데 이는 일본어에서 /ん/ 하나가 한국어 /ㄴ/, /ㅇ/과 유사한 소리값을 가지기 때문이다. 또한 /ㄲ/과 /ㅋ/, /ㄸ/과 /ㅌ/, /ㅉ/, /ㅊ/과 /ㅃ/과 /ㅍ/과 같은 경음, 격음의 체계가 한국

어와 달라 관련된 발음의 오류가 매우 많다.

지금까지는 이러한 오류를 교사에게 절대적으로 의존할 수 밖에 없었고 오류를 객관적으로 수정할 방안이 존재하지 않아 수업시간에 중요하게 다루지 못하고 있다. 하지만 한국어 음운론, 한국어 음성학에서 연구한 '조음 방법', '조음 규칙', '조음 위치'와 관련된 내용을 정확하고 체계적으로 활용할 수만 있다면 한국어 발음교육의 질적 발전을 이룰 수 있을 것이다.[3]

1.2.2 형태론과 통사론

형태론과 통사론을 합하여 '문법론'이라고도 하며 '한국어 문법'을 가르치는 한국어 교육에서 이에 대한 활용도는 매우 높다. 실제, 현재 한국어 교재를 구성하고 있는 다양한 용어는 이들의 개념을 활용하고 있다. 가령 '명사, 동사, 형용사, 조사, 부사, 감탄사' 등과 같은 품사는 형태론적 관점의 연구 성과이며 '주어+목적어+동사'의 어순이나 '높임법', '시제법', '사동법', '피동법', '부정법', '강조법' 등과 같은 표현과 용어는 통사론적 관점의 연구 결과를 활용한 것이다.[4]

---

3 한국어 교육의 현장에서 '음운론, 음성학'을 전공으로 삼은 교사의 수가 많지 않다. 또한 대부분 석사까지의 학위에 머물러 있기 때문에 전문적인 지식을 활용하에 '한국어 발음 교육'에 적용 시킬 인재가 부족한 것은 사실이다. 하지만 한국어 능력시험(TOPIK)에서 말하기 평가를 준비하고 있고 이는 음성학과 음운론의 연구 성과가 매우 중요하단 점에서 한국어 교육에서 두 학문의 활용도는 앞으로 더욱 중요해질 것이다.

4 실제 교육현장에서 중요하게 활용하고 있지만 이를 인식하지 못하는 학문이 바로 '형태론과 통사론'이다.

이처럼 한국어 교육에서 형태론과 통사론의 연구 결과는 기본적인 구성에서부터 활용되고 있다. 하지만 대부분의 교사는 '모국어 화자라면 누구나 가지고 있는 직관'으로 문법을 충분히 설명할 수 있다고 믿으며 관련 학문의 연구 성과를 활용할 필요가 없다고 잘못 생각하는 경우가 많다. 그러나 다음과 같은 질문에 정확한 답을 하기 위해서는 교사의 직관은 한계가 있다.

> (4) 어색한 정도가 존재하는 부정문
>
> (ㄱ)?어제 학교에서 안 공부했어요.
>
> (ㄴ) 어제 학교에서 공부하지 않았어요.

> (5) 어색하지 않은 부정문
>
> (ㄱ) 아니, 어제 안 갔어.
>
> (ㄴ) 아니, 어제 가지 않았어.

(4)과 (5)은 {안}과 {지 않다}를 사용한 부정문이다. 이때 한국어 모국어 화자라면 (4ㄱ)이 어색한 것은 알 수 있다. 반면 동일한 위치에서 사용된 (5ㄱ)은 어색하지 않은데 이를 직관만을 활용하여 객관적으로 설명하는 것은 쉽지 않다. 하지만 '형태론과 통사론'에 대한 이해가 부족하거나 필요성을 느끼지 않았던 대부분의 교사는 이를 직관에 의존하여 설명할 수 밖에 없다. 물론 직관이 정확한 답을 전달할 수도 있겠으나 한국어 학습 기간이 3개월도 되지 않은 1급의 학습자들에게 사용할 수 있는 언어 표현이 제한적인 탓에 이를 이

해시키기 위해 장황한 설명은 할 수 없다. 또한 (4), (5)과 같은 양상은 한국인에게는 특별히 고려되지 않은 양상인 탓에 질문을 받은 현장에서 정확한 답을 빨리 직관을 활용하여 제시하는 것은 사실상 불가능하다. 이런 문제는 다른 현상도 동일하며 수업을 진행할수록 '직관'의 한계가 나타난다. 이런 이유로 한국어 교육에서는 형태론과 통사론의 연구 결과를 효과적으로 활용할 수 있도록 꾸준히 적용할 방법을 모색할 필요가 있다.[5]

1.2.3 의미론Semantics과 화용론Pragmatics

'의미'에 대한 질문은 한국어 교육의 시작과 끝이라고 할 수 있을 만큼 중요하다. 앞서 짧은 부정법과 긴 부정법의 차이는 통사적인 결합 위치에 따른 의미 차이를 활용하여 설명할 수 있을 만큼 중요한 역할을 하는데 이를 위한 학문이 바로 '의미론'과 화용론이다.[6] 이때 의미란 사전에서 검색할 수 있는 의미에서부터 실제 언어생활에서 대화가 진행될 때 다양한 양상으로 함축·추측될 수 있는 넓은 범주의 의미까지를 뜻한다. 이에 대화가 진행되는 화자, 청자 그 밖의 배경 등과 관련된 다양한 요소의 파악이 무엇보다 중요한데 이러한 요소에 따라 각기 다른 다양한 의미로 해석될 수 있기 때문이다. 이에 한국어 교육에서는 어휘와 문법의 의미를 전달할 때 그 범주를 적절하게 설정하는 작업이 선행되어야 한다.

---

[5] 구체적인 내용은 14장을 통해 확인하도록 한다.

[6] 한국어 교육에서의 주의점 1.

(6) 비문의 의미전달 가능성

　(ㄱ) 어제 학교에서 안 공부했어요.

　(ㄴ) 혼자만 알지 않는다. 직원들과 공유한다.

　(ㄷ) 우리 서로 알지 않아요?

　(ㄱ)의 짧은 부정 {안}은 그 위치가 용언의 앞에 자리했고 이는 모국어 화자라면 보편적으로 사용하지 않고 어색함을 느낀다는 점에서는 비문이 된다. 하지만 [의미]에만 초점을 둔다면 그 의미전달이 가능하단 점에서 비문으로 보지 않는 관점도 존재한다.[7]

　또한 (ㄴ)의 {알다}는 문법론의 가장 전형적인 관점을 대표한다고 할 수 있는 고영근 · 구본관(2011: 340)에서 '동작주의 능력을 전제로 하는 행위'에서 '안 부정'과 결합할 수 없다고 정리하여 이를 비문으로 설정했고 많은 어학당의 교재에서도 {모르다}를 사용한 부정의 표현만을 자연스럽게 제시하기에 이를 비문으로 볼 수 있다. 하지만 실제 언어생활에서 사용되는 양상을 중요하게 여기는 '화용론'적인 관점에서 본다면 이는 비문이 아니며 언어 현상의 변화된 결과가 된다.[8] 또한 의미론과 화용론의 연구 성과는 문법적 규칙이

7　실제 언어생활에서 의미전달에 초점을 둔 특정 교육 기관은 이런 양상까지도 자연스러운 언어 습득의 과정이며 자연스럽게 수정될 수 있다고 보아 이를 오류로 설정하지 않고 있다.

8　특히 (ㄷ)은 매우 자연스럽게 사용되는 '관용적인 양상'의 일부다. 이를 기존에 정리된 문법적 규칙만을 적용한다면 비문이고 한국어 교육에서 제시하면 안 되는 표현이다. 하지만 이러한 규정만을 적용한다면 실제 언어생활에서 사용되는 자연스러운 양상 혹은 '관용적인 표현' 중에서 많은 비율이 비문으로 설정될 수 밖에 없다. 문법 규칙은 언어 현상을 따라가지 못하기 때문이다. 하지만 한국어 교

적용된 결과만으로 설명이 쉽지 않은 내용을 정리할 수 있다는 점에서 고유한 활용도가 존재하는 학문이다.[9]

1.3 실제 한국어 교육에서의 한국어학의 위치

이상의 내용만을 참고하여도 한국어 교육에서 한국어학과 관련된 학문의 활용도는 매우 중요하다고 할 수 있다. 하지만 적어도 지금까지의 교육현장에서는 한국어학과 관련된 다양한 학문을 한국어 교육을 위해 중요한 토대로 여기지 않는 것 같다. 이는 현재 한국어 교원 자격증을 취득하기 위해 국가가 정리한 과정의 결과만을 보더라도 쉽게 추측할 수 있다.

다음의 〈표 1-1〉은 국립국어원에서 제시한 '한국어 교원 취득 영역별 필수 이수학점'에 대한 내용이며 이때 '필수 이수학점'은 한국어 교육을 위해 가장 중요하게 고려되는 반드시 들어야 하는 과목으로 해석할 수가 있다. 하지만 아래의 표를 참고하면 한국어 교원에게 가장 중요하다고 설정된 항목은 ㈐과 같은 "외국어로서의 한국어 교육론"과 관련된 하위 범주의 과목이며 그 외의 영역과 관련된 과목의 이수 학점은 매우 낮게 설정되어 있다.

육은 실제 언어생활에서 사용되는 다양한 양상 또한 고려해야 하는 특징을 가진 학문이란 점에서 문법론이 가진 한계를 보완 해줄 수 있는 학문이 바로 '의미론과 화용론'이라고 할 수 있다.

9 한국어 교육에서의 주의점 2.

<표 1-1> 영역별 필수 이수학점

영역	학사 학위 취득자		석·박사 학위 취득자
	전공 (복수전공)	부전공	
	2급	3급	2급
(ㄱ) 한국어학	6학점	3학점	3~4학점
(ㄴ) 일반언어학 및 응용언어학	6학점	3학점	
(ㄷ) 외국어로서의 한국어 교육론	24학점	9학점	9~10학점
(ㄹ) 한국문화	6학점	3학점	2~3학점
(ㅁ) 한국어 교육실습	3학점	3학점	2~3학점
합계	45학점	21학점	18학점

　　표를 참고하면 대학교 4년 과정을 마치고 자격증을 취득하려는 학생은 한국어학과 관련된 과목을 6학점만 이수하면 된다. 이는 8학기, 과목당 3학점 기준으로 환산한다면 4년의 대학 생활 중에서 6학기에 해당하는 3년 동안 한국어학과 관련된 수업을 듣지 않아도 한국어 교원 자격을 획득할 수 있음을 뜻한다. 또한 전문적인 지식을 습득하기 위한 석사·박사 과정의 대학원생을 기준으로 본다면 필수학점이 3~4학점으로 2년, 4학기 중에서 1학기만 이수하면 자격증 취득이 가능하게 설정되어 있다.

　　반면 (ㄷ)과 같은 '외국어로서의 한국어 교육론'과 관련된 학문은 대학생 24학점 총 8과목, 석사·박사 3과목 혹은 4과목으로 매 학기 1회 이상 관련 과목을 들어야 이수 학점을 채울 수 있을 만큼 중요한 비중으로 설정되어 있다. 이런 이유로 한국어 교육자가 되길 희망하는 예비 교사들은 한국어학과 관련된 학문을 한국어 교육에서 중요하지 않은 학문 혹은 활용도가 매우 낮은 학문으로 자연스럽게 인식하게 되는 것이다. 하지만 앞서 언급한 것처럼 실제 교육현장에서 체계적인 수업을 위해서는 한국어학과 관련된 학문의 활용을 무시할 수 없다. 학습자들의 다양한 질문을 가장 객관적이며 효율적으로 대답할 수 있게 하는 기본의 지식이 바로 '한국어학'의 연구 결과이기 때문이다. 뿐만 아니라 한국어 교재를 구성하는 문법적 기준이나 용어도 모두 한국어학의 내용으로 구성되어 있으며 학습자를 평가함에 있어 가장 객관적인 평가 도구의 잣대를 제시하는 것도 한국어학의 연구 결과라는 점에서 '한국어학'은 '한국어 교육'에서 매우 중요한 역할을 담당하고 있음을 잊어서는 안 된다. 하지만 〈표 1-1〉과 같은 교육과정의 근본적인 변화가 선행되지 않는다면 한국어 교육에서 한국어학을 중요하게 생각하지 않는 지금의 관점은 앞으로도 달라지지 않을 것이며 추후 교사가 된 이후에도 이런 관점을 지향한다면 미래의 한국어 교육은 객관성을 확보하지 못한 주관적인 학문으로 그 가치가 전락하는 경험할 수 밖에 없을 것이다.

새 선생님을 위한 한국어 문법 교육론

제2장
한국어 교육을 위한 문법

한홍

한국어 교육에서 한국어학과 관련된 지식의 활용이 필요함을 1 장의 내용을 통해 정리했다. 이를 바탕으로 2장에서는 '한국어 교육'을 위한 문법체계의 확립이 필요한 이유와 한국어 교육에서 적용할 수 있는 한국어 교육을 위한 문법적 기준을 제시하도록 한다.

2.1 한국어 교육 현장의 실제

한국어 교육에서 가장 중요한 존재는 교실의 수업을 이끌어가는 교사다. 이들의 수업 방향은 학습자의 언어 사용과 성취도에 결정적인 역할을 하기 때문이다. 뿐만 아니라 고향을 떠나 낯선 환경에 적응하는 학습자의 개별적인 정서 상태와 원활한 수업을 위해 학습자들끼리의 관계까지도 고려해야 하는 탓에 한국어 교사의 현실은 만만하지 않다. 이런 이유로 한국어 교사가 된 이후 한국어를 따로 공부할 수 있는 시간은 부족하여 대부분의 교사들은 학습자를 가르치면서 축적된 경험에만 의존하여 교육을 진행하는 경우가 많다.

하지만 문제는 대부분의 강사들이 '한국어 교원자격증'을 취득한 관련 전공자로 구성되었다는 점이다. 즉 이들은 '한국어학'과 관련된 학문을 중요하게 고려하지 않는 교육 과정을 거쳐 교사가 되었기에 다음과 같이 다양성을 추구하지 못하는 집단으로 한국어 교육을 변화시키고 있기 때문이다.

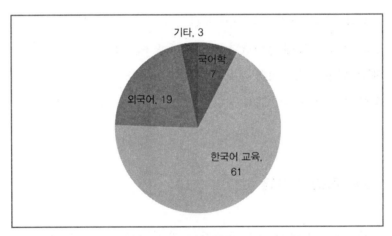

기타, 3
국어학 7
외국어, 19
한국어 교육, 61

〈그림 2-1〉 연세대학교 한국어학당 강사의 전공 비율

〈그림2-1〉은 연세대학교 한국어학당의 강사 90명의 최종 학위 논문과 관련된 분야를 정리한 결과다.[10] 이를 살펴보면 '외국어로서

의 한국어교육'의 교육학적 관점, 방법론적 관점에 흥미를 가지는
교사가 61명으로 가장 많다.[11] 또한 영어, 중국어, 일본어 등의 외국
어와 관련된 논문을 작성한 교사는 19명, 국어학과 관련된 논문을
작성한 교사가 7명이다. 이때 외국어와 관련된 19개의 논문도 대부
분 한국어 교육의 방법론적인 관점을 중심으로 연구가 진행되었다
는 점에서 실제 '방법론·교육론'의 관점의 논의는 전체에서 매우
높은 비중을 차지한다고 할 수 있다. 하지만 연세대학교 한국어학
당은 전국의 많은 한국어 교육기관 중에서 '한국어 교원자격증'을
필수 조항으로 요구하지 않는 몇 안 되는 기관이라는 점에서 추측
한다면 전체 한국어 교육기관에서의 이러한 지배적인 빈도 현상은
더욱 높다고 할 수 있다.

이러한 결과의 문제는 교사들의 전공이 특정 분야에 집중된 탓
에 한국어 교육을 다양한 관점에서 접근할 동력이 부족하단 것이
다.[12] 즉 한국어를 학습자에게 효과적으로 가르치는 다양한 방법
론적 논의도 필요하지만 객관적인 어휘정보를 구축하고 문법·비
문법의 경계 구분에 관심을 가지는 교사도 필요한데 이를 연구할
교사가 없다는 점이다. 이런 이유로 앞으로의 한국어 교육은 다양
성을 추구하지 않는 획일적 교육으로 변질될 가능성이 있다. 또한

---

[10] 최근 학위를 받은 90명의 순서를 기준으로 정리한 결과다.

[11] 2020년 기준 최근 5년간 채용된 강사의 경우 이 비율이 더욱 높다.

[12] 석사, 박사과정을 거쳐 각자의 명확한 학문적인 기준이 성립된 교사의 경우 더욱
다양성을 인정하지 않고 자신의 관점만이 집중된 내용만을 중요하게 활용한다
는 점에서 전공의 집중 현상은 위험성이 존재한다고 볼 수 있다.

객관적인 기준없이 교사의 직관만으로 내용을 구성하고 수업을 진행한다면 지금의 한국어 교육의 위상은 추락할 수 밖에 없단 점을 모두 명심해야 한다.[13] 이에 무엇보다 한국어 문법 교육에 적용할 수 있는 객관적인 한국어학적 지식과 한국어 교육만의 특수성을 고려한 '한국어 교육을 위한 문법'의 기준의 성립이 필요하다.

2.2 한국어 교육에서의 문법

신현숙(2014: 27)은 문법에 대한 정의가 학자마다 매우 다양하며 각각의 관점에 따라서 차이를 보이는 개론서에 대해 언급했다. 이처럼 문법에 대한 다양성을 지금까지도 인정하는 입장이라면 '한국어 교육' 또한 그 기준을 굳이 설정할 필요가 없다고 여길 수 있다. 하지만 '초·중·고등'학생에게 국어교육을 실시하기 위해 가장 절충적인 방안을 마련한 '학교문법'처럼 '한국어 교육'에서도 학습과 평가를 위해 활용할 수 있는 객관적인 근거는 필요하다. 또한 기존의 학교문법과 다른 기준이 필요한 것은 한국어를 모국어로 삼지 않은 성인 학습자에게 실제 언어생활에서 사용되는 양상과 기존의 규범을 함께 고려한 규칙이 필요하기 때문이다.

이는 한국어 교육의 특수한 성격 때문으로 한국어 교육만의 문법적 기준이 필요한 가장 직접적인 원인이라 할 수 있다.

---

13 한국어교육에서의 주의점 3.

(1) 기술문법과 규범문법

    (ㄱ) 기술문법Descriptive Grammar

        사용하는 언어 현상을 있는 그대로 규칙이나 원리로서 설
        명해 놓은 것.

    (ㄴ) 규범문법Prescriptive Grammar

        언어의 사용에 정해진 법칙이 존재하며 그에 어긋난 사용
        을 비문법으로 보는 것.

한국어 교육의 특수성을 고려하여 교육에 활용할 수 있는 문법의 기준을 설정하기 위해서는 (1)의 기술문법Descriptive Grammar과 규범문법Prescriptive Grammar에 대한 이해가 필요하다.[14]

이때 (ㄱ)의 기술문법은 '실제 언어생활에서 모국어 화자들에게 사용되는 양상'에 초점을 두고 그를 인정하는 관점이다. 이는 정해놓은 규칙성이나 강제성이 적고 모국어 화자에게 사용되고 의미 전달이 가능한 표현들을 문법으로 설정할 수 있게 하여 실제 언어생활의 사용 양상을 문법에 반영할 수 있는 기준을 제공한다.

반면 (ㄴ)의 규범문법은 실제 언어생활에서 자연스럽게 사용되는 양상이라도 문법으로 미리 정한 규정에서 벗어난 표현은 '비문'으로 보는 관점이며 규칙화된 객관적 근거를 기준으로 효과적인 학습에 활용할 수 있단 점에서 장점이 있다. 특히 기술문법만

---

14 문법의 정의가 다양한 것은 한국어만의 내용이 아니다. 「Oxford Dictionary」에서도 문법을 다양하게 정의하고 있다.

을 기준으로 삼으면 교사마다 다른 언어 습관의 차이가 존재하고 그에 따른 학습자의 평가에 객관성을 확보할 수 없기에 한국어 교육에서 규범문법은 매우 중요한 기준이 된다. 하지만 이 또한 다음과 같이 절대적인 답이라고는 할 수 없단 점에서 교육에 활용할 기준을 선택할 논의가 필요하다.

(2) 규범문법과 기술문법의 차이
　　(ㄱ) 차가 밀리다, 길이 막히다
　　(ㄴ) 차가 막히다, 길이 밀리다

(ㄱ)의 {차가 밀리다}, {길이 막히다}는 「새 연세한국어2급」에 제시된 어휘다. 반면 (ㄴ)의 {차가 막히다}, {길이 밀리다}는 실제 언어생활에서 사용되고 있음에도 2급의 어휘로 제시하지 않은 결과로 보아 규범문법의 관점을 따른 어휘라고 할 수 있다.

즉 {밀리다}의 사전의미 "어떤 이유로 뒤처지게 되다"가 성립하기 위한 주체는 움직임이 있어야 하기에 {길이 밀리다}는 비문이 된다. 또한 {막히다}도 "길, 통로 따위가 통하지 못하게 되다"처럼 {길}과의 결합만이 적절한 것으로 보고 (ㄱ)만을 표준어로 제시하고 있는 것이다.

하지만 (ㄴ)의 표현들도 (ㄱ)과 동일한 의미로 인지가 가능하며 실제 언어생활에서 다음과 같은 빈도로 사용된다는 점에서 이를 무조건적인 비문이라고도 할 수는 없다.

(3) 실제 언어생활에서 사용되는 빈도

　　㉠ 차가 밀리다(13,815건), 길이 막히다(18,540건)

　　㉡ 차가 막히다(35,729건), 길이 밀리다 (1,222건)

(3)은 '네이버 블로그'를 통해 이들의 빈도를 정리한 것으로 실제 언어생활에서 사용되는 빈도가 다른 어휘와 비교하여 매우 낮은 {길이 밀리다}는 비문으로 설정할 근거가 된다.[15] 하지만 「새 연세한 국어2급」에서 비문으로 설정한 {차가 막히다}가 실제 언어생활에서 모국어 화자에게 가장 활발히 사용된다는 점은 아무리 '규범문법'의 관점을 따른 교재라도 평가에서 오답으로 처리할 근거가 부족하다.[16] 한국어 교육은 '실제 언어생활'에서 사용되는 양상을 중요하게 여기며 수업이 진행되기 때문이다. 이런 이유로 한국어 교육은 규범문법과 기술문법의 각각의 관점을 적절히 활용한 절충적인 입장을 고려하여 한국어 교육만을 위한 문법의 기준을 새롭게 설정해야 한다.

---

15 {길이 밀리다}의 빈도는 낮으나 의미 전달은 명확하다. 반면 {길이 막히다}의 경우 물이 내려가는 [하수구의 길이 막히다]의 의미와 [수출길이 막히다], [진실과 거짓을 확인하는 방법이 사라지다]와 같은 중의적인 의미로 사용되고 있기에 정확한 의미 전달을 위해서는 오히려 {길이 밀리다}가 더 효율적으로 사용될 수 있단 점에서 이에 대한 논의도 필요하다.

16 한국어의 적절성을 규정짓는 것은 한국인들에게 자연스럽게 사용되는 결과이다. 한국인들에게 자연스럽게 사용되는 표현을 선택·정리한 문법규칙이 현대 사회의 사용양상을 따라가지 못한 차이로 비문이 되는 것일 뿐 지속적으로 사용된다면 언젠가는 규범문법에 포함될 것이다. 이런 이유로 한국인들에게 보편적으로 사용되는 양상이 존재한다면 한국어 교육에서는 이를 문법규칙으로 인정해야 한다.

그렇다면 한국어 교육에서 활용할 수 있는 적절한 문법의 개념은 어떻게 정리할 수 있을까? 이에 대한 기준을 마련하기 위해 외국인 학습자의 한국어 능력을 가장 객관적인 방법으로 평가하는 도구인 '토픽TOPIK의 평가 기준'을 우선 참고하도록 한다.

〈표 2-1〉 토픽 평가 기준

등급	평가 기준
1급	• 자기 소개하기, 물건 사기, 음식 주문하기 등 생존에 필요한 기초적인 언어 기능 수행. • 매우 사적이고 친숙한 화제에 관련된 내용을 이해하고 표현.
2급	• 일상생활에 필요한 기능과 공공시설 이용에 필요한 기능을 수행 • 사적이고 친숙한 화제에 대해 이해하고 사용.
3급	• 다양한 공공시설의 이용과 사회적 관계 유지에 필요한 기초적 언어 기능을 수행. • 친숙하고 구체적인 소재와 자신에게 친숙한 사회적 소재를 표현하거나 이해.
4급	• 사회적 관계 유지에 필요한 언어 기능 수행. • 일반적 업무 수행에 필요한 기능을 수행. • 뉴스, 기사, 신문 등의 평이한 내용을 이해. • 자주 사용되는 관용적 표현과 대표적인 한국 문화에 대한 이해.
5급	• 전문 분야에서 연구나 업무 수행에 필요한 언어 기능을 수행. • 정치, 경제, 사회 문화 전반에 걸쳐 익숙하지 않은 소재를 이해. • 공식적 · 비공식적 맥락과 구어적 · 문어적 맥락에 따라 언어를 구분해 사용.
6급	• 전문 분야에서의 연구와 업무 수행에 필요한 기능 수행. • 기능 수행이나 의미 표현에 어려움을 겪지 않는다.

〈표 2-1〉의 내용을 정리하면 토픽에서 1급, 2급, 3급은 '친숙하고 사적인 내용'을 중심으로 구성된 결과를 평가 기준으로 삼고 있으

며 4급, 5급, 6급은 '특별한 상황 혹은 특별한 영역과 분야의 전문적인 사용 능력을 평가 기준으로 설정하고 있음을 확인할 수 있다. 이를 다시 정리하면 3급까지는 '실제 언어생활에서 사용되는 양상'에 초점을 맞춘 기술문법의 관점을 중요하게 활용하며, 4급 이후의 학습자에게는 특정 영역에서 전문적인 언어 활동을 할 수 있는 규칙화된 양상인 규범문법에 더욱 초첨을 두고 한국어 교육에서 활용할 수 있는 내용으로 구성되어 있는 것이다.

하지만 이처럼 정리된 내용 또한 실제 교육현장에서 적용하기 위해서는 더욱 구체적인 논의가 필요하다. 〈표 2-1〉의 내용을 대표하는 [실제성]과 [전문성]은 관점과 이해에 따라 달리 해석될 여지가 너무 다양하기 때문이다. 이처럼 한국어 교육을 위한 문법의 적절성을 판단하는 기준이 지금까지는 명확하지 않기 때문에 교사들은 자신의 직관에 의존하여 수업과 평가를 진행할 수 밖에 없었고 이런 이유로 교사에 따라 적절한 문법적인 기준을 각기 달리 적용된 수업이 지속되어 온 것이다.

이에 대한 문제는 오래전 우형식(2002)에서도 제시된 바가 있으나 20년이 지난 지금까지도 당시의 문제점이 개선되지 않고 있다는 점은 비난을 피할 수 없을 것이다. 이에 이번 교재에서는 한국어 교육에서 활용할 수 있는 문법의 기준을 다음과 같은 내용을 통해 우선적이며 구체적으로 제시하도록 한다.

(ㄱ) 실제 언어생활의 사용 양상을 반영한다.
(ㄴ) 대화를 지속할 수 있는 표현만을 인정한다.
(ㄷ) 특정 계층·시기의 제한적인 사용은 제외한다.
(ㄹ) 문법은 변화할 수 있기에 지속적인 관찰과 수정을 함께 한다.

한국어 교육에서의 문법

먼저 (ㄱ)은 실제 언어생활에서 모국어 화자에게 사용되는 표현이라면 문법의 범주에 포함시킬 자격을 충족하는 것을 의미하고 있다. 이는 '기술문법'의 관점을 따른 규정이며 이 관점이라면 (3)에서 문법에 맞는 양상으로 정리한 {차가 밀리다}, {길이 막히다}뿐만 아니라 실제 언어생활에서 활발히 사용되는 {차가 막히다}까지 문법에 맞는 표현으로 설정할 수 있다.

하지만 실제 언어생활에서 사용되고 있는 모든 표현을 교육에 활용할 필요는 없기에 (ㄴ)의 기준을 추가한다. 이는 학습자가 실제 언어생활에서 물건을 사고 팔거나 친구를 사귀는 사적인 공간뿐만 아니라 학교나 회사와 같은 공적인 공간에서 대화를 지속할 수 있는 특징을 갖춘 표현만을 문법으로 보는 것을 의미한다. 이를 기준으로 본다면 실제 언어생활에서 매우 활발히 사용되는 비속어는 (ㄴ)의 속성을 만족시키지 않기에 학습에서 제외되며 이를 사용한 문장은 비문으로 설정할 수 있게 된다.

또한 (ㄷ)처럼 특정 계층에서 제한적으로 사용되는 어휘나 문형들 또한 한국어 교육의 대상으로 삼지 않는다. 특정 계층에 포함되지 않은 보편적인 계층의 언어 사용자는 특정 계층의 언어 표현을 이해하지 못할 가능성이 높기 때문이다. 이는 보편적인 한국인들의 언어 사용습관을 교육의 대상으로 설정하여 특정 연령, 특정 계층, 특정 지역 등의 제한적인 양상과 관계없이 언제든지 한국어를 보편적으로 사용할 수 있게 하기 위함이다.

마지막으로 ㈃은 언어가 변화하는 특징에 초점을 맞춘 내용이다. 현대 언어생활에서 자연스럽게 사용되는 어휘나 표현일지라도 시간이 흐르는 과정에서 의미가 변화하거나 사용되지 않는 '사어死語'가 될 수도 있다. 이에 객관적인 근거를 바탕으로 구성된 교재일지라도 시간의 흐름 속에서 객관성과 보편성을 잃을 수 있는 가능성을 인지하고 교사는 이에 대한 관찰과 관련 내용의 수정을 위한 노력을 끊임없이 진행해야 한다.[17] 이는 교재와 관련된 내용뿐만 아니라 교사도 자신의 언어 습관이 특정 연령이나 계층에 제한되어 편향될 수 있다는 사실을 항상 인지하고 지속적인 관찰을 통해 보편적인 언어 습관을 유지할 수 있도록 지속적인 노력을 병행해야 할 필요가 있음을 뜻한다.

---

17 한국인에게 시간의 흐름에 따른 언어의 변화는 중요하지 않다. 시간이 흐르는 과정에서 자연스럽게 습득되며 언어생활을 진행하는 주변인이 고정되어 실제 언어생활의 변화된 양상이 특별히 중요하게 적용되지 않기 때문이다. 하지만 외국인 학습자는 한국인과는 달리 언어생활을 유지할 대상이 고정되지 않았고 특정 시기에 구성된 교과서에만 의존할 경우 실제 언어생활의 양상을 학습하지 못할 위험성이 있다. 이에 한국어 교육에서의 문법은 변화하는 양상을 적절히 고려하여 수정·보완하는 작업이 필요하며 이는 학교문법의 양상과 가장 큰 차이를 나타내는 특징 중 하나라고 할 수 있다.

새 선생님을 위한 한국어 문법 교육론

제3장
단어의 구성

한국어 교육에서 '단어'는 가장 기본의 단위로 삼고 있다. 단어를 많이 외우고 있는 학습자는 문법을 이해하지 못 해도 단어만으로 의미를 추측할 수 있으며 다양한 문장의 확장에 중요하게 사용되기 때문이다. 하지만 교사는 단어뿐만 아니라 단어를 구성하는 개별적인 요소에 대한 이해도 필요하다. 개별적인 요소의 합이 단어를 구성하기에 그 요소에 초점을 맞춘 교육이 필요하기 때문이다. 또한 초급 과정에서 제시되는 대부분의 문형이 단어를 구성하는 형태소와 관련이 있기 때문에 이에 대한 정확한 이해가 효과적인 문법 교육의 기초로 활용될 수 있다.

3.1 단어의 정의

단어單語, Word란 무엇일까? 이를 정확한 예를 중심으로 정리할 수 있는 교사는 많지 않을 것이다. 물론 수업을 진행하는 과정에서 '단어'의 구체적인 개념을 학습자에게 전달할 필요가 없기에 중요하지 않은 정보로 인식할 수 있다. 하지만 단어는 한국어 교육의 가장 기본이 되는 단위이며 7장에서 언급할 '어휘'와는 분명히 구분되는 개념이다.[18]

  (1) 단어의 정의
        ㉠ 분리하여 자립적으로 쓸 수 있는 말이나 이에 준하는 말.
        ㉡ 그 말의 뒤에 붙어서 문법적 기능을 나타내는 말.
        예) "철수가 영희의 일기를 읽은 것 같다."에서 자립적으로
           쓸 수 있는 '철수', '영희', '일기', '읽은', '같다'와 조사
           '가', '의', '를', 의존 명사 '것' 따위이다.

「표준국어대사전」은 '단어'를 (1)과 같이 정리한다. 이를 참고하면 단어는 ㉠과 같이 홀로 사용될 수 있는 단위와 ㉡과 같이 그 말의 뒤에 붙어서 문법적 기능을 나타내는 단위의 두 개념을 가지고 있는 것으로 정리가 가능한데 이와 관련된 내용을 다음을 통해 보다 명확하게 제시하도록 한다.

---

18 어휘와 단어를 동일한 개념으로 인지하지만 이는 잘못된 것으로 7장에서 제시하도록 한다.

(2) 단어

    (ㄱ) 의미를 홀로 전달할 수 있는 말.

    (ㄴ) 의미를 가진 말과 결합하여 문법적인 기능을 나타내는 말.

(ㄱ)은 명사, 동사, 형용사, 부사와 같이 문장에서 개별적으로 사용되며 의미를 전달할 수 있는 단위로 대부분의 단어가 이에 포함된다.[19] 반면 (ㄴ)의 기준에 포함되는 단어는 {이/가}, {은/는}, {에}, {에서}와 같은 '조사' 하나다. 한국어에서 '조사'는 명사, 대명사 등과 결합 없이는 문장에서 사용될 수 없고 특별한 의미를 전달하지 않는다는 점에서 다른 단어들과 차이가 크다. 이에 조사를 단어로 설정하는 것에 대한 비판적 관점의 논의가 꾸준히 진행되어 왔다.[20] 하지만 이와는 별도로 현재 학교문법에서는 조사를 포함한 9개의 품사를 '단어'로 설정하고 있으며 한국어 교육 또한 이를 활용하여 단어를 9품사 체계로 제시하고 있다.

'조사'를 단어로 설정하는 것에 비판적 관점을 보이는 이유는 (ㄴ)이 조사만을 위해 존재하는 특별한 규정이기 때문이다. 또한 '조사'를 단어로 본다면 그와 유사한 특징을 가진 '어미'도 단어로 설정해

---

19 '형용사, 동사'는 문장의 의미를 형성할 때 아주 중요한 역할을 한다. 하지만 이를 수식하는 부사는 문장에서 제외되어도 의미 전달이 가능하다. 이는 문장을 해석할 때 우선적으로 고려되어야 할 요소의 차이가 있음을 뜻하며 한국어 교육도 이를 중심으로 의미 해석에 초점을 둔 교육이 진행되어야 한다.

20 '조사'가 문장에서 인지되는 의미는 매우 적다. 이에 문법적 기능에만 초점을 둔 교육을 진행하지만 {은/는}, {만}, {도}와 같은 '보조사'는 특별한 의미를 전달하기에 다른 관점에서의 교육이 필요하다.

야 균형이 맞다고 여기는 의견이 존재하는 탓이다.

한국어 교육에서 '어미'는 매우 중요한 요소다. {아서/어서/여서}, {아/어/여}, {으니까/니까}와 같은 대부분의 문형이 어미를 중심으로 구성되기 때문이다. 또한 {았/었/였}. {을/ㄹ}, {더}, {던}과 같은 어미는 [시제]에 중요한 역할을 담당하기에 한국어 교육에서 어미는 중요한 요소라고 할 수 있다. 하지만 어미는 단어의 범주로 분류되지 않는다. 조사처럼 의미를 가진 다른 단어인 '동사, 형용사'와 결합하여 문법적인 기능을 나타낸다는 점에서 ㉡의 특징을 가지고 있으나 그 수가 많고 불규칙한 특징을 가진 탓에 단어로 보지 않는다. 이런 이유로 조사와 비교하여 그 품사에 대한 다양한 비판적인 관점의 논의가 지속되고 있다.

하지만 적어도 한국어 교육의 현장에서는 이러한 논의에 대해서 크게 관심을 가질 필요는 없다. '어미'를 바라보는 관점과 관계없이 한국어 교육에서는 중요한 요소로 설정되어 반드시 학습해야 하는 단위이기 때문이다. 오히려 단어가 가진 의미는 사전의미만으로 학습이 가능하나 '어미'는 의미뿐만 아니라 활용과 관련된 다양한 형태의 양상까지 초점을 맞춰 학습해야 한다는 점에서 한국어 교육의 중심이 되는 요소이기 때문이다.

3.2 형태소

형태소는 '어미'를 정확하게 이해하기 위해 가장 중요한 단위이며 각각의 단어나 문형이 가진 의미를 구성하는 개별적인 요소다.

(3) 형태소

'의미를 가진 가장 작은 최소의 단위'. 이때 의미는 단어가 가진 의미뿐만 아니라 {이/가}, {을/를}과 같은 조사들의 문법적 의미도 함께 뜻한다.

(3)은 「표준국어대사전」의 사전정보로서 '의미를 가진 최소의 단위'로 형태소를 설정하고 있음을 알 수 있다. 이때 의미는 단어와는 달리 '조사'에게서 인지할 수 있는 '문법적 의미'까지도 포함하는 보다 넓은 개념이다.

형태소는 분류하는 기준에 따라서 동일한 대상이 다른 결과로 분류되기도 하며 단어와 동일하게 분류되는 결과도 존재하는 탓에 정확한 분류에 대한 이해가 쉽지 않다.

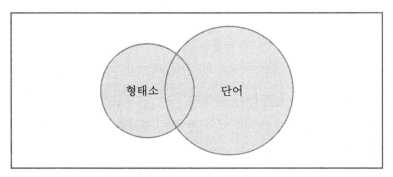

〈그림 3-1〉 형태소와 단어

〈그림 3-1〉처럼 특정 단어는 형태소形態素, Morpheme와 동일한 개념으로 사용되기도 한다. 가령 {돈}, {가을}, {산}과 같은 '단어'는 최소의 의미를 가진 '형태소'로도 분류가 가능하기 때문이다. 하지만 이는 일부 단어에서 나타나는 특징으로 대부분의 단어는 형태소와는 다른 명확한 구분이 존재하는데 이와 관련된 내용을 확인하기 위해서는 다음과 같이 형태소의 분류 기준에 대한 이해가 필요하다.

(4) 형태소의 분류 기준 1 : 자립성의 유무
　　 (ㄱ) 자립형태소Free Morpheme: 특별한 문법적 변화없이 홀로 사용이 가능하다.
　　　　 예) 가방, 하늘, 사과, 나, 너, 우리, 하나, 네, 아야, 여보세요 …
　　 (ㄴ) 의존형태소Bound Morpheme: 다른 형태소와 결합하여 사용된다.
　　　　 예) 우리<u>는</u> 밥<u>을</u> 먹<u>었</u> <u>다</u>

(4)는 형태소를 분류하는 첫 번째 기준인 '자립성의 유무'를 중심으로 형태소를 분류한 것이며 이를 통해 분류된 형태소를 (ㄱ)의 자립형태소, (ㄴ)의 의존형태소라고 한다.

자립형태소는 (ㄱ)의 {가방}, {하늘}, {사과}, {나}, {너}, {여보세요}등과 같이 '홀로 사용될 수 있는 특징'을 가진 형태소를 '자립형태소'라고 하며 이들이 대부분 '단어'의 자격도 갖추고 있는 탓에 '형태소=단어'라는 잘못된 인식을 하기도 한다.

또한 중요하게 기억해야 할 사항은 {나}, {너}와 같이 1음절 형태소뿐만 아니라 {가방}, {하늘}, {사과}등의 2음절 형태소, {여보세요}와 같은 4음절 형태소처럼 음절수가 형태소의 분리에 관여하지 않는다는 점이다. 이는 {가방}을 {가}와 {방}으로 각각 분리했을 때 그 의미가 인지되지 않기에 형태소로 설정하지 않는 것이다.

또한 (ㄴ)과 같이 자립할 수 없고 다른 형태소와 결합하여 사용되는 단위를 '의존형태소'라고 하며 "우리는 밥을 먹었다"에서 {는}, {을}, {먹}, {었}, {다}처럼 의미를 가지고 있으나 홀로 사용될 수 없고 다른 형태소와 결합을 통해 문장에서 사용되는 특징이 바로 '자립형태소'와 구분이 가능한 요소가 된다.

(5) 형태소의 분류기준 2 : 실적인 의미와 문법적 의미

   (ㄱ) 실질형태소Full Morpheme

      실질적인 의미를 가지고 있는 형태소이며 보통 자립형태소는 실질형태소다.

      예) 가방, 하늘, 사과, 나, 너, 우리, 하나, 네, 아야, 여보세요

         가-(**가**다), 먹-(**먹**다), 살-(**살**다), 희-(**희**다), 검-(**검**다)

   (ㄴ) 형식형태소Empty Morpheme: 문법적인 의미를 가진 형태소.

      예) 이/가, 을/를, 만, 도, -니, -지, -ㄴ데, -다

(5)는 형태소를 분류하는 또 다른 기준으로 '실질적인 의미'를 기준으로 분류한 결과다. 이때 실질적인 의미를 전달할 수 있는 (ㄱ)과 같은 형태소를 '실질형태소'라고 하고 이와 함께 결합하여 문법적

인 기능에 더욱 초점을 두고 사용되는 형태소를 (ㄴ)과 같은 '형식형태소'라고 한다.

(4)에서 분류한 '자립형태소'는 대부분 실질적인 의미를 전달하기에 실질형태소의 자격을 함께 가진다. 또한 의존형태소 중에서 {가다}의 {가}, {먹다}의 {먹}, {살다}의 {살}처럼 전달하는 의미에 가장 중요한 역할을 하는 형태소 또한 '실질형태소'가 된다.[21] 반면 문법적인 기능으로 인지되는 정도가 더 강한 {이/가}, {은/는}, {을/를}과 같은 조사나 용언과 결합하여 활용되는 {은/ㄴ}, {ㄴ데}, {다}와 같은 어미는 실질적인 의미를 전달하지 않는 것으로 보아 이를 모두 '형식형태소'로 분류한다.[22]

3.3 어근Root, 접사Affix, 어간Stem, 어미Ending

형태소는 의미를 가진 최소의 단위로 정리하였고 그 분류 기준에 따라 '자립 형태소와 의존형태소', '실질형태소와 형식 형태소'로 분류할 수 있음을 확인했다. 또한 3장의 주된 내용인 단어는 이들 형태소를 중심으로 확장된 결과이며 이들을 문법 규칙에 맞춰 배열

---

21 {산}과 같은 단어는 자립형태소, 실질형태소의 자격을 모두 가지며 {먹다}의 {먹}은 의존형태소 실질형태소의 자격을 가진다.

22 종결어미(-다)는 문장의 종결을 뜻하는 의미를 가진 '실질형태소'로 정리하자는 의견이 존재할 수도 있다. 하지만 이는 문장이 형성된 전체 결과에서 인지되는 관점에서 종결의 기능에 초점을 둔 것일 뿐 단어의 관점에서 본다면 중요한 의미를 전달하는 요소는 아니기에 실질형태소로 분류하지 않는다.

한 결과는 문장이 되기에 한국어 교육에서 '형태소'에 대한 개념은
아주 기본적인 중요 요소라고 할 수 있다.

하지만 한국어 교육에서는 '형태소'란 용어를 사용하지 않는다.
대신 단어가 구성된 양상과 문장이 형성된 결과에 초점을 둔 '어근,
접사, 어간, 어미'란 용어를 사용한다. 이는 형태소가 분류된 개별적
인 단위에 초점을 둔 개념이라면 '어근, 접사, 어간, 어미'는 단어와
문장을 기준으로 의미를 해석할 때 초점을 맞춰야 하는 전체를 구
성하는 요소를 고려하여 설정한 용어이기 때문이다.

〈표 3-1〉「표준국어대사전」에서 '어근, 접사', '어간, 어미'

(ㄱ)		(ㄴ)	
어근	접사	어간	어미
단어를 분석할 때, 실질적 의미를 나타내는 중심이 되는 부분. 예) {덮개}: {덮} {어른스럽다}: {어른}	단독으로 쓰이지 아니하고 항상 다른 어근이나 단어에 붙어 새로운 단어를 구성하는 부분. 접두사(接頭辭)와 접미사(接尾辭)가 있다.	활용어가 활용할 때에 변하지 않는 부분. 예) {보다}→{보} {먹다}→{먹} {가다}→{가}	용언 및 서술격 조사가 활용하여 변하는 부분. 예) {점잖다}, {점잖으며}, {점잖고}에서 {다}, {으며}, {고}

어근과 접사, 어간과 어미는 유사하게 여겨지는 탓에 이를 구분하지
않고 사용하는 경우가 많다. 하지만 〈표 3-1〉에서 확인할 수 있는 것처
럼 (ㄱ)의 '어근'과 '접사'는 '단어'가 구성된 결과에 초점을 둔 개별적
요소이며 (ㄴ)의 '어간'과 '어미'는 문장을 형성할 때 형용사, 동사가 활

용되는 결과에 초점을 맞춘 개념이란 점에서 이들 용어를 구별하여 사용할 필요가 있다.[23]

3.3.1 어근과 접사

'어근과 접사'는 개별적인 단어에서 구별해야 하는 개념으로 실제 언어생활에서 단어가 확장 · 사용되는 데에 중요한 역할을 담당한다.[24]

> (5) 어근과 접사
>
> (ㄱ) 접두사
>
> 새파랗다→{새}+{파랗다} 맨손→{맨}+{손}, 들볶다→ {들}+
>
> {볶다}
>
> (ㄴ) 접미사
>
> 선생님→{선생}+{님}, 먹보→{먹}+{보}, 지우개→{지우}+{개}

'어근'은 단어의 의미를 중심으로 살펴볼 때 가장 '실질적인 의미'를 전달하는 형태소를 뜻하는 개념이며 (ㄱ)의 {파랗다}, {손}, {볶다}, (ㄴ)의 {선생}, {먹}, {지우}등이 그 예이다.

반면 이들과 결합하여 단어를 형성하고 있으나 중심되는 의미는 아니며 그를 보충하는 특정의미를 추가로 전달하는 역할을 담당하

---

23 동사나 형용사를 단어만으로 본다면 '어근과 접사'의 개념으로 분류할 수 있다. 하지만 이들이 문장에서 활용되는 관점에서 본다면 '어간과 어미'로 분류한다.

24 한국어교육에서의 주의점 5, 한국어교육에서의 주의점 6.

는 형태소를 '접사'라고 하며 (5)와 같이 어근을 중심으로 결합하는 위치에 따라서 (ㄱ)의 접두사 (ㄴ)의 접미사로 나눈다.[25]

3.3.2 어간과 어미

어간과 어미는 문장에서 활용되는 양상을 기준으로 분류하는 개념이며 이때 활용은 동사나 형용사가 특정 문형과 결합할 때 나타나는 형태적 변화를 뜻한다. 특히 한국어 교육에서는 동사나 형용사의 활용과 관련된 문형들이 목표 문법으로 제시되는 경우가 많고 학습자를 평가할 때 활용된 형태의 변화와 관련된 특징을 확인하는 문제는 높은 점수로 설정되고 있기에 중요한 요소로 학습자들에게 인식되어 있다.

〈표 3-2〉 어미와 어간

단어	단어와 어미의 결합			
	(ㄱ) 습니다/ㅂ니다	(ㄴ) 아서/어서/여서	(ㄷ) 으니까/니까	(ㄹ) 으면/면
가다	갑니다	가서	가니까	가면
먹다	먹습니다	먹어서	먹으니까	먹으면
예쁘다	예쁩니다	예뻐서	예쁘니까	예쁘면

---

25 {파랗다}의 경우 {노랗다}와 비교하여 {파}+{랗다}로도 분리할 수 있다는 견해도 있다. 하지만 이는 매우 극단적인 방법의 견해로서 특수성, 개별성에 초점을 둔 한국어학의 관점에서 의미 있는 결과일 뿐 보편성에 초점을 맞춘 한국어 교육에서는 활용도가 낮기에 이런 관점을 지양하고 학교문법의 내용을 참고한 절충적인 관점을 중심으로 논의하도록 한다.

〈표 3-2〉와 같이 ㉠의 {습니다/ㅂ니다}, ㉡의 {아서/어서/여서}, ㉢의 {으니까/니까}, ㉣의 {으면/면}등은 한국어 교육 초급에서 대표적으로 제시되는 문형으로서 이들이 바로 '어미'이다.

또한 '어간'은 동사나 형용사가 어미와 결합할 때 형태가 변하지 않고 실질적인 의미를 전달하는 형태소를 뜻하며 {가다}의 {가}, {먹다}의 {먹} {예쁘다}의 {예쁘}등이 이에 해당된다.

이처럼 접사와 어근, 어간과 어미의 개념은 단어와 문장에서 각각의 요소를 보는 관점에 따라 각기 달리 분류되고 있다. 이에 각각의 용어는 구별되어야 하며 정확하게 구별된 용어를 교육에 활용해야 학습의 혼란을 막을 수 있기에 교사에게 매우 중요한 개념이라 할 수 있다.[26]

---

26 고영근 · 구본관(2011:204)는 어간과 어근의 개념이 혼돈되어 구분이 쉽지 않음을 언급한 바 있다. 가령 {잡히다}, {먹히다}에서 {잡}과 {먹}은 접미사 {히}와 결합했기 때문에 어근이며 {잡히니까}, {잡혀서}, {먹히니까}, {먹혀서}와 같이 활용의 측면에서 본다면 형태가 변하지 않는 {잡히}와 {먹히}를 모두 어간으로 봐야 하기 때문이다. 하지만 이러한 구체적인 내용을 한국어 교육에서 활용할 필요는 없다.

제4장

단어의 유형

이 장에서는 단어의 유형에 대해서 살펴보려고 한다. 단어의 유형은 3장에서 살펴본 어근과 접사 등이 결합한 양상을 뜻하며 이를 기준으로 단일어와 복합어로 분류가 가능하다.

4.1 단어의 유형

한국어에서 단어는 다음과 같은 유형으로 분류가 가능하다.

〈표 4-1〉 단어의 유형

단어	단일어	
	복합어	합성어
		파생어

〈표 4-1〉처럼 단어는 크게 '단일어와 복합어'로 우선 분류되며 '복합어'는 다시 '합성어와 파생어'로 분류한다. 또한 단일어를 구분하는 기준은 '형태소'를 기준으로 설정해야 되며 복합어를 구분하는 기준은 '어근, 접사'의 개념을 따른다.

이때 주의해야 할 것은 복합어를 분류하는 기준으로 형태소를 설정하면 그 결합 형태가 달라진다는 점이다.

(1) ㄱ) {새}, {나무}, {사과}, {아버지}

    ㄴ) {전-세-방傳貰房}, {남-녀-노-소男女老少}

ㄱ)은 음절수와 관계없이 하나의 형태소로 구성된 단어로서 이들은 모두 '단일어'다. 반면 ㄴ)과 같이 한자어만으로 구성된 단어로서 이를 형태소의 관점에서 분류한다면 {전}, {세}, {방}, {남}, {녀}, {노}, {소}가 모두 단일어가 되어야 한다. 하지만 '접사와 어근'의 관점에서 보기에 {전세}+{방}, {남녀}+{노소}의 꼴로 단어를 분류하여 단일어로 설정하지 않는 것이다.

이처럼 단어는 '형태소', '접사와 어근' 중에서 무엇을 기준으로 삼느냐에 따라 다른 분류 결과를 가진다. 특히 {먹다}, {입다}, {살다}와 같은 단일어는 형태소의 관점에서 분류한다면 {먹}+{다}, {입}+{다}, {살}+{다}처럼 각기 두 개의 형태소로 구성되어 하나의 형태소로 구성된 {새}, {나무}, {사과}, {아버지}와 같은 단일어와 차이를 보이기에 단어의 유형을 분류할 때에 적용되는 기준에 대한 명확한 이해가 무엇보다 중요하다.

4.1.1 단일어

단일어는 실질적인 의미를 가진 '실질형태소'가 하나만으로 구성된 다음과 같은 유형의 단어를 지칭하는 개념이다.

(2) 단일어Simple Word

하나의 실질형태소로 된 말.

예) (ㄱ) 하늘, 땅, 밥

(ㄴ) 먹다, 입다, 잡다, 놀다

「표준국어대사전」은 '단일어'를 (2)처럼 '하나의 실질형태소'로 구성된 단어로 정의하면서 {하늘}, {땅}, {밥} 등을 제시했는데 이런 예만으로 본다면 외국인 학습자는 단일어를 문장에서 자립하여 홀로 사용될 수 있는 '자립형태소'로 잘못 여길 수 있다.

하지만 (ㄴ)의 {먹다}, {입다}, {잡다}, {놀다}와 같은 단어도 분명한 단일어이다. 이는 '자립성의 유무'가 단어를 구성하는 기준이 될 수 없으며 '실질적인 의미의 유무'를 중심으로 분류한 형태소가 단어를 구성하는 기준으로 활용되고 있음을 뜻한다.

이처럼 단일어는 그 단어를 구성하고 있는 형태소를 확인하여 결과를 찾을 수 있다. 하지만 이러한 방법은 형태소에 대한 전문적인 지식이 필요하기 때문에 학습자들이 이해하기가 쉽지 않다. 하지만 「표준국어대사전」은 다음과 같은 검색결과를 통해 단어의 유형을 정리하고 있기에 이를 활용하여 보다 쉽게 단어의 유형을 확인할 수 있는 방법을 학습자에게 제시할 수 있다.

```
입다 「동사」 「1」 옷을 몸에 꿰거나 두르다.

잡다¹ 「동사」 「1」 손으로 움키고 놓지 않다.

놀다¹ 「동사」 「1」 놀이나 재미있는 일을 하며 즐겁게 지내다.
```

〈그림 4-1〉 단일어의 검색결과

〈그림 4-1)은 「표준국어대사전」의 검색결과로 {입다}, {잡다} {놀다}가 {입-다}, {잡-다}, {놀-다}와 같이 "-"표시가 없는 형태로 제시되었으며 이는 단일어임을 뜻한다.

```
먹-히다 「동사」 「1」 음식 따위가 입을 통하여 배 속에 들여보내지다. '먹다'의 피동사.

소-나무 「명사」 「1」 『식물』 소나뭇과의 모든 식물을 통틀어 이르는 말. 늦솔, 송목, 송수.
```

〈그림 4-2〉 복합어의 검색결과

반면 〈그림 4-2)의 {먹히다}, {소나무}처럼 복합어는 결합한 형태소를 기준으로 "-" 표시가 있으며 그 특징에 따라 '파생어, 합성어'로 분류하여 사전의 검색 결과로 그 유형의 확인이 가능하기에 이를 교육에 활용할 수 있을 것이다.

4.1.2 복합어Complex Word
복합어는 다음과 같이 파생어와 합성어를 함께 지칭하는 용어다.

(3) 복합어

(ㄱ) 합성어Compound Word

둘 이상의 실질형태소가 결합하여 하나의 단어가 된 말.

예) 돌다리, 소나무

(ㄴ) 파생어Derived Word

실질형태소에 접사가 결합하여 하나의 단어가 된 말.

예) 풋사과, 풋잠, 풋풋하다, 나무꾼, 사냥꾼.

'합성어'는 (ㄱ)처럼 실질적인 의미를 가진 '실질형태소'가 둘 이상으로 구성된 단어를 말한다. 반면 (ㄴ)의 파생어는 실질형태소와 '접두사, 접미사'로 분류할 수 있는 '접사'가 결합한 단어라는 점에서 차이가 있다. 또한 복합어는 처음 단어를 접해도 그를 구성하는 형태소가 가진 의미를 통해 단어의 의미를 추측할 수 있다는 점에서 이를 다음과 같이 활용한 교육이 진행되기도 한다.

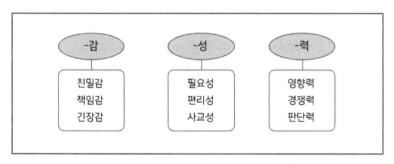

〈그림 4-3〉 {-감}, {-성}, {-력}의 확장 어휘

〈그림 4-3〉은 「새연세한국어4」에서 접미사 {-감}, {-성}, {-력}을 중심으로 확장된 어휘소를 어휘망을 활용하여 제시한 내용이다. 이처럼 어휘망을 어휘교육에 활용하는 것은 이들의 의미 관계를 쉽게 설명하기 위함이다. 하지만 학습자는 이를 통해 {친밀}, {책임}, {긴장}이 {-감}과 결합하는 이유와 그 밖의 단어를 구성할 수 있는 형태소들과 결합이 가능한 규칙을 확인하려는 탓에 교사의 의도와는 달리 학습자의 혼란을 제공할 수 있다는 점에서 어휘망을 활용한 단어의 제시는 신중한 접근이 필요하다.[27]

이에 복합어의 교육은 단일어처럼 개별적인 어휘소 하나하나의 의미와 사용 양상을 제시하는데 초점을 둔 일반적인 방법으로 진행하는 것이 더 효과적일 지도 모른다. 일부 어휘에 한하여 규칙성을 제시할 수는 있으나 대부분의 어휘들은 규칙적이지 않은 확장·사용 양상을 보이기 때문이다.

4.1.2.1 합성어

합성어는 '둘 이상의 실질형태소가 결합하여 형성된 하나의 단어'로서 관점에 따라서 다양한 방법의 분류가 가능하다.

---

27 어휘소의 개별적인 확장 양상에 대한 규칙을 제시하는 것은 일부 어휘소만으로 제시할 수 없다. 하지만 어휘소의 개별적인 확장 양상을 연구한 결과가 지속된다면 이를 규칙적으로 설명할 수 있는 방안을 마련할 수 있다는 점에서 관련 연구를 다양하게 진행할 수 있는 연구자들의 관심이 필요하다.

<표 4-2> 신현숙의 합성어 분류 1

합성 명사	앞뒤, 길거리, 큰형, 디딤돌
합성 대명사	이것, 여러분, 그이
합성 수사	한둘, 대여섯, 예닐곱
합성 동사	갈아입다, 기뻐하다, 좋아하다
합성 형용사	손쉽다, 쓰디쓰다, 맛있다, 가만있다
합성 관형사	한두, 온갖, 여남은, 몹쓸
합성 부사	곧잘, 하루빨리, 가끔가다

〈표 4-2〉는 신현숙(2014: 74)를 참고한 것으로 합성어를 품사를 기준으로 분류한 결과다. 이처럼 합성어는 다양한 품사로 나타날 수 있기에 개별적인 단어의 의미만을 제시할 경우 정확한 사용이 불가능하다. 한국어는 '품사'에 따라 적용되는 문법 규칙이 다르기 때문이다. 이에 정확한 사용을 위해서는 각각의 문법 규칙에 맞춰 실제 언어생활에서 사용되는 양상을 함께 제시해야 정확한 사용을 도울 수 있다.[28]

<표 4-3> 신현숙의 합성어 분류 2

(ㄱ) 통사적 합성어	(ㄴ) 비통사적 합성어
두 어근 또는 단어가 연결된 방식이 문장에서의 구나 어절의 구성과 일치하는 것.	두 어근 또는 단어가 연결된 방식이 문장에서의 구나 어절의 구성 방식과 일치하지 않는 것
큰집, 작은형, 들어가다	늦가을, 검붉다

---

28 이는 모든 단어를 제시할 때 고려되어야 할 특징이다.

〈표 4-3〉은 형태소가 결합할 때 나타나는 형태적 특징을 중심으로 합성어를 분류한 결과다. 이때 (ㄱ)의 통사적 합성어는 문법의 규칙성을 지키며 합성어가 구성된 것을 뜻한다. 예를 들어 {형용사+은/ㄴ}+{명사}와 같은 결합 양상을 중심으로 {크다}+{집}의 {큰집}, {작다} + {형}의 {작은형}과 같은 결과로 형성된 합성어가 통사적 합성어이다. 이와 달리 (ㄴ)의 비통사적 합성어는 {늦은가을}이 아닌 {늦가을}, {검고 붉다}가 아닌 {검붉다}처럼 문법 규칙에서 벗어난 결과로 형성된 합성어를 뜻한다. 이는 합성어가 구성되는 형태와 관련된 규칙을 적용시켜 교육에 활용하기가 어려움을 뜻하며 이런 탓에 학습자가 임의적으로 '합성어를 생산'할 수는 없음을 명확히 전달시킬 필요가 있음을 뜻한다.

〈표 4-4〉 신현숙의 합성어 분류 3

(ㄱ) ㄹ탈락	솔+나무→ 소나무	말+소→ 마소
(ㄴ) ㅅ첨가	코+등→ 콧등	초+불 → 촛불
(ㄷ) {ㄹ}을 {ㄷ}으로 교체	설+달→ 섣달	이틀+날→ 이튿날
(ㄹ) ㅂ첨가	조+쌀→ 좁쌀	저+때→ 접때
(ㅁ) ㅎ첨가	머리+가락→머리카락	안+밖→ 안팎
	살+고기 → 살코기	

〈표 4-4〉는 신현숙(2014: 75)에서 제시한 합성어를 분류하는 또 다른 유형으로 결합하는 형태소들의 형태변화에 초점을 둔 분류방법이다. 하지만 한국어 교육에서는 이러한 과정에 대한 정보를 학습자에게 제시할 필요는 없다. '탈락, 첨가, 교체'등과 관련된 과정을 학

습자에게 가르치고 이를 이해하는데 필요한 시간과 비교하여 학습의 결과는 효율성이 떨어지며 실제 언어생활에서 사용할 때에 필요한 결과는 아니기 때문이다. 다만 한국인들도 잘 틀리는 다음과 같은 합성어의 형태는 주의하여 정확하게 사용할 수 있도록 제시할 필요는 있다.[29]

〈표 4–5〉 틀리기 쉬운 맞춤법

안밖(X)	살고기(X)	암돼지(X)	등교길(X)	순대국(X)
안팍(O)	살코기(O)	암퇘지(O)	등굣길(O)	순댓국(O)

(4) 반복 합성어 (첩어)
한 어근이 반복하여 이루어진 합성어.
예) 곳곳, 굽이굽이, 둥글둥글, 깡충깡충. 집집, 마디마디

또한 일부 합성어는 (4)와 같이 동일한 단어가 반복되어 형성되기도 하는데 이를 '첩어'라고 한다. 첩어는 단일어가 반복되어 그와 관련된 [동작의 반복]을 전달하며 {반짝반짝}, {중얼중얼}, {궁시렁궁시렁}과 같은 의성어, 의태어가 대표적인 예이다. 또한 {반짝거리다}, {중얼거리다}, {궁시렁거리다}처럼 {거리다}가 결합하여 유사한 의미를 전달하기도 한다.[30] 하지만 첩어 또한 어떤 단어가 반복되는

---

29 한국어 교육을 위한 주의점 7.

30 {둥글거리다}, {깡충거리다}는 어색하단 점에서 {거리다}가 항상 규칙성을 보이지 않기에 각각 어휘를 따로 제시하는 방법이 더 효과적이라 할 수 있다.

지, 그를 규칙화할 정보가 부족하고 각각의 어휘소가 개별적인 양상을 보이는 탓에 개별적인 용법에 초점을 둔 교육이 더 효과적이라고 할 수 있다.[31]

    (5)   합성어의 유형 3
        (ㄱ) 결합한 형태소만으로 의미 파악이 가능한 합성어.
           예) 길바닥, 벌집, 새해, 날짐승, 부슬비, 늦더위
        (ㄴ) 결합한 형태소의 의미 이상의 의미를 전달하는 합성어.
           예) 큰아버지, 두꺼비집, 나무집, 꽃게
        (ㄷ) 결합한 형태소만으로 의미 파악이 어려운 합성어.
           예) 붓꽃, 분꽃, 제비꽃, 눈꽃

(5)는 합성어의 의미를 중심으로 분류한 결과다. 이때 (ㄱ)의 {길바닥}, {벌집}, {새해}와 같은 단어는 결합한 형태소만으로 의미 파악이 가능하여 별도의 의미설명이 필요없다. 하지만 (ㄴ), (ㄷ)은 형태소의 결합 이상의 의미를 전달하는 탓에 의미설명이 필요하다. 가령 (ㄴ)의 {큰아버지}에서 학습자는 {크다}와 {아버지}의 사전의미를 중심으로 [체격이 큰 아버지]나 [키가 큰 아버지]를 추측할 가능성이 있다.[32] 하지만 실제 의미는 [아버지의 형]으로 단어의 합으로는 정확한 의미를 추측할 수 없기에 추가적인 의미 설명이 필요하다. 이에

---

31 학습자가 임의로 '첩어'를 만드는 경우도 있기에 이에 대한 주의가 필요하다.
32 교육현장에서 학습자가 의미를 추론했던 실제 사례.

교사는 일부의 특징만으로 합성어를 의미 추측이 가능한 어휘로 제시해서는 안 되며 단일어처럼 의미 설명이 필요한 경우도 있음을 함께 제시해야 한다.

4.1.2.3 파생어

한국어에서 파생어는 많은 단어의 확장에 활용된다.

(6) 파생어Derived Word

실질형태소에 접사가 결합하여 하나의 단어가 된 말.

예) 부채-**질**, 덮-**개**, **덧**-버선

(6)처럼 '파생어'는 '실질형태소'에 접사가 결합하여 구성된 단어이며 접사는 다음과 같이 실질형태소와 결합하는 위치에 따라 '접두사'와 '접미사'로 분류되고 있다.

(7) 접두사와 접미사

㈀ 접두사에 의한 파생어

예) **개**-나리, **군**-소리, **날**-선생, **맨**-손, **선**-무당, **숫**-총각

㈁ 접미사에 의한 파생어

접두사에 의한 파생어보다 훨씬 많고 다양하다.

예) 사상-**가**, 과학-**자**, 미장-**이**, 장사-**꾼**, 잠-**꾸러기**,

선생-**님**

(7)처럼 '접두사'는 실질형태소 앞에 위치하며 '접미사'는 실질형태소 바로 뒤에 위치하는데 이를 중심으로 확장된 각각의 단어와 관련된 특징을 다음을 통해 살펴보도록 한다.

〈표 4-6〉 신현숙(2014: 76)에서 제시한 접두파생어

(ㄱ) 군-	군말, 군살, 군소리, 군더더기, 군것질,	군불, 군침
(ㄴ) 짓-	짓누르다, 짓밟다, 짓이기다, 짓찧다	
(ㄷ) 새-	새빨갛다, 새파랗다, 새까맣다	
(ㄹ) 헛-	헛고생, 헛소리, 헛기침, 헛농사, 헛일, 헛늙다	

〈표 4-6〉은 접두사를 중심으로 확장된 '접두파생어'의 예이다. 이때 각각의 접두사는 다음과 같이 특정한 의미를 지니고 있기에 이를 중심으로 파생어의 의미 설명에 활용하기도 한다.

(8) 접두사의 의미

　　(ㄱ) {군-}: '쓸데없는'의 뜻을 더하는 접두사.

　　(ㄴ) {짓-}: '마구', '함부로', '몹시'의 뜻을 더하는 접두사.

　　(ㄷ) {새-}: '매우 짙고 선명하게'의 뜻을 더하는 접두사.

　　　　 {샛-}: '매우 짙고 선명하게'의 뜻을 더하는 접두사.

　　(ㄹ) {헛-}: '이유 없는', '보람 없는'의 뜻을 더하는 접두사.

　　　　 '보람 없이', '잘못'의 뜻을 더하는 접두사.

(8)처럼 접두사가 가지는 의미는 분명히 존재한다. 하지만 모든

파생어가 동일한 접두사의 의미로 확장된 것은 아니다. 가령 (ㄱ)의 {군-}이 가진 [쓸데없다]를 중심으로 {군말}, {군소리}, {군더더기}, {군살}, {군것질} 등이 확장되어 있다. 하지만 "음식을 하기 위해서가 아니라 오로지 방을 덥히려고 아궁이에 때는 불"인 {군불}이나 "군침 도는 음식들이 많이 있었다."처럼 사용되는 {군침}과 같은 단어에서는 [쓸데없이]와 관련된 속성을 인지하기 어렵다.

또한 (ㄴ)의 {짓-}은 접두사 뿐만 아니라 {헛짓}, {별짓}처럼 사용되는 위치가 다르며 이는 "몸을 놀려 움직이는 동작"이란 뜻을 가진 명사 {짓}의 확장으로 동음이의어의 관계에 있는 다른 단어다. 그 밖에 (ㄷ)의 {새-}와 {샛-}은 유사한 의미와 형식으로 사용되는 유의 관계이며 (ㄹ)의 {헛-}은 다의어의 성격을 가진 탓에 접두사만을 활용하여 학습에 활용하는 것은 개별적인 요소가 많아 학습자에게 혼란을 제공할 수 있어 주의가 필요하다.

〈표 4-7〉 신현숙(2014: 76)에서 정리한 접미파생어의 종류

(ㄱ) -꾼	구경꾼, 나무꾼, 낚시꾼, 살림꾼, 일꾼, 지게꾼, 짐꾼, 춤꾼	
(ㄴ) -(으)ㅁ	가르침, 믿음, 싸움, 울음, 죽음, 귀여움, 기쁨, 슬픔, 아픔, 외로움	
(ㄷ) -하-	공부하다, 구경하다, 노력하다, 사랑하다, 실망하다, 축하하다	
(ㄹ) -거리-	꿈틀거리다, 머뭇거리다, 반짝거리다, 방실거리다, 출렁거리다	
(ㅁ) -롭-	명예롭다, 신비롭다, 자유롭다, 풍요롭다, 향기롭다, 평화롭다	
(ㅂ) -이	깊이, 길이, 높이,	먹이, 벌이, 젖먹이, 옷걸이, 목걸이, 재떨이
(ㅅ) -히	가득히, 가만히, 능히, 따끔히, 마땅히, 막연히, 상당히, 아득히	

〈표 4-7〉은 접미사를 활용한 파생어 일부를 정리한 것이다.[33]

접미사에 의해 형성된 단어는 (ㄴ), (ㅂ)과 같이 동사, 형용사와 결합하여 이를 명사로 바꾸고 (ㅅ)처럼 형용사와 결합하여 부사로 품사를 바꾸기도 하기에 학습자는 이를 인지하고 품사를 고려하여 정확하게 사용할 수 있는 방법에 초점을 둔 교육이 필요하다.

또한 (ㅂ)의 {-이}는 문장에서 사용되는 양상에 따라 명사와 부사로 달리 사용되는 탓에 이를 인지하지 못한 학습자가 잘못된 문법 규칙을 적용하여 많은 오류가 나타날 수 있음을 명심하고 다음과 같은 양상을 고려한 주의가 필요하다.[34]

(9) 품사에 따른 {깊이}의 사용

　　(ㄱ) 바다의 **깊이가** 너무 깊어서 들어갈 수가 없어요.

　　(ㄴ) 온주는 **깊이** 생각하고 대학을 선택하기로 했어요.

(ㄱ)에서 명사, (ㄴ)은 부사로 {깊이}가 사용되는 예이다. 이때 품사에 대한 이해가 부족한 학습자는 (ㄱ)에서 {깊이}와 조사 {가}가 결합한 {깊이가}의 형태를 전혀 파악하지 못한다. 또한 이를 명사만으로 인지한 학습자는 (ㄴ)에서 조사와 결합한 {깊이가}를 선택하는 오류가 매우 많이 나타나고 있기에 이런 특징을 가진 단어의 경우 정확하게 사용할 수 있는 연습이 매우 중요하다. 또한 {먹이}, {벌이}, {젖먹이}, {옷걸이}, {목걸이}, {재떨이}와 같은 단어는 명사만으로 사용되

---

33 접미사가 활용된 단어의 확장은 한국어 단어에서 매우 많은 비중을 차지한다.

34 또한 {이}를 '조사'로 잘못 인지하여 {깊}을 단어로 착각하는 학습자들도 흔히 볼 수 있다.

어 품사의 전이가 나타나지 않기에 파생어 또한 정형화된 하나의 규칙을 제시하기가 어려운 특징을 가졌다고 할 수 있다.

또한 다양한 문법과 활발하게 결합된다기 보다 특정한 상황에서 제한적으로 사용되는 특징이 강하기 때문에 파생어 또한 규칙화 된 결과를 제시하려는 노력보다는 개별적인 방법으로 각각의 단어가 가진 의미와 용법을 하나하나 이해할 수 있도록 설명하는 방법이 가장 효율적으로 학습에 적용시킬 수 있는 방법이라고 할 수 있다.[35]

---

35 한국어 교육에서의 주의점 5.

새 선생님을 위한 한국어 문법 교육론

단어와 품사 1

　이 장에서는 단어의 '품사'에 대해서 살펴보려고 한다. 한국어 교육에서 학습자들은 단어의 '품사'를 확인하고 문장을 만들 때 이를 고려한 특정 규칙을 적용한다. 이에 품사에 대한 정확한 이해는 한국어 교육에서 매우 중요하다.

5.1 품사의 분류

　품사Parts of Speech란 '문법적인 관점에서 단어를 특정 기준을 중심으로 분류한 것'을 뜻하며 이를 이해하기 위해 먼저 「표준국어대사전」의 정의를 살펴보도록 한다.

(1) 품사

단어를 기능, 형태, 의미에 따라 나눈 갈래. 현재 우리나라의 학교 문법에서는 명사, 대명사, 수사, 조사, 동사, 형용사, 관형사, 부사, 감탄사의 아홉 가지로 분류한다.

(1)을 통해 품사는 '형태Form, 기능Function, 의미Meaning'를 기준으로 다음과 같이 9개의 종류로 분류할 수 있음을 보여준다.

〈표 5-1〉 품사의 분류

(ㄱ) 형태	(ㄴ) 기능	(ㄷ) 의미	(ㄹ) 추가적인 분류
불변어	체언	① 명사	보통명사, 고유명사 …
		② 대명사	지시대명사, 인칭대명사 …
		③ 수사	양수사, 서수사 …
	수식언	④ 관형사	성상 관형사, 지시 관형사, 수 관형사 …
		⑤ 부사	성분 부사, 문장 부사 …
	독립언	⑥ 감탄사	감정 감탄사, 의지 감탄사 …
	관계언	⑦ 조사	격조사, 보조조사, 접속조사 …
가변어	용언	⑧ 동사	본동사, 보조 동사, 자동사, 타동사 …
		⑨ 형용사	성상 형용사, 지시 형용사 …

〈표5-1〉과 같은 분류는 학교 문법의 보편적인 관점을 따른 것이며 가장 일반적으로 품사를 분류하는 결과다. 이때 (ㄱ)의 '형태'는 문장으로 형성될 때 단어의 형태가 변하는 지에 대한 결과를 기준으로 삼은 것으로 형태가 변하지 않는 불변어와 형태가 변하는 가변어로

나뉜다. 이때 형태가 변하는 가변어는 용언을 뜻하며 형태가 변하지 않는 불변어는 체언, 수식언, 독립언, 관계언 등으로 나뉘는데 이는 문장에서 '주어, 목적어, 서술어'나 이를 수식하는 특정 기능을 중심으로 단어를 분류한 결과이다. 마지막으로 ㉢은 의미를 기준으로 추가적인 분류를 한 결과로서 이 결과가 바로 9개의 품사를 결정하는 최종적인 양상이 된다.[36]

5.1.1 체언

체언은 문장에서 형태가 변하지 않는 '불변어'의 특징을 가지며 주로 '주어와 목적어'의 기능을 담당하며 의미에 따라 '명사, 대명사, 수사'로 분류할 수 있다.

(2) 체언

문장에서 주어 따위의 기능을 하는 명사, 대명사, 수사를 통틀어 이르는 말.

㉠ 명사

사물의 이름을 나타내는 품사.

• 고유명사: 낱낱의 특정한 사물이나 사람을 다른 것들과 구별하여 부르기 위하여 고유의 기호를 붙인 이름.

• 보통명사: 같은 종류의 모든 사물에 두루 쓰이는 명사.

• 자립명사: 다른 말의 도움을 받지 아니하고 단독으로 쓰

---

36 학교문법의 기준을 따른 9품사 체계로서 이 결과는 학자마다 이견이 존재한다.

일 수 있는 명사

- 의존명사: 의미가 형식적이어서 다른 말 아래에 기대어
쓰이는 명사

(ㄴ) 대명사

사람이나 사물의 이름을 대신 나타내는 말. 또는 그런 말들
을 지칭하는 품사.

인칭대명사와 지시대명사로 나뉘는데, 인칭대명사는 '저',
'너', '우리', '너희', '자네', '누구' 따위이고, 지시대명사는
'거기', '무엇', '그것', '이것', '저기' 따위이다.

(ㄷ) 수사

사물의 수량이나 순서를 나타내는 품사. 양수사와 서수사
가 있다.

예) 하나, 둘, 셋, 넷 다섯, 여섯, 일곱

(2)는 「표준국어대사전」의 사전 정보로서 그에 대한 정의나 추가
적으로 분류된 결과는 학습자들에게 제시하지 않는다. 하지만 관련
특징에 따라 특정 어휘나 문형과의 활용에 제약이 존재하여 이를
인지할 경우, 보다 관련 내용을 체계적으로 제시할 수 있다는 점
에서 교사에게는 활용도가 높은 개념이다.[37]

---

[37] 그 밖에도 다양한 분류가 가능하다. 이런 분류에 따라 문법에 적용되는 제한이
있어 이를 한국어학에서는 중요하게 논의하기도 한다. 하지만 이런 특징은 언
어권마다 차이가 존재하여 학습자들에게 불필요한 혼란을 제공할 수 있으며
이를 이해하는 데 필요한 시간과 노력에 비해 얻는 효율성은 낮기에 관련 정보
를 제공하지 않는다. 또한 이를 통해 나타나는 오류는 학습자 마다 개별적인

보통 초급에서 제시된 명사는 대부분 학습자들의 모국어와 치환이 자연스럽기 때문에 학습이 쉬운 편이다. 하지만 고급으로 갈수록 한국인들도 이해가 어려운 전문적인 단어나 특정 상황에서 제한적으로 사용되는 단어가 많은 탓에 학습이 쉽지 않다. 또한 (ㄱ)처럼 '보통명사', '고유명사', '의존명사', '자립명사' 등으로 분류된 결과 중에서 {것}, {따름}, {뿐}, {데}와 같은 의존명사는 문법적인 성격이 강한 탓에 자연스러운 사용을 위해서 의미와 함께 사용되는 양상에 초점을 둔 교육이 진행되어야 한다.

명사와 달리 (ㄴ)의 대명사는 의미의 학습만으로 정확한 사용이 쉽지 않다. 이는 대화가 진행되는 상황에 따라 '대명사'가 지칭된 결과가 다르기 때문이다. 이에 각각의 상황에 맞게 의미를 파악하고 정확하게 지칭할 수 있는 양상에 초점을 둔 교육이 필요하다.

가령 {나}, {너}, {당신}, {누구}, {그녀}와 같은 인칭대명사는 [사람]의 속성을 가진 대상에게 사용되며 지시대명사 {이것}, {저것}, {그것}은 [사물], {여기}, {저기}, {거기}는 [장소]의 속성을 가진 어휘를 고려한 선택이 필요하단 점을 명확히 제시하여 오류를 최소화시켜야 한다. 특히 인칭대명사는 대상에 따라 {그분}과 같이 높임법이 실현됨을 주의해야 하며 {이}, {그}, {저}를 중심으로 확장된 대명사는 대화 참여자와의 거리 개념을 고려하여 사용되기에 이와 관련된 연습도 매우 중요하다.[38]

양상을 띠는 경우가 많기 때문에 각각의 과제를 통해 수정·보완하는 방법이 더 효과적이라 할 수 있다.

38 대명사를 활용한 수업은 교실에서 가장 효과적으로 진행이 가능하다. 가령 같

마지막으로 ㉢의 '수사'는 숫자와 관련된 개념으로 실제 언어생활에서 계산을 할 때, 물건을 주문할 때, 교과 과정의 진행 날짜를 확인하는 행위처럼 실제 언어생활에서 활용도가 매우 높다. 또한 학습자들의 모국어와 대응이 가능하여 의미 파악이 어렵지는 않으나 한국어의 경우 다음과 같이 두 형태를 가지고 있으며 이에 따른 용법의 차이가 달라 관련 오류가 많으니 주의가 필요하다.

〈표 5-2〉 한국어에서의 '숫자'

순우리말	하나 (한-)	둘 (두-)	셋 (세-)	넷 (네-)	다섯	여섯	일곱	여덟	아홉	열
한자어	일 (一)	이 (二)	삼 (三)	사 (四)	오 (五)	육 (六)	칠 (七)	팔 (九)	구 (九)	십 (十)

〈표5-2〉처럼 한국어 수사는 순우리말과 한자어의 두 형태로 나뉜다. 이때 주의할 점은 순우리말의 경우 관형사형으로 바뀔 때 {한}, {두}, {세}, {네}와 같이 그 형태가 변하는 것과 {여덟}의 받침, 그리고 {인분}을 제외한 다양한 단위 명사와, 시간의 개념인 {시時}, 한자어는 {분分}과 결합하는 특징을 보인다는 점이다. 그리고 {월月}과의 결합에서 {육}은 {유월}, {십}은 {시월}과 같이 변하는 형태적 특징을 고려하여 정확한 활용을 위한 교육을 진행해야 한다.[39]

은 반 친구와 자신의 거리를 중심으로 인칭대명사를 사용하거나 교실의 물건, 학습자 집 주변의 상황을 지시대명사를 활용하여 제시하는 등의 방법이 효과적으로 활용되고 있다.

[39] 중급에서 {스물}, {서른}, {마흔}과 같은 추가적인 어휘를 더 제시한다.

5.1.2 관계언

'관계언'은 어휘가 가진 의미 파악뿐만 아니라 문법 규칙을 적
용시켜 정확하게 활용할 수 있는 연습이 필요하다.

> (3) 관계언
>
>   문장에 쓰인 단어들의 관계를 나타내는 기능을 하는 조사를
>   이르는 말.

관계언에 대한 용어는 학습자들에게 낯설 것이다. 하지만 (3)과
같이 '조사' 밖에 없는데 이는 한국어 교육의 가장 기본이 되는 단위
라는 점에서 학습자들에게 친숙한 품사이다.

> (4) 조사
>
>   체언이나 부사, 어미 따위에 붙어 그 말과 다른 말과의 문법적
>   관계를 표시하거나 그 말의 뜻을 도와주는 품사.

(4)를 통해 조사는 체언뿐만 아니라 부사, 어미와도 결합할 수 있
음을 알 수 있다. 하지만 한국어 교육에서는 '체언'과의 결합만을
가르치며 '부사, 어미'와의 결합은 하나의 문형으로 제시하고 있
다.[40] 또한 조사는 그 기능에 따라 문장에서 '주어, 목적어'의 구분
에 활용되기 때문에 정확하게 사용할 필요가 있음을 강조해야 한

---

40 보조사를 따로 분류하여 제시하지 않고 있기 때문이다.

다. 하지만 학습 초반에 제시되는 조사는 다음과 같이 결합하는 명사의 받침 유무에 따라 선택·사용되는 형태적 특징인 이형태Allomorph의 선택에만 초점을 두고 교육이 진행되고 있어 그 의미나 기능에 대한 중요성을 인식하지 못하는 경우가 많다.

〈표 5-3〉 한국어 교육에서 일반적인 조사 교육

	(ㄱ)	(ㄴ)	(ㄷ)	(ㄹ)
선행하는 체언의 받침이 있다.	이	은	을	과
선행하는 체언의 받침이 없다.	가	는	를	와

이형태는 모든 조사에게서 나타나는 특징은 아니며 위의 표처럼 일부 조사들에게서 나타나는 특징으로 선행하는 어휘소의 받침 유무에 따라 선택·사용을 연습한다. 이때 주의해야 할 것은 (ㄱ)은 문장에서 주어의 역할을 담당하는 '주격조사' (ㄴ)은 특별한 의미를 가진 보조사 (ㄷ)은 목적격 조사로 문장에서 각기 다른 역할과 의미를 전달하기 때문에 이를 정확하게 고려한 선택이 중요하단 점이다. 하지만 교사의 언급이 없다면 학습자들은 '이형태'와 관련된 형태적인 특징만으로 조사의 학습을 멈추기 때문에 '의미와 역할'의 파악이 필요하다는 사실을 분명하게 언급해야 할 필요가 있다.

(5) (ㄱ) 영수가 학교에 갑니다.
    (ㄴ) 영수는 학교에 갑니다.
    (ㄷ) 민수가 운동합니다.

또한 '조사'를 문장에서 담당하는 기능에만 초점을 둘 경우 보조
조사가 사용된 (ㄴ)이 (ㄱ)과 동일한 의미를 가진 문장으로 학습자들에
게 잘못 인식될 수도 있으나 두 문장의 의미는 분명 다르기에 동일
한 의미의 문장이라 할 수 없다. 하지만 학습자의 한국어 능력이 부
족한 탓에 두 문장에서 달리 인지되는 의미 차이를 명확하게 설명
하지 않는 경우가 많다. 이에 학습자 또한 동일한 개념으로 두 문장
을 인지하는데 이는 명확한 구분이 필요한 중급 이후의 과정에서
다양한 오류가 나타나는 원인이 될 수 있다. 이에 처음부터 이를 고
려하여 교사의 적절한 개입 혹은 {은/는}의 '보조사'의 용법에 맞는
추가적인 설명이 명확하게 선행되어야 한다. 또한 (ㄷ)과 같은 문장
때문에 {을/를}을 생략이 가능한 것으로 인지하여 다양한 오류가 자
주 나타난다는 점 또한 주의할 필요가 있다. 즉 조사는 초급에서부
터 정확한 교육이 필요하단 뜻이다.[41]

5.1.2.1 조사의 분류

조사는 단어의 개별적인 용법이 한국어 문법에 중요하게 활용
되기에 이에 대한 정확한 이해는 매우 중요하다.

---

41 한국어 교육에서 주의점 8.

<표 5-4> 신현숙(2014:98)의 분류

주격조사	주어임을 표시	{이/가}, {께서}, {에서}, {에게서}	현수가 온다 집에서 사과를 보냈다
목적격 조사	목적어임을 표시	{을/를}	현수가 책을 읽는다
보격조사	보어임을 표시	{이/가}	물이 얼음이 되었다
서술격 조사	서술어임을 표시	{이다}	송이는 소설가이다
관형격 조사	관형어임을 표시	{의}	송이의 가방은 예쁘다
부사격 조사	부사어임을 표시	{에}, {에서}, {에게}, {께} {한테}, {(으)로}, {(으)로서} {(으)로써}, {처럼}, {같이}	현수가 송이에게 선물로 책을 주었다.
호격 조사	부르는 말임을 표시	{아/야}, {(이)여}, {(이)시여}	현수야, 학교에 가자

〈표 5-4〉는 신현숙(2014: 98)의 내용을 참고한 것으로 분류 결과에 따라 각기 다른 문법 규칙을 가진다.[42]

(6) (ㄱ) 주격조사
     문장에서 '주어'의 자격을 표시하는 조사.
     예) {이/가}, {께서}, {에서}
     (ㄴ) 목적격조사
     문장에서 '목적어'의 자격을 가지게 하는 조사.
     예) {을/를}

---

42 접속조사와 보조사는 따로 분류하여 설명하도록 한다.

(ㄷ) 관형격조사

문장에서 '관형어'의 자격을 가지게 하는 조사.[43]

예) {의}

먼저 (6)을 통해 주격조사, 목적격조사, 관형격조사에 대해서 살펴보도록 한다. 이들 조사는 한국어 교육에서 가장 먼저 학습이 시작되는 조사로 문장을 구성할 때 가장 기본적인 요소가 된다. 하지만 {이/가}, {을/를}, {의}는 문장에서 생략되어 사용되는 경우가 많기 때문에 이를 중요하게 인식하지 않는 경우가 있다.

(7) 조사의 생략

(ㄱ) 가: 온서 밥 먹었어?

나: 아니, 온서 밥 안 먹었어.

(ㄴ) 가: 이 책 누구 책이야?

나: 그 책 온주 책이야.

(ㄱ)은 주격조사 {이/가}와 목적격조사 {을/를}이 생략된 예문이며 (ㄴ)은 관형격조사 {의}가 생략된 예로서 의미 전달이 가능한 것으로 보인다. 하지만 이는 모국어 화자의 인지 구조에 조사가 명확하게 인지되어 있기 때문이다. 즉 생략된 각각의 위치에서 사용되어야

---

43 관형사처럼 뒤에 자리하는 체언을 수식하거나 그 의미에 영향을 주는 문법적인 개념을 가진 것을 뜻하며 '밝은 선생님'의 {밝은}, '운동하는 남자가 좋아요.'의 {운동하는}이 그 예이다.

할 조사를 정확히 파악하고 있기에 이를 자연스럽게 여기는 것이다. 하지만 다음과 같은 문장의 경우 조사에 따른 의미차가 매우 크기에 조사를 생략이 가능한 품사로 인식해서는 안 된다는 것을 보여준다.

(8) 조사 생략의 불가능
    (ㄱ) 영수가 선물을 받았다.   (ㄴ) 영수에게 선물을 받았다.
    (ㄷ) 영수는 선물까지 받았다.   (ㄹ) 영수가 선물도 받았다.
    (ㅁ) 영수만 선물을 받았다.   (ㅂ) 영수는 선물만 받았다.

(8)을 통해 조사에 따라 의미가 달라지는 것을 확인할 수 있다. 이는 '조사'가 생략될 수 있는 대상이 아니란 것을 뜻한다. 다만 초급에서 우선적으로 제시되는 주격조사나 목적격조사는 매우 기본적으로 사용되는 탓에 생략이 가능한 것으로 인식될 뿐이다. 이런 이유로 조사는 학습이 시작되는 초기에서부터 정확한 사용을 유도하고 조사의 생략은 초급 이후의 과정에서 다양한 오류의 원인이 될 수 있다는 점을 학습자에게 분명히 제시해야 한다.

(9) 부사격 조사
    문장에서 '체언'이 '부사어'의 자격을 가지게 하는 조사.
    예) {에}, {에서}, {에게}, {으로/로}, {처럼}, {같이}

부사격 조사는 문장에서 결합한 체언이 부사의 역할을 담당하게 돕는다. 또한 한국어 교육에서는 특정 유형화된 문형이 학습에 활용되며 어순이 비교적 자유로운 특징을 가진다.[44]

<표 5-5> 부사격 조사의 사용 예

(ㄱ)	(ㄴ)	(ㄷ)
온주가 집에 갔어	온주가 집 갔어	온주가 집에 갔어. [도착지: 집]
		온주가 집에서 갔어. [출발지: 집]
온서가 학교에서 왔어	온서가 학교 왔어	온서가 학교에 갔어. [도착지: 학교]
		온서가 학교에서 갔어. [출발지: 학교]

부사격 조사 {에}와 {에서}는 초급에서 학습이 이뤄진다. 이런 탓에 학습자들은 주격조사, 목적격조사처럼 생략이 가능한 것으로 생각하지만 이는 (ㄷ)과 같이 중의적인 의미로 해석될 수 있단 점에서 제한되어야 하며 교사 또한 이를 고려하여 학습자가 특정 조사를 정확하게 이해하고 있는지에 대한 확인이 필요하다.[45]

(10) 호격조사
누군가를 호명할 때 사용되는 조사.
예) 온주야, 온서야, 주영아

호격조사는 다른 사람을 부를 때 사용되는 조사다. 보통 이름에

---

44 {으로/로 가다/오다}, {에게 주다/ 보내다/ 받다}, {처럼 보이다}와 같은 형태의 문형으로 제시한다.

45 한국어 교육에서의 주의점 9 참고.

결합하는 {야/이야}를 활용한다. 또한 높임의 대상에게는 {씨}, {님}과 같은 어휘를 활용하는 방법으로 학습자들에게 관련 내용을 제시하고 있다.

> (11) 관형격조사
> 문장에서 관형어의 역할을 담당하게 하는 조사 {의}
> 예) 그것은 선생님의 가방이다.

관형격조사는 (6)에서 살펴본 것처럼 실제 언어생활에서 {의}가 축약, 생략된 형태의 사용이 더욱 자연스러운 경우가 많다.

> (12) {의}의 생략이 자연스러운 경우
> ㉠ 그 책은 나의 책이다. → 그 책은 **내** 책이다.
> ㉡ 그 것은 저의 의견이 아닙니다. → 그것은 **제** 의견이 아닙니다.
> ㉢ 그 것은 학교의 물건입니다. → 그것은 학교 물건입니다.

㉠의 {내}는 관형격 조사 {의}와 {나}, ㉡의 {제}는 {의}와 {저}가 결합·축약된 형태로 {나의}, {저의}보다 더욱 자연스럽다. ㉢ 또한 {의}가 생략된 형태가 더욱 자연스럽다. 이에 관형격 조사를 생략 가능한 것으로 여기는 학습자가 많다. 하지만 이 또한 초급의 문장에서 나타나는 일부의 특징일 뿐이며 고급으로 갈수록 관형격 조사의 정확한 사용이 명확한 의미 전달에 관여한다는 점을 분명히 인식하고 그에 대한 주의가 필요하다.

(13) 보격조사

문장에서 주어를 '보충설명'해 주는 보어의 자격을 가지게 하는 조사.

예) 온주는 훌륭한 사람이 되었다.

온서는 의사가 아니다. 변호사다.

보격조사는 (13)과 같이 {되다}, {아니다}와 함께 사용되는 {이/가}를 말하는 것으로 한국어 교육에서는 이를 서술어처럼 사용되는 양상에 초점을 맞춘다. 이에 보격조사란 용어를 제시할 필요는 없으며 {이/가 아니다}, {이/가 되다}를 하나의 문형으로 제시하여 정확하게 사용할 수 있는 연습에 초점을 둔 교육이 진행되고 있다.

(14) 서술격 조사

문장에서 '서술어'의 역할을 하게 하는 조사.

예) 온주는 의사다.

김온서 선생님은 연세대학교 선생님이다.

(14)에서 서술격 조사는 {의사}, {선생님}과 결합한 {이다/다}로서 이형태의 특징을 가지기에 이를 고려한 연습이 진행된다. 또한 보격조사처럼 서술어의 기능에 초점을 맞추고 특정 어미와 결합하여 사용되는 다양한 양상과 관련된 내용을 중심으로 수업을 진행하는 탓에 이를 '조사'로 인식하지 못하는 학습자가 많다.

(15) 보조사

　　문법적 관계보다는 특수한 '의미'를 추가해주는 것.

　　예) (ㄱ) 선생님이 학교에 갔지만 수업은 없었다. - {은/는}

　　　(ㄴ) 그 사람은 치즈만 먹는다. -{만}

　　　(ㄷ) 선생님도 치즈만 먹는다. - {도}

　　　(ㄹ) 오늘은 1시부터 5시까지 수업이 있다.

　　　　-{부터}, {까지}

　　　(ㅁ) 신촌에서 밥을 먹고 가요. - {요}[46]

　지금까지 정리한 조사와는 달리 (15)의 보조사는 문장에서 중요한 특정 의미를 전달하기 때문에 이를 정확하게 파악하는 연습이 필요하다. 초급에서 보조사 {은/는}과 {이/가}는 기능적인 유사성이 존재하여 초급 학습자들이 의미 구분을 매우 어려워 한다. 하지만 {은/는}이 보조사란 점에 초점을 둔다면 보다 효율적인 설명이 가능하다.

(16) 보조사 {은/는}의 사전의미

　　(ㄱ) 대조를 나타내는 보조사.

　　(ㄴ) 문장 속에서 화제임을 나타내는 보조사.

　　(ㄷ) 강조의 뜻을 나타내는 보조사.

---

46 {요}는 종결 어미나 부사, 조사와 결합하여 청자에게 [존대]의 뜻을 나타내는 조사이나 그 용법이 특수하여 조사의 한 종류로 인식하지 못하는 경우가 많다.

(16)은 사전의미를 바탕으로 {은/는}이 보조사로서 사용되는 의미를 정리한 것이다. 가령 ㉠은 보조사 {도}와의 차이를 통해 의미를 제시할 수 있다. 또한 '온주가 학교에 갔다'와 는 달리 '온주는 학교에 갔다'는 "온주는 학교에 갔지만 다른 사람들은 가지 않았다"와 같은 다른 대상과의 대조되는 상황을 인지할 수 있단 점에서 주격 조사 {이/가}와의 차이를 설명할 수 있다. ㉡은 '자기 소개', '정의', '그래프 쓰기' 등의 상황에서 {은/는}이 사용되는 것을 뜻하며 치환이 가능한 {이/가}와 비교할 경우 ㉢과 같이 [강조]의 의미를 전달할 수 있음을 확인할 수 있다. 이러한 특수한 양상이 바로 '보조사'가 가진 특정한 의미를 뜻하며 문법적인 기능만을 담당하는 격조사와의 차이를 보여주는 예가 된다.

(17) 조사

{요}[14]

㉠ ((주로 해할 자리에 쓰이는 종결 어미나 일부 하게 할 자리에 쓰이는 종결 어미 뒤에 붙어)) 청자에게 존대의 뜻을 나타내는 보조사. 격식을 갖추어야 하는 상대에게는 잘 쓰지 않는다.

예) 돈이 없어요/ 기차가 참 빨리 가지요/ 잠이 안 오는걸요.

㉡ ((체언이나 부사어, 연결 어미 따위의 뒤에 붙어)) 청자에게 존대의 뜻을 나타내는 보조사.

예) 마음은요 더 없이 좋아요/ 어서요 읽어 보세요

그렇게 해 주시기만 하면요 정말 감사하겠어요.

한국어 교육에서 {요}는 {아요/어요/여요}와 같이 [높임]을 전달하는 어미로 인지되어 있다. 하지만 {요}는 (17)과 같이 '체언'과도 결합이 가능한 분명한 '보조사'이다.

> (18) {요}의 사용양상
> ㄱ) 전 콜라요!
> ㄴ) 대구승무원학원 스카이 항공과 친구들, 예쁘다요.

(18)은 실제 언어생활에서 모국어 화자들에게 사용되는 예를 정리한 것으로 {요}는 보조사이기에 체언과 결합한 ㄱ)은 조사의 기본적인 규칙을 따른 탓에 비문이라 할 수 없게 된다. 또한 ㄴ)은 10대에게 매우 활발하게 사용되고 있으나 보편적인 양상은 아니란 점에서 비문으로 설정이 가능하다. 하지만 종결어미 {아/어/여}와 결합한 {아요/어요/여요}처럼 종결어미 {다}와 결합하여 [높임]을 전달하기 위한 양상으로서, 훗날 다양한 계층에게 사용될 경우 새롭게 확장된 문형의 하나로 범주를 새롭게 설정할 가능성이 존재하기에 꾸준한 관찰이 필요한 표현임은 분명하다.[47]

또한 이러한 보조사는 다음과 같이 부사나 어근과도 결합이 가능하단 점에서 격조사와 또 다른 차이가 있음을 확인할 수 있다.

---

[47] 전 세대에서 사용되는 보편적인 양상은 아니다. 하지만 현대 언어생활에서 10대~20대에게 사용되는 문법임은 분명하며 지속적으로 사용을 하는 계층이 유지될 것이란 추측이 가능하다. 이에 이를 표준어로 설정할 수 있을 지에 대한 지속적인 관찰이 필요한 문형이라 할 수 있다.

(19) (ㄱ) 열심히**는** 했지만 잘한 것은 아니에요.

(ㄴ) 그 사람이 반듯**은** 한데 내 스타일은 아니에요.

(ㄷ) 우리 가게에서**도** 물건을 잃어버린 사람이 많아요.

(ㄹ) 우리 가게에서**만** 나타나는 현상은 아니라고 합니다.

(19)에서 (ㄱ)의 {는}은 부사 {열심히}와 결합하며, (ㄴ)의 {은}은 어근인 {반듯}과, (ㄷ), (ㄹ)의 {도}와 {만}은 조사 {에서}와 결합하고 있다. 그 밖에도 {에서는}, {와/과+는}, {으로도}, {으로만}과 같이 다양한 조사와 결합하는 특징을 보이며 한국어 교육에서 다양한 문형으로 제시할 만큼 학습에 중요하게 활용되고 있는 품사 중의 하나라고 할 수 있다.[48]

(20) 접속조사

문장과 문장 사이의 접속을 돕는 조사.

예) {과/와}, {하고}, {이랑/랑}

접속조사는 문장과 문장 사이를 연결하는 조사로 {과/와}, {하고}, {이랑/랑} 등이 있다. 또한 시험을 위해 이형태로 존재하는 {와/과}의 선택에 초점을 둔 학습이 주로 진행되며 {하고}와는 유의관계로 설정되어 있다. 또한 {이랑/랑}은 교재에 제시되지 않은 경우도 많으나 한국인 친구에게 노출되어 이를 자연스럽게 사용하는 경우가 많

---

48 학습자는 이를 보조사가 아닌 하나의 문형으로 생각하는 경우가 더욱 많다.

기에 글을 쓰는 상황에서 사용이 어색하단 특징에만 초점을 둔다면 교육에 특별한 어려움이 존재하지는 않는다.

5.1.2 수식언

수식언은 문장의 특정 부분을 꾸며 그 의미를 더욱 분명하게 인지할 수 있게 돕는 보조적인 역할을 담당하는 기능을 하며 체언을 수식하는 '관형사'와 용언이나 특정 어휘를 수식하는 '부사'로 나눌 수 있다.

5.1.2.1 관형사

관형사는 체언 앞에 위치하여 이를 수식하는 역할을 한다.

(21) 관형사

체언 앞에 놓여서, 그 체언의 내용을 자세히 꾸며 주는 품사. 조사도 붙지 않고 어미 활용도 하지 않는데, '순 살코기'의 '순'과 같은 성상관형사, '저 어린이'의 '저'와 같은 지시관형사, '한 사람'의 '한'과 같은 수관형사 따위가 있다.

(21)은 「표준국어대사전」의 사전의미로서 관형사는 '체언의 앞'에 위치하는 문법적인 특징을 가지며 수식하는 어휘소가 가진 특징에 따라 다음과 같은 '성상관형사, 지시관형사, 수관형사'로 나눌 수 있다.

(22) 관형사의 종류

　(ㄱ) 성상관형사

　　사람이나 사물의 모양, 상태 성질을 나타내는 관형사.

　　예) **새** 옷, **헌** 옷

　(ㄴ) 지시관형사

　　특정한 대상을 지시하거나 가리키는 관형사.

　　예) **이** 사람, **그** 사람, **저** 사람

　(ㄷ) 수관형사

　　사물의 수량을 나타내는 관형사.

　　예) **한** 사람, **두** 사람, **세** 개, **일** 인분

　(22)처럼 관형사는 '성상관형사', '지시관형사', '수관형사'로 분류되며 각각의 예를 통해 관련 양상을 쉽게 이해할 수 있다. 하지만 (ㄴ)의 지시관형사 {이}, {그}, {저}나 (ㄷ)의 수관형사 {한}, {두}, {세} 등은 각각 대명사, 수사와 구분이 명확하지 않은 경우가 있다. 특히 수관형사의 경우 사전에서도 그 정리가 통일되지 않을 정도의 불확실한 양상을 보이기도 한다.

　(23) 관형사와 수사 구분

　　(ㄱ) 한 고위관계자는 다음과 같이 말했다

　　(ㄴ) 책을 한 권 샀는데

(ㄱ)의 {한}은 [어떤]의 속성으로 인지되며 수의 개념이 없기에 '관

형사'이다. 하지만 (ㄴ)의 {한}은 수의 개념을 전달하는 수사로 볼 것인지 단위명사 {권}을 수식하는 관형사로 볼 것인지에 대한 구분을 명확하지 않아 혼란을 경험하는 학습자들이 존재한다.

〈표 5-6〉 수사와 관형사

수사	하나	둘	셋	넷	다섯	여섯	일고	여덟	아홉	열
관형사	한	두	세	네						

〈표 5-6)은 수사와 관형사를 「표준국어대사전」의 검색을 통해서 정리한 것이다. 이때 {하나}, {둘}, {셋}, {넷}은 '수사'이며 명사와 결합하기 위해 활용된 형태인 {한}, {두}, {세}, {네}는 관형사로 설정한다. 그 밖의 형태 변화가 없는 수는 관형사와 수사로 모두 정리할 수 있으며 다음과 같은 용법으로 두 개념의 구분이 가능하다.

(24) (ㄱ) 관형사

사과 다섯 개, 연필 다섯 자루.

(ㄴ) 수사

둘에 셋을 더하면 다섯이다./ 오늘은 다섯이나 지각을 했다.

(24)는 사전에 등재된 관형사와 수사의 용례로서 관형사는 (ㄱ)과 같이 명사 앞에 자리하여 이를 수식하는 역할을 담당하고 있으며 수사는 (ㄴ)과 같이 조사 {에}, {을}. {이다}, {이나}등과 결합하는 용법을 통해 구분이 가능하다. 하지만 이는 한국어를 학습하는 과정에

서 중요한 요소는 아니고 개념의 구분에 큰 혼란이 따를 수 있기에 관련 내용을 학습자에게 교사가 먼저 제시할 필요는 없다.

5.1.2.2 부사

(25) 부사

용언 또는 다른 말 앞에 놓여 그 뜻을 분명하게 하는 품사. 활용하지 못하며 성분부사와 문장부사로 나뉜다. '매우', '가장', '과연', '그리고' 따위가 있다.

부사는 (25)와 같이 특정 용언이나 문장을 수식하는 각각의 기능에 따라 다음과 같은 분류가 가능하다.

〈표 5-7〉 성분부사의 종류

(ㄱ) 성상부사	사람이나 사물의 모양, 상태, 성질을 한정하여 꾸민다. 예) {잘}, {매우}, {바로}
(ㄴ) 지시부사	처소나 시간을 가리켜 한정하거나 앞의 이야기에 나온 사실을 가리키는 부사. 예) {이리}, {그리}, {내일}, {오늘}
(ㄷ) 부정부사	용언의 앞에 놓여 그 내용을 부정하는 부사. 예) {아니}, {안}, {못}

먼저 성분부사는 '문장의 한 성분을 꾸며 주는 역할'을 담당하며 '성상부사', '지시부사', '부정부사'로 나뉠 수 있다.

(26) 성상부사의 예

ㄱ) 민수는 밥을 **잘** 먹는다.

영수는 노래를 **잘** 한다.

ㄴ) 꽃이 **매우** 많이 피었다.

영수가 선물한 꽃은 **매우** 예뻤다.

ㄷ) 수업이 끝나면 **바로** 출발할게요.

미선이가 **바로** 뒤에 있었는데 못봤어요?

또한 성분부사는 수식하려는 대상의 앞에 위치하는 탓에 이동이 자유롭지 않다. 가령 ㄱ)에서 {잘}은 {먹다}, {하다}와 같은 동사의 앞에 위치해야만 정확한 의미 전달이 가능하다.

또한 ㄴ)의 {매우}는 형용사를 수식하거나 다른 부사어 {많이}를 수식할 수 있단 점에서 ㄱ)과는 다른 양상으로 사용되는 것을 보여준다. 이는 ㄷ)의 {바로}를 통해서 더욱 명확하게 확인할 수 있는데 동사뿐만 아니라 명사 {뒤}를 수식하는 특수한 양상을 보이기 때문이다. 이런 이유로 한국어 교육에서 부사는 개별적인 단어가 가지는 의미와 함께 수식이 가능한 양상과 관련된 정보를 함께 제시하여 개별적인 학습이 이뤄지도록 도와야 한다.

〈표 5-7〉에서 지시부사로 설정한 {오늘}, {내일} 등은 '명사'로 알려져 있다. 하지만 "내일 만납시다", "오늘 갔어요"와 같이 용언 앞에 위치하여 그 의미를 명확하게 수식하는 기능을 하는 부사의 역할도 담당하기에 격조사와의 결합이 자연스럽지 않음을 함께 제시해야 한다. 또한 부정부사로 정리된 {아니}, {못}, {안} 등은 부정의

의미를 가진 문형으로 따로 제시하는 탓에 이를 부사로 인지하지 못하는 경우가 대부분이다.

(27) 문장부사

문장 전체를 꾸미는 부사. 화자話者의 태도를 나타내는 양태 부사와 단어와 단어, 문장과 문장을 이어 주는 접속 부사로 나 눈다.

예) (ㄱ) 접속부사: {그리고}, {그러나}, {그러므로}, {즉}, {곧}, {혹은}, {또는}

(ㄴ) 양태부사: {과연}, {설마}, {제발}, {정말}, {결코}

흔히 '부사는 어순이 자유롭다'라고 생각하는 경우가 있는데 이는 (27)과 같은 문장부사에 한하여 나타나는 제한적인 특징이며 모든 부사를 대표하는 특징으로 인식해서는 안 된다.

(ㄱ)의 접속부사는 문장과 문장을 연결하는 접속어로 알려져 있다. 또한 학습자의 모국어와 치환이 가능한 양상들이 존재하기에 이를 학습에 활용하는 것은 특별한 어려움이 없다.

하지만 (ㄴ)의 '양태부사'는 '성상부사'처럼 각각의 어휘마다 사용되는 양상이 각기 다르기 때문에 어순, 사용 방법과 관련된 개별적인 어휘정보를 하나하나 따로 제시해야 이들 부사를 정확하게 학습하는 데에 가장 효율적인 방법이 될 수 있다.

(28) 양태부사의 예

　(ㄱ) 꽃이 **정말** 많았다.

　　정말 꽃이 많았다.

　　천국이 **정말** 존재할까?

　(ㄴ) **과연** 온서가 서울대학교에 합격할 수 있을까?

　　온서가 **과연** 서울대학교에 합격할 수 있을까?

　　온서가 서울대학교에 **과연** 합격할 수 있을까?

　(ㄷ) 너는 **결코** 이 곳을 지나갈 수 없다.

　　결코 합격할 수 없을 것이다.

　양태부사는 문장부사의 한 종류이기에 (28)처럼 위치 이동이 비교적 자유롭다. 이때 주의해야 할 것은 (ㄱ)의 {정말}과 (ㄴ)의 {과연}처럼 단어의 의미차가 존재함에도 표면적으로 치환이 가능한 탓에 유의어로 인지하고 이들의 개별적인 의미 파악이 필요함을 학습자들이 인식하지 않는다는 점이다.[49]

　하지만 '화자의 태도'를 나타내는 양태부사가 전달하는 의미를 정확하게 파악하는 것은 대화의 전략에 매우 중요한 요소로서 이를 고려하지 않고 단순히 기능에만 초점을 두고 학습이 진행될 경우 실제 언어생활에서 모국어 화자의 의도를 정확하게 파악하지 못해 대화를 단절시킬 위험이 존재함을 명심해야 한다.

---

[49] 한국어학에서 유사한 의미를 전달하는 부사어들의 사용 양상을 비교하는 연구가 꾸준히 진행되고 있기에 이를 활용하여 어휘정보를 구축할 수 있다.

이는 (ㄷ)과 같이 부정의 의미를 가진 부사의 경우에 더욱 중요하게 고려되어야 할 화자의 태도와 관련된 어휘정보라는 점에서 학습자에게 양태부사가 가진 의미의 정확한 파악이 필요한 이유를 설명하여 의미를 함께 고려한 정확한 학습을 유도해야 할 것이다.

〈표 5–8〉 부사와 보조사의 결합

(ㄱ)	많이들 오셨습니다.	(ㄴ)	잘들 모르겠습니다.
	많이도 오셨습니다.		잘도 모르겠습니다.
	많이는 오셨습니다.		잘은 모르겠습니다.
(ㄷ)	열심히들 하세요.	(ㄹ)	빨리들 먹는다
	열심히도 하세요.		빨리도 먹는다
	열심히는 하세요.		빨리는 먹는다

뿐만 아니라 부사는 〈표 5-8〉처럼 보조사와 결합하여 사용될 수 있고 결합하는 보조사에 따라 각기 다른 의미를 전달하는 매우 복잡한 양상을 가진다.[50] 가령 {들}과 결합하면 [복수]의 의미를 전달하며 {도}와 결합하면 [반어], [부정], [강조], {은/는}과 결합하면 [비교], [대조] 등의 의미를 전달할 수 있다. 또한 이러한 차이는 언어사용자마다 인지하는 정도가 다르고 특정 문형에서 제한적으로 사용되는 관용적인 성격이 강한 탓에 보편적으로 나타나지 않을 수 있기에 다양한 문장을 생성·제시하여 제한적인 용례를 중심으로 학습자의 이해를 도와야 한다.

---

50 성분부사에 한하여 보조사와 결합이 자연스럽다.

5.1.3. 독립언

독립언은 문장에서 홀로 독립적으로 쓰이는 다음과 같은 감탄사
를 이르는 말로 정리할 수 있다.

    (29) 감탄사의 예
        (ㄱ) 아! 차가워라.
        (ㄴ) 야! 무슨 소리하는 거야?

(29)에서 {아}와 {야}가 감탄사다. 또한 「표준국어대사전」에서 감
탄사를 "말하는 이의 본능적인 놀람이나 느낌, 부름, 응답 따위를
나타내는 말의 부류"로 정리한 것처럼 '호칭어나 지칭어'도 이에
포함이 될 수 있다. 하지만 일반적으로 한국어 교육에서는 '호칭어,
지칭어'의 본연적인 기능에만 제한하여 학습하며 그 외의 '본능적
인 놀람, 느낌' 등을 나타내는 감탄사는 학습에 활용하지 않는다.
이는 감탄사가 모국어 화자의 언어 사용습관에 따라 각각 다양한
양상으로 사용되기 때문에 수업에 활용할 수 있는 객관적인 어휘
정보의 구축이 어렵기 때문이다.

    (30) {아}의 다의성
        (ㄱ) 놀라거나, 당황하거나, 초조하거나 다급할 때 가볍게 내는
           소리.
        (ㄴ) 기쁘거나, 슬프거나, 뉘우치거나, 칭찬할 때 가볍게 내는
           소리.

㉢ 말을 하기 전에 앞서 상대편의 주의를 끌기 위하여 가볍게
　내는 소리.

㉣ 모르던 것을 깨달을 때 내는 소리.

　(30)은 「표준국어대사전」에서 정리한 {아}의 사전의미로서 이를
참고한다면 4개의 의미를 가진 어휘소로 정리가 가능하다. 하지만
앞서 언급한 것처럼 감탄사는 언어 사용자마다 매우 다양하고 특수
한 양상을 나타내기에 사전에서 정리한 어휘정보가 절대적인 결과
라고 할 수 없다. 또한 {아}를 통해 실현할 수 있는 [놀람], [당황], [다
급], [기쁨], [슬픔], [뉘우침], [칭찬], [주목], [깨달음]과 같은 속성
은 실제 언어생활에서 발화되는 소리의 크기, 표정 등의 요소에 따
라 각기 다르게 전달될 수도 있기에 이러한 특징을 가진 감탄사를
한국어 교육의 대상으로 설정하는 것은 쉬운 일이 아니다.

새 선생님을 위한 한국어 문법 교육론

이 장에서는 문장을 생성할 때 어미와 결합하여 단어의 형태변화가 존재하는 '가변어'인 용언, 즉 '형용사'와 '동사'에 대해서 살펴보려고 한다.

6.1 용언[51]

「표준국어대사전」은 '용언'을 다음과 같이 정리하고 있다.

---

51 한국어교육에서의 주의점 12.

(1) 용언

문장에서 서술어의 기능을 하는 동사, 형용사를 통틀어 이르
는 말. 문장 안에서의 쓰임에 따라 본용언과 보조용언으로
나눈다.

(1)을 통해 용언은 '동사, 형용사'를 지칭하며 문장에서 서술어의
기능을 담당하며 '본용언과 보조용언'으로 나눌 수 있음을 알 수 있
다. 이때 '동사'와 '형용사'의 품사를 구분하는 것은 문장으로의 활
용에 중요한 역할을 담당하기에 정확한 파악이 필요하다.[52]

(2) (ㄱ) 동사: 가다, 오다, 먹다, 입다 …

(ㄴ) 형용사: 젊다, 예쁘다, 크다, 작다, 많다 …

(ㄷ) 늙다, 유행하다, 어울리다, 잊다, 잃어버리다…

일반적으로 (ㄱ)처럼 특정한 행동을 인지할 수 있는 단어를 동사로
설정하며 (ㄴ)과 같이 행동과 관계없이 특정 상태를 인지할 수 있는
단어를 형용사라고 한다. 이처럼 의미를 통해 그 성격을 명확하게
확인할 수 있는 용언은 학습자 스스로 품사를 구분함에 큰 어려움
이 없다. 하지만 (ㄷ)과 같은 단어는 동사로 분류되고 있으나 (ㄱ)과 비
교하여 명확한 행동을 인지하기가 어렵기에 형용사로 잘못 생각하

---

[52] 동사와 형용사는 품사에 따라 결합하는 어미의 규칙이 달리 적용되기 때문에
품사를 정확하게 파악해야 문법적인 문장의 생성이 가능하다.

는 학습자들이 존재한다.[53] 문제는 품사를 잘못 인지하여 동사에 형용사의 규칙을 적용할 경우 비문이 되거나 다른 의미를 전달할 수 있다는 점이다. 가령 동사 {유행하다}를 형용사로 착각하여 "이 옷은 유행하는 옷입니다"가 아닌 {형용사+은/ㄴ}을 적용한 "이 옷은 유행한 옷입니다"처럼 의미가 완전히 달라진다는 점이다. 이는 학습자들에게서 많이 나타나는 오류로서 동사와 형용사는 무엇보다 정확한 품사를 파악하여 문법 규칙을 적용할 수 있게 관련 정보를 우선적으로 제시하는 과정이 의미정보보다 선행되어야 함을 뜻하는 예라고 할 수 있다.

6.1.1 동사

'동사'는 명확한 행위의 인지가 가능한 것과 행위의 인지가 쉽지 않은 동사로 구분된다. 이에 「표준국어대사전」은 이러한 특징을 고려하여 다음과 같이 어휘정보를 제시하고 있다.

(3) 동사
(ㄱ)사물의 동작이나 (ㄴ)작용을 나타내는 품사.

(ㄱ)의 '사물의 동작'은 {가다}, {오다}, {입다}, {먹다}와 같이 특정 행위의 인지가 쉬운 동사를 뜻한다. 반면 (ㄴ)은 {늙다}, {유행하다}, {어

---

53 특히 {늙다}를 동사로 보고 그와 반대되는 개념인 {젊다}를 형용사로 보는 것은 모국어 화자도 이를 정확하게 구분하기가 쉽지 않음을 뜻한다.

올리다}, {잊다}, {잃어버리다}처럼 행동의 인지가 명확하지 않은 어휘를 지칭하는 개념이다.

학습자들은 [동작]의 인지가 명확한 동사와 비교하여 [-동작]의 속성을 가진 어휘가 동사인 이유를 묻는 경우가 있다. 또한 그들의 직관으로 품사를 구분할 수 있게 객관적인 설명을 요구하기도 한다. 물론 모국어 화자라면 명령문의 실현, 현재 시제를 나타내는 어미 {-는}과의 결합을 통해 구분이 가능하지만 직관이 부족한 학습자가 적용할 수 있는 방법은 아니다. 이에 단어마다 각각의 품사를 제시하는 방법이 가장 효과적인 방법이라 할 수 있다.

6.1.1.1 자동사와 타동사

또한 동사는 목적어의 사용 유무를 중심으로 다음과 같이 '자동사'와 '타동사'라는 개념으로 분류되기도 한다.

(4) 자동사와 타동사

　　(ㄱ) 자동사

　　　 동사의 동작이나 작용이 주어에만 미치는 동사.

　　　 예) 앉다, 서다, 웃다, 울다, 가다, 오다

　　(ㄴ) 타동사

　　　 동작의 대상인 목적어가 필요한 동사.

　　　 예) 먹다, 입다, 만나다, 주다, 넣다

(4)처럼 자동사와 타동사는 '목적어의 사용'을 기준으로 분류한다. 즉 자동사는 (ㄱ)의 {앉다}, {서다}, {웃다}, {울다}, {가다}, {오다}처럼 목적어가 필요없는 동사이며 타동사는 (ㄴ)의 {먹다}, {입다}, {만나다}, {주다}, {넣다}처럼 목적어의 사용이 필요한 동사를 말한다.[54] 이러한 '자동사'와 '타동사'의 개념을 교과 과정에서 제시하면 학습자는 목적어의 선택 여부를 규칙화하여 문장 생성에 활용할 수 있기에 효과적이라고 생각하는 경우가 많다. 하지만 실제 언어생활에서 다양한 양상으로 사용되는 용례를 살펴보면 (4)와 같은 내용이 항상 절대적인 결과를 보이지는 않는다.

(5) 목적어를 사용하는 자동사

(ㄱ) 경기도의 혁신 학교를 가다!

(ㄴ) 보증을 서다.

(ㄷ) 울음을 울고 있는 아이.

(ㄹ) 씁쓸한 웃음을 웃고 있었다.

(ㅁ) 그 만화에서 주인공의 부모는 악마에게 영혼을 먹혔다.

(5)는 모두 「표준국어대사전」의 예문이며 (4)에서 자동사로 분류한 동사들이다. 하지만 목적어가 문장에서 사용되는 타동사의 성격을 보인다. 또한 (ㅁ)에서 피동사 {먹히다}도 목적어를 활용한 문장으

---

54 "멧돼지가 호랑이에게 잡아 먹혔다"와 같은 피동문을 만드는 동사는 목적어가 필요하지 않기에 자동사이며 "엄마가 아기에게 밥을 먹였다."와 같은 사동사는 목적어가 필요하기에 타동사로 분류하고 있으나 절대적인 결과는 아니다.

로 생성되었기에 '타동사'처럼 사용되었다. 이처럼 자동사와 타동사의 기능으로 모두 사용되는 동사를 '능격동사'라고 하는데 고급으로 갈수록 이런 양상의 문장을 생성하는 경우가 많아지기 때문에 타동사와 자동사의 개념을 학습자에게 제시하여 추후 학습자에게 혼란을 제공할 필요는 없다.[55]

6.1.1.2 본동사와 보조동사

동사는 문장에서 인지되는 의미의 정도성에 따라 본동사와 보조동사로도 분류된다.[56] 본동사는 한 문장에서 사용된 동사들 중에서 가장 실질적인 의미를 전달하는 동사를 말하며 다음과 같이 그 의미를 보충하는 보조적인 역할을 담당하는 동사를 보조 동사라고 한다.[57]

(6) 본동사와 보조동사

(ㄱ) 온주는 밥을 먹고 이를 닦았다 → (ㄴ) 온주는 밥을 먹고 나서 이를 닦았다.

---

55 다양한 문장을 생성하는 연습을 통해 자연스러운 습득을 유도하는 방법이 가장 효과적이며 '자동사', '타동사'의 개념을 전달할 필요는 없다.

56 이런 특징은 형용사에서도 나타나며 이를 포괄하는 개념으로 '본용언, 보조용언'을 사용하며 함께 논의할 정도로 유사한 특징을 가진다.

57 본동사와 보조동사를 적절하게 사용할 경우 구체적인 의미를 상황에 따라 매우 효과적으로 전달할 수 있기에 이런 능력의 차이는 고급 학습자와 중급 학습자를 명확히 구분해주는 기준으로 활용이 가능하다.

㉢ 온서는 문자 메시지를 보냈다 → ㉣ 온서는 문자 메시지를
보내 <u>놓았다.</u>

(6)의 ㉠과 ㉢은 보조동사가 사용되지 않은 문장이다. 반면 ㉡, ㉣
은 보조동사 {나다}와 {놓았다}가 사용된 문장이다. 이처럼 보조동
사가 사용된 문장은 그렇지 않은 문장과 비교하여 [완료], [확인] ·
[보유] 등의 추가적인 의미를 전달하게 된다.

<표 6-1> 보조 동사의 예

의미	보조동사	예문
완료	{고 나서}	수업이 끝나고 나서 명동에 갔다. 6급까지 배우고 나서 대학원에 갈 계획이다.
보유	{아/어/여 두다}	꽃을 병에 꽂아 두었어요. 자료를 컴퓨터에 보관해 두었어요.
시도	{아/어/여/보다}	이 음식을 한 번 드셔 보세요. 병원을 한 번 옮겨 보세요.
경험	{아/어/여/보다}	나는 제주도에 가 보았다. 한국에서 그 음식을 먹어 보았다.

<표 6-1>은 한국어 교육에서 학습자들에게 제시되는 보조동사를
일부 정리한 것으로 앞서 언급한 것처럼 본동사가 의미에 가장 중
요하며 보조동사는 이를 보충하는 역할에 초점을 맞춰 의미를 파악
해야 한다. 하지만 위와 같은 보조동사는 한국어 교육에서 목표 문
법으로 설정되어 그 중요도가 높게 인지되어 있다. 이에 '보조동사'
를 그와 결합하는 '본동사'보다 더 중요하게 초점을 맞춰 의미를 해

석하려는 오류가 흔히 나타나기에 주의가 필요하다.[58] 또한 고급으로 갈수록 보조동사를 활용한 구체적인 의미의 파악과 전달이 중요한 언어 사용양상이 강조되기 때문에 초급에서부터 보조동사의 역할에 대한 명확한 개념의 이해는 고급에서 배우는 단어나 문형들과의 다양한 확장·사용을 자연스럽게 이해할 수 있는 기초로 활용될 수 있단 점을 인식할 필요가 있다.[59]

6.1.2 형용사[60]

형용사는 '사물의 성질이나 상태를 표시하는 품사'다. 동사처럼 결합하는 어미에 따라 형태가 변하는 '가변어'인 탓에 불규칙한 형태변화를 중심으로 평가에 활용되는 빈도가 높으나 동사와 달리 시제를 고려하지 않기에 두 품사를 잘못 파악할 경우 관련 오류가 나타날 가능성이 높단 점에서 주의가 필요하다. 또한 형용사는 그 의미에서 인지할 수 있는 속성이나 상태에 따라서 '성상 형용사, 지시 형용사'로 분류가 가능하며 이때 '성상형용사'는 '주관형용사와 객관형용사'로의 추가적인 분류가 가능하다.[61]

---

58 본동사의 의미만으로도 문장의 전체적인 의미 파악이 가능하다. 이에 보조동사의 학습에 어려움을 겪는 학습자의 경우에는 본동사가 전달하는 의미에만 초점을 둔 학습을 우선 권유하여 문장에서 중요한 의미만을 파악하는 연습을 진행하고 이후 보조동사의 추가적인 의미에 초점을 맞춰 학습할 수 있도록 경계를 구분하는 것도 학습에 효과적으로 활용할 수 있는 방안이다.

59 한국어교육에서의 주의점 13.

60 학자에 따라서 동사와의 구분을 하지 않기도 한다.

61 형용사에 대한 추가적인 분류는 유현경(1998)에서 구체적으로 상세히 제시하고 있다.

(7) 성상형용사와 지시형용사

  (ㄱ) 성상형용사

    대상의 상태, 속성을 나타내는 것으로 일반적인 형용사를 뜻한다.

    예) {예쁘다}, {멋있다}, {크다}, {작다} …

  (ㄴ) 지시형용사

    사물의 성질, 시간, 수량 따위가 어떠하다는 것을 형식적으로 나타내는 형용사.

    예) {그러하다}, {어떠하다}, {저러하다}, {이러하다}, {아무러하다}.

  (ㄱ)의 성상형용사는 '사물의 상태나 성질을 나타내는 형용사'로 정의할 수 있으며 일반적으로 형용사를 떠올릴 때 가장 먼저 생각하는 {예쁘다}, {먹있다}, {크다} 등을 지칭하는 개념이다. 반면 (ㄴ)의 지시형용사는 지시어를 사용하여 '형식적으로 형용사의 속성'을 나타내는 {그렇다}, {어떻다}, {저렇다}, {이렇다}, {아무렇다}[62] 등을 말하며 지시관형사의 형태와 유사한 탓에 학습자는 이를 형용사로 인지하지 못하는 경우가 많다.[63]

---

62 {그러하다}, {어떠하다}, {저러하다}, {이러하다}, {아무러하다}의 줄임말.

63 서술어로 사용되는 양상보다는 {이런}, {저런}, {그런}과 같은 관형어로 사용되는 용법을 제시하는 것이 교육현장에서는 더욱 효과적이다.

(8) 주관형용사와 객관형용사

ㄱ) 주관형용사: 화자의 심리 상태를 서술하는 형용사.

예) 싫다, 좋다, 슬프다, 아프다…

ㄴ) 객관형용사: 대상의 속성을 표현하는 형용사.

예) 희다, 빨갛다, 맵다, 시끄럽다, 덥다…

아름답다, 착하다, 예쁘다 …

또한 성상형용사는 (8)처럼 '주관형용사'와 '객관형용사'로 추가적인 분류가 가능하다. 이때 주관형용사는 '화자의 심리 상태'를 나타내는 기능을 하며 객관형용사는 '대상의 상태를 객관적으로 꾸미거나 설명'에 사용된다.[64] 간혹 이런 분류 결과를 수업에 활용하여 문형의 결합과 제한을 규칙적으로 제시하려는 노력이 진행되기도 한다. 하지만 실제 언어생활에서는 그런 '주관형용사'와 '객관형용사'의 연구 결과와 달리 개별적으로 사용되는 양상들이 다양히 존재하기에 관련 용어를 한국어 교육에 적용하여 학습 부담감을 증가시켜 학습자의 혼란을 제공할 필요는 없다.[65] 이런 구분은 현대 언어생활에서 모국어 화자에게도 크게 중요한 요소로 고려되지 않기 때문이다.[66]

---

64 특징에 따라 추가적인 분류가 가능하다.

65 고영근·구본관(2011:98)은 {지금}과 함께 쓰일 수 있으면 주관형용사, 사용이 어색하면 객관형용사라 언급했다. 하지만 객관형용사 {예쁘다}는 "나 지금 예쁘다고 말해줘", "너 지금 정말 예뻐"처럼 사용이 가능하단 점에서 기존에 정리된 결과가 현대 언어생활의 양상을 모두 반영할 수 없음을 보여준다.

66 한국어 교육에서의 주의점 13.

제7장
어휘의 정의와 범주

이 장에서 정리하는 '어휘'는 단어와 유사한 개념 혹은 동일한 개념으로 학습자들이 인지하는 경우가 많다. 하지만 어휘는 단어와는 명확히 구분되는 개념으로 한국어 교육에서 문법과 함께 초점을 두어 진행되는 교육이 바로 '어휘'의 개념이다.

7.1 어휘의 정의

어휘를 명확하게 정의하는 것은 쉽지 않다. 김광해(2004: 39)가 언급한 것처럼 '어휘'는 영어로 'Lexicon'과 'Vocabulary'의 두 개로 지칭되고 있는 것처럼 한국어에서 혼란스럽게 자리한 개념이기 때문이다.

(1) lexicon

    (ㄱ) (특정 언어 · 분야 · 개인 · 집단에서 사용하는 모든) 어휘

    (ㄴ) (특정 언어 · 분야의) 어휘 목록

    (ㄷ) (특히 그리스어 · 히브리어 같은 고대 언어의) 사전

(2) vocabulary

    (ㄱ) (개인이 아는 · 사용하는) 어휘

    (ㄴ) (특정 언어의 모든) 어휘

    (ㄷ) (특정 주제에 관련된) 용어

기본의미인 (ㄱ)을 먼저 살펴보면 'lexicon'은 '특정 분야'에 초점을 맞춘 개념이며 'vocabulary'는 '개인의 사용'에 초점을 둔 개념이다. 이를 정리하면 어휘는 '모국어 화자의 개별적인 사용'과 '특정 집단의 사용'을 모두 지칭하는 개념이라 할 수 있다.[67] 또한 신현숙(2014: 109)은 이를 다음과 같이 정리하고 있다.

(3) '어휘'를 하나 이상의 어휘 목록 lexical entry 또는 어휘소 lexeme
를 모두 가리킨다. 즉 한국어 사용자가 다양하게 사용하는 어
휘목록을 지칭하는 것으로 형태소, 단어, 관용구, 속담 등을
'어휘'라고 할 수 있다.

---

67 실제로 '어휘'를 정리하면 보편적으로 사용되는 어휘부터 '신조어, 비속어, 은어, 유행어'와 같은 제한적인 범주에서 사용되는 어휘까지도 포함된다는 점에서 이런 포괄적인 개념으로 '어휘'를 정리하도록 한다.

(3)처럼 신현숙(2014) 또한 '어휘'가 두 개념을 가지고 있으며 이를 의미를 가진 단위에 초점을 두고 형태소부터 단어, 속담, 연어, 격언, 사자성어 그리고 습관적으로 사용되고 있는 관용표현까지 다양한 단위를 지칭하는 포괄적인 개념으로 정리하고 있다.

이상의 내용을 조합하면 '어휘는 모국어 화자에게 일정 빈도 이상으로 사용되는 특징'과 '실제 언어생활에서 특정 의미를 전달할 수 있는 특징'에 초점을 둘 수 있다. 이때 두 견해는 서로를 보완해 주는 결과라고 할 수 있으며 이를 활용하여 이 책에서는 다음과 같은 내용을 '어휘'를 대표하는 개념으로 설정하도록 한다.

(4) (ㄱ) 모국어 화자에게 보편적으로 사용되는 것.

(ㄴ) 소수 집단에서 사용되어도 지속성이 유지되는 것.

(ㄷ) 형태소와 습관적으로 사용되는 관용표현까지를 포함.

(ㄱ)은 모국어 화자들에게 보편적으로 사용되고 있다면 어휘의 자격을 갖추고 있음을 뜻한다. '보편적'이란 것은 [연령], [지역], [직업], [관심] 등의 속성과 관계없이 가장 일반적인 상황에서 자연스럽게 사용할 수 있는 것을 의미한다.

반면 (ㄴ)은 소수 집단에서 사용되더라도 그 집단 내에서 지속적인 사용이 유지된다면 어휘가 될 수 있음을 뜻한다. 이때 '소수 집단'은 특정 지역에서 사용되는 방언, 특정 직업 계층에서 사용되는 전문어, 여성어, 남성어 등을 포함하며 특정 시기에 지속적으로 사용되는 유행어, 신조어, 등도 포함이 가능하다.[68]

마지막으로 (ㄷ)은 문장의 형태를 갖추고 있으나 사용빈도가 높아 굳어버린 '속담, 관용어, 연어, 숙어'와 같은 표현 또한 어휘임을 뜻하며 이 차이가 바로 단어를 포함하는 보다 넓은 개념으로 어휘를 설정하게 되는 기준이 된다.[69]

하지만 모든 어휘를 한국어 교육에서 활용할 수는 없다. 그 수가 매우 많고 특수성을 보이며 부정적인 표현을 전달하는 어휘도 존재하기 때문이다. 이에 한국어 교육에서는 효과적인 교육을 위해 어휘의 범주를 제한할 필요가 있는데 이에 활용되는 개념이 바로 다음과 같은 '기초어휘'와 '기본어휘'이다.

7.2 기초어휘와 기본어휘

한국어 교재는 다양한 기관에서 출간되고 있다. 또한 앞서 언급한 것처럼 어휘는 매우 넓은 포괄적인 개념을 가지기에 교육에 필요한 특정 범주를 보편적으로 설정하는 것은 쉽지 않다. 하지만 대부분의 교재들은 유사한 어휘들로 구성되어 있는데 그 이유는 바로 '기초어휘'와 '기본어휘'를 교재 구성에 활용하기 때문이다.

---

68 어휘로 설정할 수 있는 것과 한국어 교육의 목표 어휘로 설정하는 것은 다른 개념이다. '어휘'란 한국인들에게 사용되는 모든 것을 인정하는 개념이며 '한국어 교육을 위한 어휘'는 '교육'에 초점을 맞춰진 개념이기에 비속어가 어휘에 포함이 되어도 한국어 교육의 어휘로 설정할 수는 없다.

69 관용표현에 대한 구체적인 논의는 9장에서 하도록 한다.

7.2.1 기초어휘

「표준국어대사전」은 기초어휘를 "한 언어에서, 기본적인 의사소통에 꼭 필요하다고 인정되는 최소한의 어휘"로 설정하고 있으며 초급 교재에 포함된 대부분의 어휘가 기초어휘라고 할 수 있다. 그렇다면 이런 기초어휘는 어떠한 조건을 갖추고 있을까? 이를 다음의 내용을 통해서 파악하도록 한다.

(5) 기초어휘의 조건

　　(ㄱ) 그 어휘를 사용하지 않고 다른 단어를 대용하는 일이 불가능하다.

　　(ㄴ) 그 단어들을 조합하여 복잡한 개념이나 새로운 명명이 필요한 개념을 나타내는 단어를 쉽게 만들 수 있다.

　　(ㄷ) 기초어휘에 속하지 않는 단어를 설명할 때 기초어휘에 포함된 단어를 사용한다.

　　(ㄹ) 오래 전부터 사용되었고 앞으로도 사용될 가능성이 크다.

　　(ㅁ) 흔하게 사용되고 있다.

(5)는 김광해(2004: 48)가 제시한 기초어휘의 조건으로서 학자마다의 차이는 존재하나 본질적인 차이는 크지 않다.

특히 (ㄱ)에서 '대용이 불가능하다'는 개념은 가장 일반적인 기준이다. 가령 '학교에서 학생들이 자신을 가르쳐 주는 사람'에게 사용하는 어휘소 {선생님}은 그를 대신할 수 있는 다른 어휘소가 없다는 점에서 본다면 분명한 기초어휘가 된다.

또한 동일한 대상에게 다양한 어휘가 사용되어도 기초어휘는 존재한다. 가령 현대 언어생활에서 '자신을 낳아주고 길러준 여성'에게 사용할 수 있는 어휘는 {어머니}, {엄마}, {어머님}, {어미}, {모친# 親}으로 다양하다. 하지만 모국어 화자는 {엄마}를 가장 자연스럽고 보편적으로 사용하며 {엄마}의 고유한 의미를 {어머니}, {어머님}, {어미}, {모친# 親}이 전달할 수 없단 점에서 {엄마}를 기초어휘로 설정하는 것이다.

또한 (ㄴ)은 한 단어가 파생어, 합성어와 같은 복합어로 확장될 때 가장 중심이 되는 역할을 담당하는 단어가 '기초어휘'에 가까운 것을 뜻한다. 가령 1급에서 제시되는 {밥}은 {쌀밥}, {현미밥}, {잡곡밥}, {공깃밥}, {비빔밥}과 같은 합성어로 확장될 때 그 의미와 형식의의 중심이 되기에 (ㄴ)의 조건을 만족시킬 수 있다는 점에서 가장 기초어휘에 가까운 어휘소가 되는 것이다.

(ㄷ)은 「표준국어대사전」의 사전정보를 통해 기초어휘에 가까운 양상을 확인할 수 있는 방법으로 어휘정보를 설명할 때 유사한 개념을 가진 다른 어휘를 활용하는 것을 뜻한다. 예를 들면 색채어 {빨갛다}는 "피나 익은 고추와 같이 밝고 짙게 붉다"로 정리되어 있고 이를 설명하기 위해서 다른 색채어 {붉다}를 사용하지만 {붉다}는 "빛깔이 핏빛 또는 익은 고추의 빛과 같다."처럼 그 의미를 설명하기 위해 {빨갛다}가 사용되지 않기에 {붉다}를 기초어휘에 더 가까운 어휘로 설정하는 것이다.[70]

---

70 한국어교육에서 주의점 14 참고.

(ㄹ)은 과거에도 활발히 사용되었고 현재에도, 앞으로도 그 사용이 지속될 가능성이 존재하는 어휘가 '기초어휘'로 설정이 가능한 것을 뜻한다.[71] 이에 특정 시기에 활발히 사용되는 유행어나 신조어는 대부분이 그 지속성을 유지하지 못하기에 기초어휘에 포함되지 않고 한국어 교육의 대상으로도 설정하지 않는 것이다.

마지막으로 (ㅁ)은 '실제 언어생활에서 사용되는 빈도'와 관련이 있는 개념으로 모국어 화자에게 활발히 사용되고 있다면 이를 기초어휘로 설정할 수 있음을 의미한다. 하지만 유행어나 신조어처럼 지속성이 확보되지 못한 어휘나 부정적인 의미를 가진 비속어의 경우 대화를 단절시킬 수 있는 특징을 가졌기에 사용빈도가 높아도 교육의 대상으로 설정하지 않게 된다.[72]

7.2.2 기본어휘

한국어 교육의 어휘는 '기초어휘'만을 기준으로 삼고 있다고 생각하는 경우가 많다. 하지만 '기본어휘'의 개념 또한 한국어 교육에서 제시되는 어휘를 구성하는 중요한 기준으로 활용되고 있다.

(6) 기본어휘

(ㄱ) 한 언어의 사용도수를 조사하였을 때 그 빈도가 가장 높은 어휘. 일상생활에서 가장 널리 사용하므로 정상적인 사회

---

[71] 이런 기준은 김광순(2016)에서 언급한 바와 같이 아주 많은 한국어 친족어 중에서 일부 친족어만을 기초어휘로 설정한 근거로 활용이 가능하다.

[72] 빈도만 충족한 기준은 기초어휘가 될 수 없다.

생활을 하기 위하여 꼭 알아야 하는 어휘를 말한다.

　　(ㄴ) 한 언어에서, 기본적인 의사소통에 꼭 필요하다고 인정되는 최소한의 어휘.

「표준국어대사전」은 (6)과 같이 기본어휘를 정의하고 있다. 이 때 (ㄱ)은 '기본어휘'의 고유한 개념이며 (ㄴ)은 '기초어휘'와 동일한 개념을 가진다. 이는 기본어휘와 기초어휘의 개념이 유사한 것으로 보이게 해 그 구분의 필요성을 인식하지 못할 수도 있으나 김광해(2004)처럼 두 어휘의 개념은 명확히 구분되어야 한다.

　　(7)　"기본어휘는 그 개념이 기초어휘와 다르다. 기초어휘는 실제 언어생활에서 모국어 화자에게 사용되는 많은 어휘소들 중에서 가장 기초가 되는 어휘임을 뜻하나 기본어휘는 특정 작품, 특정 학문을 이해하기 위해 기본이 되는 어휘의 집합을 뜻한다."

(7)을 정리하면 기본어휘는 특정한 분야, 집단과 같은 제한적인 범주에서 활용도가 높은 어휘를 뜻한다. 가령 1급의 어휘 중에서 다양한 상황에서 대부분의 모국어 화자에게 활발히 사용되고 있는 {엄마}, {아빠}, {친구}, {물}, {밥} 등은 기초어휘이며 은행이라는 제한된 상황에서 주로 사용이 가능한 {예금}, {적금}, {정기적금}, {정기예금}, {통장}, {계좌번호} 등과 같은 어휘는 제한성으로 인해 기본어휘가 되는 것이다.

이를 참고한다면 한국어 교육에서 제시되는 어휘는 일상 언어 생활에서 보편적으로 사용되는 기초어휘와 학습자의 상황을 고려한 기본어휘를 적절히 활용·제시해야 한다. 하지만 다음과 같이 이에 대한 고려가 실제 교육현장에서는 부족한 실정이다.[73]

    (8)   김광순(2020)에서 {어머니}의 양상.

        (ㄱ) {엄마}, {어머니}, {어머님}은 모두 친족 비친족어로 사용된다.

        (ㄴ) 외국인 학습자는 자신의 어머니에게 한국어를 사용하지 않는다.

        (ㄷ) {엄마}, {어머니}, {어머님}은 다양한 비친족어로 사용된다.

        (ㄹ) 비친족어로 사용되는 양상에 초점을 둔 교육을 진행해야 한다.

기초어휘만의 개념만을 적용하면 한국어 교육에서는 {엄마}, {어머니}, {어머님}은 '자신을 낳아주고 길러 준 여성'에게 사용하는 의미로 제시된다.[74] 하지만 (ㄴ)과 같이 외국인 학습자는 자신의 어머니에게 {엄마}, {어머니}, {어머님}을 한국어로 사용할 빈도는 매우 낮

---

73 실제 교재에서는 이를 고려하여 어휘항목이 구성되기도 한다. 가령 1급 초반에 제시되는 {선생님}, {책}, {공책}, {책상}, {칠판}, {분필} 등은 교실이라는 제한적인 공간에서 사용되는 기본어휘의 관점을 반영한 결과다. 이는 일반적인 모국어 화자에게 일상 언어생활에서 보편적으로 사용되는 기초어휘의 개념이 반영된 결과가 아님을 함께 보여준다.

74 실제 교육현장에서 이 정보만이 제시되고 있다.

기에 관련 어휘정보는 활용도가 떨어질 수 밖에 없다. 반면 학습자들의 실제 언어생활을 고려한다면 (ㄷ)과 같이 비친족의 여성들에게 사용되는 '기본어휘'의 관점에서 정리된 어휘정보의 제시가 더욱 효과적으로 활용될 수 있다.

<표 7-1> 김광순(2020)의 양상 정리

(ㄱ) {엄마}	• 자녀를 중심으로 관계를 형성한 여성들이 {언니}를 대신하여 사용. • [친밀]을 공유한 비친족의 여성에게 호칭어, 지칭어로 사용. • 처음 보는 여성의 연령이 어리고 주변에 아이가 있으며 그와의 관계를 추측하여 지칭어로 사용.
(ㄴ) {어머니}	• 배우자의 어머니에게 사용. • [대우]의 의도가 존재할 때 비친족의 여성에게 사용 • [친밀], [대우]가 공유된 관계의 비친족 여성에게 사용.
(ㄷ) {어머님}	• 배우자의 어머니에게 사용. • [높임]의 의도로 비친족의 여성에게 사용. • 비친족어 사용되는 {할머니} 대신 사용. • 언어 사용자보다 연령이 높은 친밀한 여성에게 호칭어, 지칭어로 사용.

<표 7-1>은 {엄마}, {어머니}, {어머님}이 비친족의 여성에게 확장·사용되는 용법을 정리한 것으로 한국어 교육에서 보편적으로 제시되는 기본의미는 아니다. 하지만 학습자를 고려한다면 이들에게 더욱 효율적으로 사용될 수 있는 의미라는 사실은 분명하다. 가령 혼인을 한 학습자라면 자녀와의 관계를 고려하여 {자녀 이름+엄마}를 주변의 여성에게 사용할 수 있고 자신보다 나이가 많은 대상에게는 {어머니}가 치환될 수 있음을 제시한다. 또한 '배우자의 어머니'에

게 {어머니}나 {어머님}을 사용하는 양상을 제시할 수 있고 [-친밀]
의 비친족의 여성에게 {어머니}, {어머님}을 {아줌마}, {아주머니},
{할머니}대신 사용하여 [높임], [대우]의 의미를 전달하는 양상을
제시할 수 있다. 이런 어휘정보는 학습자의 실제 언어생활이라는
특정 범주를 고려한 '기본어휘'의 개념이 적용된 것이다.

　이처럼 한국어 교육은 한국인을 기준으로 삼은 '기초어휘'와 관
련된 어휘 정보만을 목표 어휘로 설정해서는 안 된다. 외국인 학습
자가 경험하게 될 언어 사용 배경은 다른 특징을 가질 수 밖에 없기
때문이다. 이에 '기본어휘'의 개념도 한국어 교육에는 중요하게 적
용되어야 할 관점이며 지금보다 더욱 다양한 연구를 통해 구축된
어휘 정보의 활용은 한국어 교육의 질적인 발전을 향상 시키기 위
한 도구가 될 수 있음을 명심해야 한다.

새 선생님을 위한 한국어 문법 교육론

제8장
어휘의 양상 1

ㅎㅣㅇ

이 장에서는 어휘를 분류하는 특정한 기준에 따라 각기 달리 나뉘는 결과에 대해서 살펴보도록 한다.

8.1 고유어, 한자어, 외래어, 외국어

고유어, 한자어, 외래어, 외국어는 어휘를 구성하는 언어의 종류를 중심으로 분류한 개념이며 다음과 같이 정리할 수 있다.

> (1) (ㄱ) 고유어
>
>   해당 언어에 본디부터 있던 말이나 그것에 기초하여 새로
>   만들어진 말.
>
>   (ㄴ) 한자어
>
>   한자에 기초하여 만들어진 말

ⓒ 외래어

외국에서 들어온 말로 국어에서 널리 쓰이는 단어.

ⓡ 외국어

다른 나라의 말.

(1)의 고유어와 한자어는 한국어를 구성하는 가장 기본적인 요소다. 물론 관점에 따라 '한자어'를 고유어로 보지 않을 수도 있으나 한국에서 아주 오랫동안 사용되어 왔고 중국어와 발음이 명확히 다르기에 이를 '한국어'로 설정함에 무리가 없다.

반면 ⓒ의 '외래어'는 {버스}, {택시}, {카드}처럼 외국에서 들어온 어휘가 정착되어 널리 사용되고 있다는 점에서 한자어와 유사하나 정착된 시기가 길지 않아 한국어만의 특징이 반영된 표현이 아니란 점에서 한자어와 분류의 기준이 다르다. 또한 ⓡ의 외국어는 다른 나라의 말로 그를 대신할 한국어가 존재하며 널리 사용되지 않는 특징으로 외래어와 구분한다.

〈표 8-1〉 김광해(2004:113)의 국어 어휘의 어종별 분류

품사	고유어	한자어	외래어
명사	12,703	27,909	1,261
대명사	57	16	0
수사	46	11	0
동사	6,355	0	0
형용사	3,068	0	0
부사	4,776	193	0
감탄사	228	3	6

〈표 8-1〉은 김광해(2004)의 어종별 분류의 빈도로서 이를 통해 명사, 대명사, 수사와 같은 체언류는 한자어가 많이 존재하며 형용사, 동사와 같은 용언류는 고유어만이 존재하는 것을 확인할 수 있다. 하지만 이는 2004년의 결과로서 인터넷과 스마트폰의 정착으로 매우 달라진 양상을 고려하지 못한 것으로 현대 언어생활의 관점으로 다시 정리하면 다음과 같은 다른 결과가 나타난다.

〈표 8-2〉「새연세한국어」 초급과정에서의 외래어

1급	게임, 골프, 골프장, 공항버스, 넥타이, 뉴스, 데이트하다, 문자메시지, 미터, 바나나, 볼펜, 샌드위치, 샤워하다, 서핑, 선글라스, 쇼핑하다, 슈퍼마켓, 스노보드, 브라질, 노르웨이, 베트남, 스케이트, 스케이트장, 스키, 스키장, 슬리퍼. 아르바이트하다, 액세서리, 오토바이, 와이셔츠, 이메일, 초콜릿, 카페, 커피, 컴퓨터, 케냐, 케이크, 케이크를 자르다, 콜레, 코엑스, 코트, 콘도, 콘서트, 크리스마스, 크리스마스트리, 크림빵, 택시, 테니스, 테니스장, 텔레비전, 티셔츠, 파티, 팝콘, 펜션, 프랑스, 피자, 호텔, 게임하다, 고속버스터미널, 액션영화, 카드를 쓰다, 컴퓨터를 하다, 코미디 영화, 콘서트 표, 프랑스말, 베트남말, 피씨방, 게스트 하우스, 드라마
2급	빌딩, 룸메이트, 이삿짐센터, 프라이팬, 토마토, 포스터, 햄, 핸드백, 원피스, 점퍼, 디자인, 스크린도어, 벨, 유턴, 메모, 버튼, 볼링, 홈페이지, 체크카드, 바비큐, 캠핑장, 팩스, 드림, 러시아, 아마존강, 에베레스트산, 그린란드, 렌터카, 리포터, 팬, 호텔, 콘도, 컴퓨터 공학, 스포츠 용품, 패션잡화, 서비스센터, 멜로 영화, 코미디 영화, 액션 영화, 파티칸 시국, 조깅하다, 게스트 하우스, 사이즈, 세일하다, 앨범, 토픽

〈표 8-2〉는 「새연세한국어1」, 「새연세한국어2」에서 등장하는 외래어를 정리한 것으로서 1급에서 외래어는 9.7%, 2급 6.5%로 김광해(2004)의 분류와는 다른 결과를 보여준다.[75]

이런 결과는 현대 언어생활에서 기초어휘로 사용되는 외래어의 비중이 높아졌고 용언은 존재하지 않았던 〈표 8-1〉과는 달리 {쇼핑하다}, {샤워하다}, {아르바이트하다}, {게임하다}와 같은 용언이 사용되는 다른 결과를 보여준다.[76] 또한 이들 어휘가 가진 개념을 대신 전달할 수 있는 한국어가 생각나지 않는다는 점에서 기초어휘로 분류할 수 있어 현대 언어생활에서 외래어가 차지하는 위상이 높아지고 있음을 추측할 수 있다.

이처럼 외래어가 차용되는 현상은 대부분의 언어권에서 나타나는 보편적인 현상이다.[77] 또한 기초어휘의 성격을 가지며 실제 언어생활에서 자연스럽게 사용되는 탓에 이를 한국어 교육에서 제외시킬 수는 없다. 하지만 {세일하다}, {사이즈}, {빌딩}, {토픽}, {앨범} 등은 {할인하다}, {치수}, {건물}, {한국어능력시험}, {사진첩}처럼 치환이 가능한 우리말이 존재하기에 외래어를 목표 어휘로 우선 설정하는 현재의 교육 과정은 바람직하다고 볼 수 없다. 교사 또한 일상 언어생활에서 {스터디}, {컴플레인}, {드라이브}. {라이딩}, {핫하다}, {쿨하다}와 같은 외래어를 자연스럽게 사용하는 자신의 언어습관이 학습자에게 노출되는 것은 아닌지를 주의하여 외래어를 한국어보다 우선 순위로 잘못 인지하는 학습자들이 나타나지 않게 주의해야 할 것이다.[78]

---

75 1급 어휘 · 문법교재의 총 어휘 708개 중에서 외래어는 69개, 2급 어휘 · 문법교재 총 어휘 710개 중에서 외래어는 46개다.

76 {쇼핑하다}, {샤워하다}, {세일하다}는 「표준국어대사전」에서 동사로 설정되어 있는 표준어다.

77 특히 영어가 차용되는 현상이 가장 일반적이다.

8.2 어휘의 양상

'어휘의 양상'은 다양한 어휘를 특정 기준을 중심으로 분류된 결과 전체를 지칭하는 개념으로 다음과 같은 김광해(2004: 140)의 분류를 참고하여 구체적인 이해를 도울 수 있다.

〈표 8-3〉 어휘의 양상

+변이	+위상적	+지리적		방언
		-지리적	+은비성	은어
			-은비성	남성어, 여성어
	-위상적(화용적)	+대우		공대어, 하대어
		-대우		속어, 완곡어 관용어
-변이	+집단성			전문어
	-집단성	+항구성		신조어
		-항구성		유행어

위 표는 다양한 어휘의 양상을 분류한 것으로 [-변이], [집단성]은 '전문어', 특정 집단으로 제한되지 않은 [-집단성], 언어의 변화를 뜻하는 [±항구성]을 기준으로 '신조어'와 '유행어'로 나뉘는 차이를 보여준다. 그 밖의 특정한 속성을 중심으로 분류한 결과가 바로 〈표 8-3〉의 방언, 은어, 남성어, 여성어, 공대어, 하대어 등이며 다음을 통해 각각의 특징을 확인하도록 한다.[79]

---

78 한국어 교육에서의 주의점 15, 16.

8.2.1 방언과 표준어

일반적으로 방언을 '특정 지역'에서만 사용되는 표현인 '사투리'
로 생각한다. 하지만 이 책에서는 보다 넓은 관점으로 '방언'을 정리
하여 표준어와의 관계를 확인하도록 한다.

   (3) 방언의 사전의미

      (ㄱ) 한 언어에서, 사용 지역 또는 사회 계층에 따라 분화된 말의
         체계.

         • 지역방언: 한 언어에서, 지역적으로 분화되어 지역에 따
           라 다르게 쓰는 말.

         • 사회방언: 한 언어에서, 계층적으로 분화되어 직업, 연
           령, 성별 따위에 따라 특징적으로 쓰는 말.

      (ㄴ) 어느 한 지방에서만 쓰는, 표준어가 아닌 말.

   (3)은 「표준국어대사전」의 '방언'에 대한 정보로서 (ㄱ), (ㄴ)과 같은
두 개념이 존재한다. 이때 '사투리'는 (ㄴ)에 해당하는 개념이며 (ㄱ)은
지역뿐만 아니라 특정 사회의 계층에서 제한적으로 사용되는 언어
를 모두 '방언'으로 설정하는 더욱 포괄적인 개념이다.

   이를 참고하여 이 책에서는 방언을 특정 지역에서 사용되는 '지
역방언'과 특정 계층에서 사용되는 '사회방언' 모두를 지칭하는 개

---

79 김광해(2004)의 분류 결과를 참고하나 모든 결과를 인정하는 것은 아니다. 가령
   '완곡어'를 [-대우]로 정리하고 있으나 일부 완곡어의 경우 상대방의 체면을 유
   지하기 위해 사용되며 이는 [대우]를 전달하기 때문이다.

념으로 설정한다. 이때 방언은 한국어 교육의 대상으로 설정하지 않는데 이는 방언이 가진 [지리], [세대], [사회] 등과 관련된 속성은 보편적인 사용을 제한하기 때문이다. 이에 한국어 교육은 보편적인 양상을 보이는 '표준어'만을 대상으로 삼으며 이는 다음과 같이 방언과 대립되는 개념으로 이해할 수 있다.

(4) 표준어
    (ㄱ) 한 나라에서 공용어로 쓰는 규범으로서의 언어.
    (ㄴ) 전 국민이 공통적으로 쓸 수 있는 자격을 부여받은 단어. 우리나라에서는 <u>교양있는</u> 사람들이 두루 쓰는 <u>현대</u> <u>서울말</u>로 정함을 원칙으로 한다.

(ㄱ)은 「표준국어대사전」의 사전정보이며 (ㄴ)은 '한국어 언어규범 1장 1항의 총칙'에서 정리한 표준어의 개념이다. 이때 '교양 있는 사람'이란 대화를 지속할 때 필요한 기본적인 예의를 지킬 수 있는 보통의 사람을 뜻하며 '현대'라는 시간적 특징과 '서울'이라는 지리적 특징을 만족시킨 표현이 바로 표준어가 된다.

물론 '서울' 또한 [지리성]을 가지고 있다. 하지만 서울과 주변에 거주하는 인구의 수가 많아 이를 가장 보편적인 양상으로 절충하여 표준어로 설정한 것이며 모든 한국어 교육현장에서 진행되는 수업은 이런 표준어를 중심으로 구성되고 있다.

하지만 모든 학습자들이 표준어를 사용하는 공간에서 생활하는 것은 아닌 탓에 표준어만을 한국어 교육의 대상으로 삼고 있는 현

문제점에 대한 비판적 관점도 존재한다. 가령 혼인을 하여 지방에서 살고 있는 다문화 가정의 학습자라면 그 지역의 방언을 우선으로 학습하는 것이 실제 언어생활의 양상을 고려한 수업이기 때문이다. 하지만 현실적으로 다양한 어려움이 존재하는 탓에 방언 교육을 실현하는 것은 쉬운 일이 아니다.[80]

8.2.2 남성어와 여성어

민현식(1995: 20)은 남성어와 여성어를 그들의 성에게만 사용되는 어휘로 설정했다. 하지만 한국어 교육에서 남성어와 여성어에 대한 개념은 [남성]과 [여성]이라는 성으로 분류된 계층에게 더욱 자연스럽게 적용이 가능한 개념을 함께 포함하도록 한다.

> (5) 남성어와 여성어
>
> (ㄱ) 남성과 여성이 사용하는 언어
>
> (ㄴ) 남성과 여성에게 사용되는 언어

일반적으로 '남성어와 여성어'를 (ㄱ)만으로 인식하는 경우가 많다. 하지만 한국어 교육에서는 (ㄴ)과 같이 '남성·여성에게 사용이 더욱 자연스러운 언어'도 포함하는 개념으로 남성어와 여성어를 설정하도록 한다. 가령 친족어 {오빠}, {언니}, {형}, {누나}를 사용하는 성별만으로 본다면 남성이 사용하는 {형}, {누나}는 남성어이며 여

---

80 한국어 교육에서의 주의점 17 참고.

성이 사용하는 {오빠}, {언니}는 여성어다. 반면 (ㄴ)의 관점에서는 남성에게 사용되는 {오빠}, {형}은 남성어가 되며 여성에게 사용되는 {언니}, {누나}는 여성어가 되는 것이다.

지금까지의 한국어 교육에서는 남성어와 여성어의 구분을 중요하게 생각하지 않는 듯하다. 언어 사용자의 [성性]에 초점을 둔 수업이 진행되지 않기 때문이다. 물론 특정 성에 집중되지 않은 보편적인 방법으로 교재가 구성되었을 가능성도 있다. 하지만 이런 의문이 생기는 이유는 다음과 같이 한국어 교육을 구성하는 강사의 성별의 불균형 때문이다.

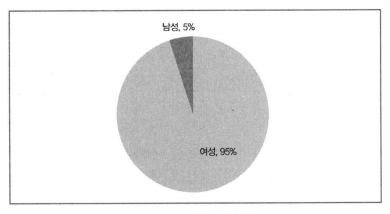

〈그림 8-1〉 남녀 강사의 비율

〈그림 8-1〉은 2020년 연세대학교 한국어학당 강사 149명을 기준으로 남·녀 강사의 비율을 정리한 것으로 남자 강사 5%, 여자 강사 95%로 큰 차이가 있음을 보여준다.

이는 대부분의 한국어 교육현장의 모습으로 한 명의 학습자가

1급부터 6급까지 전 과정을 공부해도 남자 강사 한 명을 만나지 못할 가능성이 매우 높고 학습자의 성별과 관계없이 여성 화자의 언어만을 배우게 될 가능성이 높음을 뜻한다. 또한 이를 심각하게 인지하지 않는다면 여성의 비율이 절대적인 현장에서의 한국어 교육과, 평가, 교재 구성의 결과는 여성이 중심이 된 여성어의 보편적인 양상이 한국어의 보편적인 양상처럼 제시될 수 있다는 점에서 성비 불균형에 대한 문제인식이 필요하다.

(6) 한국어 교재의 여성어
귀걸이, 핸드백, 날씬하다, 액세서리, 향수, 화장품, 립스틱

실제 초급에서 제시되는 (6)은 여성어라 할 수 있다.[81] 하지만 기초어휘의 개념을 중심으로 구성된 초급 교재의 어휘란 점에서 한국어 교육에서 '여성성'이 '보편성'을 차지하는 것은 아닌지 의문을 들게 한다. 또한 이들 어휘를 활용하여 "여자들이 제일 좋아하는 꽃이 뭐예요?", "여자 친구에게 선물할 짧은 치마를 사고 싶어요"와 같은 응답 연습을 진행하게 구성되어 있다는 점 또한 여성어의 성격이 보편적으로 반영되고 보여준다.[82] 뿐만 아니라 {날씬하다}와 같은 어휘소는 남성 언어 사용자가 여성에게 잘못 사용할 경우 현대

---

81 남성의 경우 이런 어휘를 실제 언어생활에서 사용할 빈도가 매우 적다. 이는 여성만을 고려하여 어휘를 제시한 결과임을 부정할 수 없는 증거다.

82 남성어와 여성어에 대한 개념을 고려하여 교재를 구성하는 것이 표준어를 중심으로 한국어 교육을 진행하려는 기본적인 조건을 지키는 방법이다.

언어생활에서 '성희롱'이 될 수도 있다는 점에서 남성의 사용이 매우 제한된 어휘다. 하지만 여성 언어 사용자에게는 특별한 제한이 존재하지 않기에 이를 고려하지 않고 {날씬하다}를 기초어휘로 설정했음을 추측할 수 있다.

이처럼 (6)의 어휘소는 실제 언어생활에서 남성이 사용하는 경우는 매우 특수하며 보편적이지 않다. 이런 이유로 이들 어휘소는 '기초어휘'라고 할 수 없으며 여성어에 더욱 가깝다. 하지만 이런 양상을 고려하지 않은 여성 강사만으로 교재가 구성되었다면 이를 보편적인 '기초어휘'로 여겼을 것이며 이는 한국어 교육의 전 과정에서 보편적으로 적용되었을 가능성을 추측하게 한다. 이에 한국어 교육에서는 남성어와 여성어에 대한 어휘정보를 중요하게 고려한 결과를 학습에 활용해야 한다. 교사 또한 특정 성을 가진 탓에 제한적인 언어 사용양상이 반영될 수 밖에 없기 때문이다.[83]

8.2.3 공대어, 하대어

공대어는 '높임말', 하대어는 '반말'로 알려진 표현에 사용이 자연스러운 어휘를 뜻한다. 특히 '공대어'는 실제 언어생활에서 [대우]나 [높임]을 전달하려는 의도가 있을 때 특별히 선택·사용되는 전략적 표현 중의 하나로 한국어의 중요한 특징 중의 하나다.

---

83 한국어 교육에서의 주의점 18.

<표 8-4> 공대어의 예

무표어휘	공대어	무표어휘	공대어
밥	식사, 진지	이름	성함, 존함, 함자
있다	계시다	얼굴	존안
자다	주무시다	몸	옥체
나이	연세, 춘추	아들	아드님
보다	뵈다, 뵙다	딸	따님
묻다	여쭈다, 여쭙다	남편	부군, 남편분

〈표 8-4〉는 '공대어'를 정리한 것으로 그와 대립되는 단어를 '무표 어휘'로 부르기로 한다.[84] 이와 달리 '하대어'는 지시 대상에게 직접 사용했을 때 상대방에게 불쾌감을 전달하여 대화를 단절시킬 가능 성이 있기에 사용에 제한이 존재한다. 반면 '공대어'는 대화를 진행 하는 사람의 '체면을 유지' 시키는데 직접적인 역할을 하여 자연스러 운 대화를 지속할 수 있게 돕는데 매우 중요한 기능을 담당한다고 볼 수 있다.

(8) 공대어의 적용 대상
할머니, 할아버지, 아버지, 어머니, 선생님, 교수님, 사장님 등의 윗사람

---

[84] '무표'란 인지 언어학의 용어로 특별한 의도없이 사전정보의 의미만을 가지는 어 휘이며 [밥]이 그렇다. 반면 [진지]는 [높임]과 같은 특별한 의미를 추가로 전달하 기에 '유표'적인 특징을 가진다. 이를 통해 '무표 어휘'를 기준으로 [높임]을 전달 하는 어휘가 '공대어'이며 [하대]를 전달하는 어휘가 '하대어'인 것으로 '공대어' 와 '하대어'의 개념을 정리할 수 있다.

한국어 교육에서는 높임법을 (8)의 대상에게 제한적으로 사용하게 가르치는 과정에서 '공대어'를 함께 학습하도록 한다. 하지만 [연령], [지위]와 관계없이 언어 사용자가 지시 대상의 체면을 유지하려는 의도만 있다면 높임법의 사용이 가능한 것을 제시하지는 않기에 학습자는 실제 언어생활에서 공대어가 매우 제한적으로 사용된다고 여긴다. 또한 (8)을 [윗사람]의 속성을 가지는 모든 대상에게 적용할 수 있는 것처럼 잘못 인식한 학습자들은 '선배, 형, 누나, 언니, 오빠'에게도 관련 공대어를 사용하여 어색한 문장을 만들 수도 있기에 자연스러운 사용이 가능할 수 있도록 학습자에게 공대어의 개념을 명확히 전달할 필요가 있다.

(9) 공대어의 특징

　(ㄱ) 공대어에 어울리는 제한적인 표현이 존재한다.

　(ㄴ) 공대어의 사용이 의도와 달리 상대에게 부담을 주기도한다.

　(ㄷ) 더욱 [높임]을 전달하기 위해 확장된 다양한 어휘소도 존재한다.

　(ㄹ) 실제 언어생활에서 사용이 자연스럽지 않은 어휘의 사용에 대해 고려가 필요하다.

(9)는 '공대어'의 사용에서 주의해야하는 일부 내용을 정리한 것이다. 먼저 (ㄱ)처럼 공대어는 무표어휘와는 다른 문형으로 활용되기에 이에 대한 이해가 필요하다.

(10) 공대어 선택에 따른 용법의 변화

   (ㄱ) 몇 살이에요? → 나이가 어떻게 되세요? → 춘추가 어떻게
   되세요?

   (ㄴ) 이름이 뭐예요? → 성함이 뭐예요? → 성함이 어떻게 되세
   요? → 존함이 어떻게 되세요?/ 함자가 어떻게 되세요? / 함
   자는 무엇을 쓰세요?

(10)에서 공대어 {성함}, {함자}, {존함}, {연세}, {춘추}[85] 등은 무표
어휘와 다른 문형으로 활용되는 것을 확인할 수 있다. 이에 무표어
휘를 활용하여 생성된 문형과 비교를 통해 각각의 양상을 함께 제
시하여 정확한 사용을 도와야 한다.

또한 공대어는 (9ㄴ)처럼 지시 대상이 부정적인 반응을 보이기도
하는데 이는 김광순(2020)에서 언급한 것과 같이 [늙음]과 관련된 속
성이 원인이 되기 때문이다.

(11) 공대어 사용의 부정적인 반응

   (ㄱ) 아줌마란 단어도 불편한데 어머님이라니…

   (ㄴ) 마흔이 코앞에 다가온 나는 어머님이라는 단어가 익숙하
   지 않다.

---

85 {연세}, {춘추}의 경우 '아버지나 어머니 또래의 대상' 혹은 '할머니나 할아버지'로
인지되는 대상에게 사용하는 것이 자연스러운데 이에 대한 언급없이 [대우]의
의도만으로 사용이 가능한 것으로 알게 될 경우 잘못된 선택·사용의 원인이 될
수 있다는 점에서 관련 양상에 대한 언급은 매우 중요하다.

(11)에서 언어 사용자는 지시 대상에게 높임을 전달하려는 의도로 '공대어' {어머님}을 선택했다. 하지만 그런 의도와는 달리 지시 대상은 부정적인 반응을 보인다. 이는 현대 언어생활에서 {어머님}은 늙은 여성인 {할머니}에게도 확장·사용되기 때문에 자신에게 [늙음]이 인지되어 {어머님}으로 불렸다고 잘못 인지하여 부정적인 반응을 보이는 것이다.[86] 또한 (9ㄷ)과 같이 일부 공대어는 [높임]을 더욱 전달하기 위해 {보다}→{뵈다}→{뵙다}, {묻다}→{여쭈다}→{여쭙다}, {아줌마}→{아주머니}→{아주머님}과 같은 확장 어휘소를 가지기에 이에 대한 정보도 정확하게 제시하여 정확한 사용을 도와야 한다. 반면 (9ㄹ)처럼 {진지}, {옥체}, {존안}과 같은 현대 언어생활에서 사용이 제한되거나 사용이 어색한 어휘소가 존재하기에 이에 대한 학습의 필요성을 논의가 필요하다.[87]

하대어는 다음의 〈표 8-5〉와 같은 어휘이며 공대어와는 달리 한국어 교육에서 매우 제한적으로 제시되고 있다. 이는 하대어가 대화를 단절시킬 수 있는 부정적인 속성을 전달하기 때문이다.

---

86 반면 '상거래 행위'가 이뤄지는 백화점과 같은 곳에서는 공대어를 제한없이 사용한다. 이는 규범문법에서는 분명한 오류이나 기술문법의 관점에서는 사용되는 양상이 명확하게 존재하기 때문에 공대어를 학습 대상으로 삼았다면 이와 관련된 정보 또한 학습자에게 제시할 필요가 있을 것이다.

87 {따님}, {아드님}은 지시 대상에게 직접 높임을 전달하는 것은 아니다. 대화에 참여한 대상을 높이기 위한 방법의 하나란 점에서 '공대어'의 사용은 개별적인 특징이 존재하기에 이런 속성을 가진 공대어의 경우에는 다른 공대어와의 차이를 학습자에게 제시해야 오류를 줄일 수 있다.

〈표 8-5〉 하대어의 예

아버지 → 아비	어머니 → 어미
여자 → 년	남자 → 놈/ 새끼

한국어를 모국어로 삼고 있는 화자도 하대어를 실제 언어생활에서 사용할 기회는 매우 낮다. 하지만 학습자들은 하대어를 공대어와 대립의 관계로 잘못 인지하여 높임을 전달하지 않는 상황에서 실제 사용이 가능한 것으로 잘못 인지할 수도 있기에 하대어가 가진 [부정]의 속성과 실제 언어생활에서 사용이 제한되는 특징을 반드시 언급할 필요가 있다.[88]

---

88 현대 언어생활에서 [아줌마]도 부정적인 속성을 가진 탓에 하대어의 성격을 보인다. 하지만 이는 현대 언어생활에서 부정적인 의미가 추가된 것일 뿐이며 처음부터 '하대어'의 성격으로 사용된 표현은 아니란 점에서 '하대어'라고 설정하지는 않는다.

제9장

어휘의 양상 2

허영

이 장에서 제시되는 어휘는 한국어 교육에서 주로 활용하는 개념 혹은 한국어 교육에서 활용해야 할 가치는 인정받고 있으나 실제 교육에 활용할 수 없는 한계를 특징으로 가지고 있으며 그에 따른 각각의 내용을 개별적으로 살펴보도록 한다.

9.1 속어와 신조어, 유행어

속어, 신조어, 유행어는 한국어 교육의 대상으로 삼아야 할지에 대해 신입 강사라면 많은 고민을 하는 범주다. 가령 실제 언어생활 에서 사용되는 양상에 초점을 맞추면 교육의 대상으로 삼는 것은 당연하다. 하지만 '교육이 가지는 보편성'에 초점을 둔다면 이를 교육의 대상으로 설정하는 것은 무리가 있다.

    (1) (ㄱ) 속어

          통속적으로 쓰는 저속한 말.

          점잖지 못하고 상스러운 말.

        (ㄴ) 신조어

          새로 생긴 말. 또는 새로 귀화한 외래어.

        (ㄷ) 유행어

          비교적 짧은 시기에 걸쳐 여러 사람의 입에 오르내리는 단

          어나 표현.

(ㄱ)에서 '속어'는 비속어로서 욕이 대표적인 예라고 할 수 있다. 국어교육에서 '비속어'는 저속한 성격 때문에 교육의 대상이 아니다. 하지만 언어 사용자의 직접적인 욕구를 표현하는 감탄사로 실제 언어생활에서 매우 활발하게 사용되기에 기능적인 측면에서만 본다면 교육의 대상으로 설정할 수도 있을 것이다. 하지만 그 부정적인 속성이 매우 강하여 지속적인 대화를 단절시키는 직접적인 원인이 되는 탓에 목표 어휘로 설정하지 않는다.

반면 '새롭게 만들어진 말'을 뜻하는 신조어는 교육에서 활용해야 한다는 의견이 매우 다양하게 존재한다. 실제 교육현장에서도 학습자들은 '신조어'를 배우기 희망하며 한국어 교육을 시작하는 새 선생님이나 과정생들과의 인터뷰에서도 필요성을 인지하는 다양한 의견이 존재한다.

또한 '짧은 시기에 여러 사람들에게 활발히 사용'되는 유행어는 인터넷의 발달로 신조어와 그 성격이 유사하게 인식되기도 한다. 이런 이유로 '유행어'도 '신조어'처럼 한국어 교육의 대상으로 삼아야 한다는 의견이 매우 많고 이를 통해 '흥미, 한국문화와 관련된 정보'를 학습자에게 전달할 수 있다고 믿는다. 하지만 이러한 내용은 매우 주관적이며 제한적이 양상일 뿐이며 흥미가 한국어 교육의 중심이 되어선 안 된다. 또한 유행어나 신조어는 특정 시기의 문화를 보여주는 것일 뿐 보편적인 한국 언어문화를 보이는 것은 아니기에 신조어나 유행어를 한국어 교육의 목표 어휘로 설정할 필요가 없다는 관점을 이 장에서 제시하도록 한다.

(2) 비속어, 신조어, 유행어의 제한성

(ㄱ) 한국어 교육은 표준어를 중심으로 가르쳐야 한다.

(ㄴ) 신조어, 유행어의 생성과 소멸은 매우 빠르고 불규칙하다.

(ㄷ) 기초어휘나 기본어휘의 성격을 지니지 않았다.

(ㄹ) 학습자의 요구가 다양하여 그에 맞는 특정 양상을 제한할 수 없다.

한국어 교육은 (ㄱ)처럼 표준어를 중심으로 진행되어야 한다. 그와 대립되는 성격을 가진 '방언'은 교육의 대상으로 삼기 어려운 것을 8장에서 언급했는데 '유행어, 신조어' 또한 사회 방언의 하나이기에 이를 한국어 교육에서 제한시켜야 하는 것이다.

또한 (ㄴ)처럼 이들의 생성과 소멸의 속도는 매우 빠르다. 가령 신조어와 유행어를 학습대상으로 삼고 교과서를 구성한다면 이를 활용할 수 있는 기간이 매우 짧고 주기가 불규칙하여 교과서의 수정과 인쇄가 반복적으로 진행되어야 하며 그에 맞춰 모든 교재 구성 또한 지속적인 수정이 필요하다.

실제로 「새연세한국어2」가 출간된 2018은 '미세먼지'가 사회적으로 큰 문제였다. 이에 교과서에 {선크림을 바르다}, {장화를 신다}, {비옷을 입다}와 함께 {미세먼지}가 목표 어휘로 제시되어있고 "미세 먼지가 심각한 날"에 {마스크를 착용하다}를 관용표현으로 활용하도록 제시되어 있다. 하지만 당시와 비교하여 2020년은 코로나 때문에 마스크를 착용하는 상황이 더욱 자연스럽다는 점에서 내용의 수정이 필요하게 된다.

또한 ㉢처럼 신조어나 유행어는 보편적으로 사용되는 기초어휘가 아니다. 현대 언어생활에서 "결합하는 어근의 의미를 부정적인 결과"의 사전의미를 가지는 접두사 {개}는 {개 맛있다}, {개 예뻐}처럼 {정말}, {진짜}, {참}의 역할로 10대~20대에게 사용되고 있으나 그 연령이 제한적인 탓에 기초어휘라 할 수 없으며 계층 방언에 가깝기에 학습의 우선 순위로 설정할 수 없는 것이다.

마지막으로 ㉣처럼 '신조어, 유행어'를 학습하길 원하는 학습자가 존재하여도 그 수가 매우 많아 어휘항목을 구성하는 일이 쉽지 않으며 그들의 개별적인 욕구를 모두 충족할 수 있는 어휘목록의 설정이 불가능하단 점도 한국어 교육에서 유행어, 신조어를 교육의 대상으로 삼는데 방해가 되는 요소라 할 수 있다.

〈표 9-1〉 한국어 학습자의 변인

학습자 유형		교육 목적
일반 목적 학습자		일상생활에서 불편을 느끼지 않을 정도의 한국어 능력을 목적으로 함
특수 목적 학습자	학문 목적	대학에서 강의를 듣고 이해하며 보고서를 작성하는 등의 학문적인 연구를 목적으로 함.
	직업 목적	회사에서 근무하면서 일어나는 상황에 대해 이해하고 대처할 수 있을 정도의 한국어 능력을 요구 함.
주한 미군 학습자		일상생활에 필요한 한국어 능력과 군대에서 사용되는 특수한 언어 학습을 요함.
교포 자녀		의미전달 만이 아닌 상황에 적절하게 사용되는 한국어 능력을 요함. 한국어의 학습뿐만 아니라 사회, 문화적인 내용의 학습을 목적으로 함.
국제결혼 가정의 자녀		한국에서 생활하면서 경험하는 문제를 해결할 수 있는 한국어 능력을 필요로 함.

한국어 교육의 경험이 적은 강사는 많은 학습자들이 '신조어나 유행어'를 배우길 희망한다고 생각한다. 하지만 실제 교육현장은 〈표 9-1〉처럼 한국어를 학습하려는 다양한 학습자들로 구성되어 있고 그에 따라 교육목적이 달라지기에 비공식적인 상황에서만 사용이 가능한 유행어, 신조어를 배우길 희망하는 학습자의 비율은 생각보다 많지 않다. 가령 가장 많은 비율을 차지하는 학습자는 '학문 목적' 학습자이며 이들은 '대학에서 강의를 듣고 이해하기 위한 목적을 가진다. 이에 이들에게 '신조어, 유행어'는 제한적인 양상을 가졌으며 대학에서 과제를 작성하고 수업의 참여에 활용되는 표현이 아니기에 우선적인 학습을 희망하지는 않는다.

이는 '직업 목적 학습자'에게도 동일하게 적용되고 있으며 이들
이 대부분인 한국어 교육의 현장은 '신조어, 유행어'를 실제 수업에
서 제한하게 되는 것이다.[89]

9.2 관용표현[90]

관용표현은 개별적인 의미만을 학습한다면 어려운 내용은 아니
다. 하지만 실제 언어생활에서 사용되는 양상이 각기 존재하기 때
문에 많은 관용표현을 정확하게 사용하는 것은 쉬운 일이 아니다.
또한 많은 강사는 '관용표현'의 범주에 대한 설정에서부터 어려움
을 겪는 경우도 많다.

> (3) 관용어
>> (ㄱ) 습관적으로 쓰는 말.
>> (ㄴ) 두 개 이상의 단어로 이루어져 있으면서 그 단어들의 의미
>> 만으로는 전체의 의미를 알 수 없는, 특수한 의미를 나타내
>> 는 어구語句.

---

[89] 반면 신조어 혹은 유행어의 학습을 긍정적으로 생각하는 대상은 바로 일반목적
학습자, 교포의 자녀이다. 이들은 한국 대학 진학이나 한국에서의 취업을 목표하
지 않고 흥미 위주의 학습을 원하는 경우가 많으나 이들만으로 수업이 구성되지
못하기에 '신조어, 유행어'를 학습의 대상으로 삼지는 못 한다.

[90] 관용표현은 유사한 특징을 가진 어휘를 포괄적으로 지칭한 김진해(2010)의 정의
를 참고하도록 한다.

「표준국어대사전」은 '관용어'를 (3)과 같이 '습관적으로 사용되는 말'과 '단어들의 의미만으로 전체 의미를 파악할 수 없는 어구'의 두 개념으로 정리하고 있다. 이때 (ㄴ)은 {발이 넓다}가 '아는 사람이 많다'와 같이 해석될 수 있는 것을 뜻하며 이를 관용어로 인식하는 것은 어렵지 않다. 하지만 (ㄱ)과 같이 '습관적인 사용'의 결과까지를 모두 포함하게 된다면 이는 보다 다양한 양상까지도 관용표현의 범주로 설정하게 한다.[91]

<표 9-2> 관용표현의 유형 1(박진호, 2003)

관용표현의 종류		관용표현의 예
숙어(숙어 표현)	의미의 관습성	눈에 밟히다
연어	결합의 관습성	옷을 입다
화용적 관용표현	사용의 관습성	처음 뵙겠습니다, 여보세요, 안녕히 가십시오.
문법적 관용표현	(기타)	V을 수 있다, V을 것이다.

<표 9-2>는 박진호(2003)가 '관습성Conventionality'을 중심으로 관용표현을 정리한 것으로 {손이 크다}, {발이 넓다}, {눈에 밟히다}, {옷을 입다}와 같은 '숙어, 연어'뿐만 아니라 특정 상황에서 습관적으로 사용되는 문형까지 '관용표현'으로 설정하고 있다.

하지만 관용표현이라는 개념은 학자마다 그를 분류하는 세부적

---

91 '관용어'는 '단어'의 범주로 제한되는 듯한 용어다. 하지만 '관용표현'은 그 보다 더 넓은 범주의 다양한 표현을 모두 포괄할 수 있기에 이를 대표 용어로 설정하도록 한다.

인 요소의 차이가 있어 개별적인 특징을 모두 고려하여 이를 구체적인 내용으로 정리하는 것은 쉽지 않다.

<표 9-3> 관용표현의 유형 2(김한샘, 2003)

관용표현의 종류		관용표현의 예
어휘적 관용표현	연어	전철을 밟다, 새까만 후배, 빙산의 일각
	숙어	미역국을 먹다
문법적 관용표현		-는 바람에, -ㄴ 체하다, -와 더불어
화용적 관용표현		처음 뵙겠습니다.
속담		소잃고 외양간 고친다.
격언		시간은 금이다.

<표 9-3>과 같이 김한샘(2003)이 분류한 '관용표현'은 박진호(2003)의 결과와는 차이가 있다. 하지만 이 또한 실제 언어생활에서 사용되는 '습관'을 기준으로 삼았다는 점은 동일하다.

이때 '문법적 관용표현'으로 정리한 예는 한국어 교육에서 제시하는 특정 문형들로서 이를 관점에 따라 관용표현의 일부로 설정할 수 있을 만큼 그 범주는 매우 넓다고 할 수 있다.

(4) (ㄱ) 속담

예로부터 민간에 전하여 오는 쉬운 격언이나 잠언.

(ㄴ) 격언

오랜 역사적 생활 체험을 통하여 이루어진 인생에 대한 교훈이나 경계 따위를 간결하게 표현한 짧은 글.

ⓒ 숙어

　　단어들의 의미만으로는 전체의 의미를 알 수 없는 어구.

ⓓ 연어

　　두 개 이상의 단어가 하나의 단위를 이루는 말.

　(4)는 어휘 교육의 대상으로 삼고 있는 '속담, 격언, 숙어, 연어'의 사전의미다. 이를 참고하면 '속담'은 '격언'이나 '잠언'을 지칭하는 포괄적인 개념이다. 하지만 ⓑ의 '격언'은 '교훈'을 전달할 수도 있다는 점에서 '속담'과 달리 분류되기도 한다. 또한 ⓒ의 숙어Idiom나 ⓓ의 연어Collocation는 일부 교재에서 쉽게 구분하고 있으나 실제로는 매우 복잡한 개념으로 명확한 정리는 쉽지 않다.

〈표 9-4〉 관용표현의 예

관용표현			
ⓐ 속담	ⓑ 격언	ⓒ 연어	ⓓ 숙어
천리길도 한 걸음부터 세 살버릇 여든까지 간다	시간은 금이다 노동은 신선하다	입이 무겁다 빙산의 일각 새까맣게 어리다	손이 크다 발이 넓다 미역국을 먹다

　〈표 9-4〉는 한국어 교육에서 제시되는 관련 표현을 일부 정리한 것으로 이를 중심으로 각각의 차이를 인지할 수는 있으나 정확한 경계가 존재하는 것은 아니다. 특히 '연어와 숙어'의 구분이 어려운데 일반적으로 연어는 "특정 의미를 표현할 때 습관적으로 선택되는 특정 표현"으로 정리할 수 있다. 예를 들어 [비밀을 말하는 사람

이 아니다]를 표현하기 위해 {입이 무겁다}, [나이 차이가 많다]를 표현하기 위해 {까맣게 어리다}와 같은 표현을 의도적으로 사용하는데 이런 표현이 바로 연어가 되는 것이다.

반면 숙어는 다음과 같이 특정 문맥에서 해석되는 관용적인 의미와 단어의 합만으로 인지할 수 있는 의미를 모두 가진 표현이란 점에서 연어와 차이를 구별할 수 있다.

〈표 9-5〉 숙어의 구분

(ㄱ) 숙어로의 사용	(ㄴ) 일반적인 의미
엄마는 <u>손이 커서</u> 음식을 항상 많이 만든다.	그 사람은 <u>손이 커서</u> 맞는 장갑이 없다.
아버지는 <u>발이 넓어서</u> 모르는 사람이 없다.	우리 온서는 <u>발이 넓어서</u> 신발을 항상 큰 치수로 사야 한다.
내일이면 38번째 <u>미역국을 먹는</u> 날이다.	찜질방에서 <u>미역국을 먹었다.</u>

(ㄱ)의 {손이 크다}, {발이 넓다}, {미역국을 먹다}는 문장에서 특별한 의미로 인지된다는 점에서 숙어이다. 반면 (ㄴ)은 단어의 결합만으로 의미 추측이 가능한 일반적인 문장으로 숙어가 아니다. 하지만 김한샘(2003)이 연어로 설정한 {빙산의 일각}은 [빙산의 한 부분이 녹았다]는 객관적 사실을 전달하는 문장에서 사용된다면 중의적 의미를 가진 '숙어'가 된다. 이는 예외적인 특징을 보이기에 연어와의 명확한 구분이 쉽지 않고 이에 '관용표현'이라는 포괄적 개념으로 이들을 지칭하는 것이 학습자의 혼란을 막을 최선의 방법이 될 수 있다. 또한 이들의 개념을 구분하는 것은 한국어 교육에 크게 중

요한 것은 아니다. 하지만 단어의 결합만으로 정확한 의미를 파악할 수 없고 사용되는 양상 또한 개별적인 특징을 보이기에 다음과 같은 방법에 초점을 둔 교육이 필요하다.

(5) 한국어 교육에서 관용표현의 제시 방안
    (ㄱ) 각각의 표현에 맞는 문형을 함께 제시한다.
    (ㄴ) 사용자 임의로 어휘를 활용하여 표현을 확장할 수 없다.

먼저 관용표현은 (ㄱ)처럼 그와 결합이 자연스러운 특정 문형이 제한적으로 존재하기 때문에 이를 우선적으로 제시하여 특정 상황에서 습관적으로 사용할 수 있게 다음과 같은 방법을 활용한 교육을 진행할 수 있다.

(6) "가는 말이 고와야 오는 말이 곱다"는 말처럼, (　　　)
    "가는 말이 고와야 오는 말이 곱다"고 했어. (　　　)
    "티끌 모아 태산"이라는 말처럼, (　　　)
    "티끌 모아 태산"이라고 했어. (　　　)

(6)의 "가는 말이 고와야 오는 말이 곱다"와 "티끌 모아 태산"은 관용표현의 하나다. 이때 괄호에 오는 문장은 {는 말처럼}, {다고 했어}, {이라는 말처럼}, {이라고 했어} 등의 문형과 결합할 때 자연스러운 사용이 가능함을 알리고 이를 중심으로 제한적인 문장을 완성시켜 자연스럽지 않은 문형과 결합에서 나타나는 다양한 오류를 줄

여야 한다. 또한 관용표현은 이를 사용하지 않은 문장과 비교하여 [주의], [경고], [명령]과 같은 추가적인 속성을 전달할 수 있음을 전달하여 사용 목적을 인식시켜 줄 수도 있다.

또한 (5ㄴ)처럼 문장이 아닌 하나의 '단일어'와 같은 성격을 가졌음을 분명히 하여 학습자 임의로 다른 단어와의 결합을 통해 확장된 새로운 형태의 문장을 생성할 수 없음을 전달해야 다음과 같은 오류를 막을 수 있을 것이다.

> (7) 잘못된 관용표현의 사용.
>
> (ㄱ) 미선 씨는 말이 무겁기 때문에 믿어도 됩니다.
>
> (ㄴ) 영수 씨는 발이 큰 사람입니다.

(7)은 실제 학습자의 과제에서 관용표현을 임의로 확장한 예이다. 실제로 학습자들 중에는 관용표현을 문법으로 인식하고 다른 단어와 치환시켜 활용하려는 경향이 있다. 하지만 이는 한국인의 습관이 반영되지 않은 외국인 개인의 비문일 뿐임을 명확히 전달하여 관용표현은 절대 확장할 수 없음을 각인시켜야 한다.

9.3 완곡어

완곡어는 다음과 같이 한국 언어문화에서 사용이 제한되는 특정 속성을 가진 어휘를 대신 표현하기 위한 의도로 새롭게 확장된 어휘를 뜻하는 개념이다.

(8) 완곡어의 유형

　　　㈀ [죽음]

　　　　　{돌아가시다}, {영면하다}, {귀천하다}, {소천하다}, {숨을 거두다}

　　　㈁ [성性]

　　　　　{관계하다}, {자다}, {밤일}, {잠자리}, {잠자리를 가지다}

　　　㈂ [신체]

　　　　　{국부}, {아랫도리}, {물건}, {소문}[92]

　　　㈃ [변便]

　　　　　{볼일}, {볼일을 보다}, {대변보다}

　　　㈄ [병환病患]

　　　　　{손님자국}[93], {호구별성戶口別星}[94]

　(8)은 김홍석(2008)의 내용에 일부 어휘를 추가한 것으로 한국 언어문화는 [죽음], [성性], [신체], [변便], [병환病患] 등의 속성의 표현에 제한을 두고 있음을 보여준다. 이와 관련된 어휘는 대부분 대화 참여자의 체면을 손상하여 대화를 방해할 수 있으며 이런 상황에서 완곡어를 가장 자연스럽게 확장·사용할 수 있음을 학습자들에게 전달하여 실제 언어생활에 적용시킬 수 있는 양상에 초점을 둔 교육이 우선되어야 한다.

---

[92] 여자의 음부를 완곡하게 이르는 말.

[93] '마맛자국'을 완곡하게 이르는 말.

[94] 김미형(2000:40)은 두려운 대상을 노여워 하지 않게 하기 위한 미신에 의한 믿음이 이런 용어로 확장된 것을 언급했다.

(9) 완곡어[95]

　　말하는 투가, 듣는 사람의 감정이 상하지 않도록 모나지 않고
　　부드러운 말.

　또한 (9)처럼 완곡어는 '감정을 상하지 않기 위해 사용되는 부드러운 말' 즉 특정 표현까지도 포함할 수 있음을 명심해야 한다. 실제로 한국어 교육 현장에서도 이와 관련된 내용을 인식하고 다음과 같은 표현을 중심으로 교육에 활용하기도 한다.

(10) 완곡표현의 사용

　　㈀급한 일이 생겨서 오늘 약속을 취소해야 할 것 같아.
　　㈁나 손 좀 씻고 올게.
　　㈂발 없는 말이 천리 간다고 했어. 말조심해야 돼.

　㈀은 초급에서 약속을 취소할 때 가장 보편적으로 제시하는 표현으로 [급한 일이 생기다]를 선행절에 넣어 그 이유를 설명하도록 학습하는 완곡표현의 한 예이다. 이는 '약속을 지킬 수 없는 사실'만을 전달하거나 이유를 잘못 제시했을 때 상대방의 기분을 상하게 할 수 있기에 상대의 체면을 유지하기 위해 전략적으로 완곡표현이 선택·사용되는 대표적인 예이다.[96]

---

95 「표준국어대사전」에서 '완곡어'에 대한 정의는 "완곡한 말"과 "완어"로 정리되어 있다. 이에 [완곡하다]를 검색하여 그 의미를 (7)과 같이 재구성했다.
96 완곡표현이면서 습관적으로 사용되는 '관용표현'이기도 하다.

ⓒ은 생리적 현상을 위해 화장실에 가려고 할 때 관련 표현이 금기시되는 한국 언어문화가 반영된 표현으로서 (8)의 단어를 사용하는 것보다 더 자연스럽게 의미를 전달할 수 있다. 또한 ⓒ처럼 관용표현의 하나인 속담이 완곡한 표현을 전달하기도 하는데 [경고]의 의미를 전달할 때 상대의 체면을 고려하여 의도적으로 선택·사용되는 예라고 할 수 있다.

이처럼 완곡어는 적절한 사용이 가능할 경우 지시 대상의 체면을 손상 시키지 않고 대화를 유지할 수 있기에 실제 언어생활에서 활용도가 매우 높은 표현이라 할 수 있다. 또한 특정 상황에서 '습관적으로 사용'되고 있기에 '관용표현'의 한 범주라고도 할 수 있으나 '완곡표현'은 [체면유지]의 기능에 초점을 두고 있단 점에서 이를 더욱 고려한 교육이 별도로 진행될 필요가 있다.

하지만 완곡한 표현은 한국어의 특징으로 '직접적인 표현'이 더욱 '상대방의 체면을 유지할 수 있다'고 믿는 언어문화권의 학습자는 이를 어색하게 여길 수 있다는 점을 명심해야 한다. 이에 교사는 이러한 경우에 한하여 '완곡표현'을 적절하게 사용했을 때 얻을 수 있는 긍정적인 효과를 함께 제시하여 활용의 필요성을 스스로 인식할 수 있는 교육을 우선 진행해야 한다.

새 선생님을 위한 한국어 문법 교육론

제10장
어휘와 어휘의 관계

이 장에서는 어휘와 어휘의 관계에서 나타나는 '유의 관계', '반의 관계', '상·하의 관계'와 '다의성'에 대해서 살펴보고 이를 통해한국어 어휘교육에 효과적으로 적용할 수 있는 방안과 주의해야 할개별적인 요소에 대해서 논의하려고 한다.

10.1 유의 관계

유의 관계는 '의미가 유사한 것'으로 정의할 수 있다. 이는 영어로"synonym"이며 한국어로는 '유의어', '동의어'이다. 이때 '동의어'는'의미가 동일하다'는 개념으로 '의미가 유사하다'는 유의어와 다른용어다. 하지만 인지언어학에서는 '형태가 다르면 100% 동일한 의미를 전달하지 않는다'는 관점으로 '유의어'란 개념을 사용한다. 이에 이번 논의에서도 '유의어'를 대표 개념으로 설정하고 이를 중심으로 관련 내용을 정리하도록 한다.

유의어는 한국어 모국어 화자라면 작은 의미의 차이라도 인지가 가능하다. 하지만 이는 모국어 화자마다 달리 느낄 수 있는 주관적인 차이이며 이를 한국어 능력이 부족한 학습자들에게 미묘한 차이까지 한국어로 설명해야 하는 탓에 유의어에 대한 학습자의 궁금증을 해결하기에는 어려움이 크다. 이에 의미가 동일하다는 '동의어'로 설정하여 불필요한 혼란을 막고 추후 학습자 스스로가 '습득'하도록 여지를 남기는 방법을 사용하기도 한다.

하지만 주변 한국인들에게 의미 차이를 확인한 학습자는 '동일하다'란 개념의 설명을 불쾌하게 반응하는 경우가 있다.[97]학습자들은 자신의 돈을 지불하고 수업을 듣기에 객관적이고 정확한 정보를 교육기관에서 제시해야 할 의무가 있다고 믿기 때문이다. 그러나 앞서 언급한 것처럼 어휘소가 가지는 미묘한 의미 차이를 한국어 능력이 부족한 외국인 학습자에게 그들의 한국에 수준에 맞춰 설명하는 것은 쉬운 일이 아니다. 이에 의미설명이 어려운 경우에 한하여 실제 언어생활에서 사용되는 용법, 모국어 화자에게 더욱 선호되는 빈도와 같은 추가적인 요소에서 인지할 수 있는 차이를 중심으로 관계를 설명하기도 한다.

---

97 대부분의 한국인은 자신의 언어 사용 양상을 중심으로 주관적인 어휘정보를 잘못 전달하여 학습자의 혼란을 제공하고 그로 인한 불만이 모두 교사에게 향할 수 있단 점을 명심해야 한다.

10.1.1 의미 차이

어휘가 가지는 의미 차이는 분명히 존재하며 100% 동일한 개념의 어휘는 없다. 이는 한국의 대표적인 의미론 연구자인 임지룡(2003), 윤평현(2008)의 공통적인 관점으로 현대 국어학에서 '동의어'란 개념보다 '유의어'란 개념을 더 자연스럽게 사용할 수 있는 근거가 된다. 하지만 특정 문형과 제한적인 양상만을 연습하는 한국어 교육에서는 100% 동일한 의미를 가진 동의관계의 형성이 가능한 것으로 여겨지는 경우가 종종 발생하기도 한다.

(1) {놓다}와 {두다}

　　(ㄱ) 보조동사

　　　　{아/어/여 놓다}와 {아/어/여 두다}

　　　　예) 책을 책상에 올려 놓았어요, 책을 책상에 올려 뒀어요.

　　　　　　지갑을 선반에 놓았어요, 지갑을 선반에 뒀어요.

　　(ㄴ) 본동사: {놓다}, {두다}

　　　　예) 손을 놓다, 손을 두다(X) / 주사를 놓다, 주사를 두다 (X)

　　　　　　세계 각국에 지사를 놓다(X) / 세계 각국에 지사를 두다

(ㄱ)은 한국어 교육에서 제시하는 {아/어/여 놓다}, {아/어/여 두다}가 보조동사로 사용되는 용법이며 이에 한하여 {놓다}와 {두다}는 매우 동일한 개념으로 인지된다.[98] 하지만 각각의 어휘가 확장·사

---

98 초급에 제시되는 탓에 (ㄴ)의 양상을 고려하지 않아 동의어로 여겨지게 된다.

용되는 다양한 양상을 논의의 대상으로 삼는다면 (ㄴ)처럼 의미가 달라 치환이 자연스럽지 않은 영역이 존재하기 때문에 {놓다}와 {두다}는 동의어라고 할 수 없는 것이다.[99] 이처럼 한국어 교육에서 특정 문형이나 어휘가 동의어로 여겨지는 것은 각 단원에서 제한적으로 설정한 양상에서 나타나는 특징일 가능성이 높기에 교사는 동일한 개념의 '동의어'는 존재하지 않음을 명확하게 인식하고 정확한 어휘정보를 전달할 수 있는 철저한 준비가 각 단원마다 선행되어야 한다.

10.1.2 사용 양상의 차이

{엄마}, {어머니}, {어머님}, {모母}는 모두 '자신을 낳아주고 길러준 여성'에게 사용하는 어휘소로 동일한 대상에게 사용되기에 한국인도 의미차이가 없다고 여기기도 한다. 하지만 이는 '결과'에만 초점을 둔 해석이며 각각의 어휘소를 선택·사용하는 과정에서 모국어 화자에게 고려되는 특징과 적절하게 사용되는 배경에서 인지되는 차이는 분명 존재한다.

(3) (ㄱ) {엄마}

한국어에서 가장 보편적이고 일반적으로 사용.

---

99 특히 {손을 놓다}의 경우 초급에서도 충분히 설명이 가능한 의미차를 보이는 문형이다.

㉡ {어머니}

  {엄마}보다 [대우]를 전달해야 하는 상황에서 사용.

㉢ {어머님}

  {어머니}보다 더욱 [대우], [높임]을 전달하면서 사용.

㉣ {모친(母親)}

  주로, 주민등록등본, 가족관계증명서같은 문어체로 사용.

김광순(2017)은 (3)과 같이 이들 어휘소가 실제 언어생활에서 사용되는 양상의 차이를 정리했다. 즉 실제 언어생활에서 '자신을 낳아주고 양육한 여성'에게 가장 일반적으로 사용되는 어휘소는 {엄마}로서 가장 고유한 특징을 보존하고 있기에 비친족의 여성에게 확장·사용이 제한된다. 반면 {어머니}, {어머님}은 지시 대상의 체면을 유지하려는 의도나 공적인 상황에서 전략적으로 선택되어 [높임], [대우]의 속성을 전달한다. 그리고 {모친}는 가족관계증명서, 주민등록등본과 같은 서류에서 문어체로 사용된다. 이처럼 각각의 어휘소는 실제 사용되는 양상의 구분이 명확하단 점에서 동의어라 할 수 없다. 이런 특징은 실제 언어생활에서 사용되는 양상의 차이로 의미관계를 설명할 수 있음을 보여주며 이는 실제 교육현장에서 용법에 초점을 둔 교육에 활용이 가능하다.

10.1.3 빈도차이

초급에 제시되는 일부 어휘소 중에서는 기본의미만을 제시하는 탓에 의미차이를 설명하기 매우 어려운 경우가 있다. 그 대표적인 어휘소가 색채어 {검다}, {까맣다}이다. 이는 [색]을 중심으로 사용되는 기본의미가 매우 유사하여 다른 색채어와 달리 한국어 교재에 함께 제시하는 경우가 많고 의미 구분 또한 쉽지 않다.

이에 (2)나 (3)처럼 확장의미나 사용 양상의 차이를 제시할 수 있으나 대부분의 은유적인 표현으로 사용되어 의미해석이 어려워 수업에 활용이 불가능하다. 이에 김광순(2019)는 이런 특징을 가진 어휘소들에 한하여 실제 언어생활에서 사용되는 빈도 차이를 정리하여 모국어 화자에게 더욱 '선호'되는 표현이 있음을 알리고 이를 중심으로 학습에 활용하는 방안을 제안한 바 있다.

〈표 10-1〉 {검다}와 {까맣다}의 사용 비율

		관형사형	부사형	서술형
검다	네이버	3,955,734건 (90.1%)	415,541건 (9.5%)	17,625건 (0.4%)
	말뭉치	4,113건 (93.8%)	258건 (5.9%)	15건 (0.3%)
까맣다	네이버	923,808건 (61.7%)	530,878건 (35.4%)	43,091건 (2.9%)
	말뭉치	668건 (51.3%)	611건 (46.9%)	23건 (1.8%)

〈표 10-1〉에서 {검다}는 관형사형 {검은}으로 사용되는 빈도가 절대적으로 높다. 반면 {까맣다}는 관형사형 {까만}뿐만 아니라 부사형 {까맣게}로도 사용되는 빈도가 높기에 이런 차이를 학습자에게 제시하여 선호되는 양상이 존재함을 제시할 수 있다.

또한 다음과 같이 {검은}이 {까만}보다 높은 결합빈도를 보인 결과를 통해서 모국어 화자에게 더욱 선호되는 어휘소라는 점을 근거로 이들의 차이를 설명할 수도 있을 것이다.

〈표 10-2〉 {검은}과 {까만}의 사용빈도

[신체]	[사물]	[자연]	[동물]
검은 피부 24,979건	검은 옷 59,195건	검은 모래 44,515건	검은 염소 25,328건
까만 피부 21,252건	까만 옷 7,061건	까만 모래 1,352건	까만 염소 5,337건
검은 얼굴 9,371건	검은 정장 23,331	검은 구름 37,227건	검은 소 6,350
까만 얼굴 6,497건	까만 정장 2,866건	까만 구름 1,166건	까만 소 376건
검은 머리 72,677건	검은 셔츠 4,741건	검은 하늘 4,648건	검은 돼지 4,577건
까만 머리 20,352건	까만 셔츠 845건	까만 하늘 3,353	까만 돼지 19,87건
검은 눈 8,785건	검은 구두 2,963건	검은 콩 278,937건	검은 말 5,858건
까만 눈 17,960	까만 구두 1,799건	까만 콩 8,814건	까만 말 467건

하지만 이런 방법으로 어휘소의 유의 관계를 분석하는 것은 학술지 논문으로 정리될 만큼의 시간과 노력이 투자된 객관적인 결과만이 활용될 수 있다.[100] 교사의 직관만으로 관련 양상을 제시하면 정확한 어휘정보를 전달하는 데 한계가 있기 때문이다. 하지만 이를 구축하는 과정이 쉽지 않고 상당한 노력과 시간이 필요한 탓에 한

---

100 한국어교육에서의 주의점 19 참조.

국어 교사들의 꾸준한 관심이 무엇보다 필요한 작업이다.

10.2 반의 관계Antonymy

반의 관계는 반대 의미로 인지되는 어휘나 문형의 관계를 말하며 '반댓말, 대립어, 상대어'와 같은 용어로도 지칭된다. 한국어 교육에서는 반의 관계를 형성하고 있는 어휘를 함께 제시하여 효율적인 학습에 활용하고 있다. 가령 {가다}와 {오다}를 함께 제시하여 하나의 설명으로 다른 어휘를 학습하게 돕는 것이다. 하지만 모든 어휘가 {가다}와 {오다}처럼 분명한 반의 관계를 형성하는 것은 아니기에 보편적인 방법으로 활용할 수는 없다.[101]

10.2.1 상보반의어Complementary Antonym

윤평현(2009: 146)은 상보반의어를 "반의 관계에 있는 두 개의 단어 사이에 중립적인 의미를 가진 단어가 존재하지 않는 것"으로 정리했다. 가령 {남자}와 {여자}처럼 그 사이에 중립적인 의미를 가진 어휘가 없고 한 어휘의 부정은 반의 관계에 있는 어휘를 인지할 수 있는 경우를 '상보반의어'라고 하는 것이다.

---

[101] 유의관계에 있는 어휘소도 확장에 활용할 수 있으나 그 차이에 대한 설명에 관심을 가지는 학습자가 존재할 경우 학습량의 증가와 부담의 원인이 될 수 있단 점을 명심하고 불필요한 확장은 삼가야 한다.

(4) 상보반의어

{기혼}-{미혼}, {살다}-{죽다}, {합격}-{불합격}, {알다}-{모르다}

(4)는 모두 상보반의어로서 그 개념들 사이에 인지가 가능한 다른 개념이 존재하지 않는다. 또한 부정표현 {지 않다}와 결합하면 반의 관계에 있는 다른 어휘를 쉽게 인지할 수 있기에 이 관계의 반의어를 한국어 교육에서 활용이 가능한 것이다.

10.2.2 등급반의어Gradable Antonym

등급반의어는 "등급성Gradability"이 존재하는 반의 관계를 말한다. 가령 {길다}와 {짧다}는 {조금 길다}, {조금 짧다}처럼 각기 다른 등급의 정도를 인지할 수 있다. 이와 비교하여 '상보 반의어'는 {조금 기혼}, {조금 미혼}, {조금 합격}, {조금 불합격}과 같은 등급성이 존재하지 않는다는 점에서 차이가 존재한다.

(5) 등급반의어의 예

{길다}-{짧다}, {뜨겁다}-{차갑다}, {높다}-{낮다}, {크다}-{작다}, {넓다}-{좁다}

(5)는 '등급반의어'의 일부를 정리한 것이다. 이들 또한 한국어 교육에서 상보 반의어처럼 짝을 이뤄 함께 제시되고 있다. 하지만 이들 단어는 다음과 같이 {지 않다}와 결합하더라도 그 반대되는 어휘를 항상 자연스럽게 인지하는 것은 아니란 점에서 상보 반의어와

비교하여 한국어 어휘교육에서 효과적으로 활용할 수 있는 특징을 가진 관계라고 할 수 없다.

(6) (ㄱ) 상보반의어

　모르지 않다 [알다], 죽지 않다 [살다]

(ㄴ) 등급반의어

　뜨겁지 않다[차갑다?], 차갑지 않다[뜨겁다?]

(6)처럼 상보반의어의 부정은 대립 관계에 있는 어휘와 의미가 유사하여 학습에 활용이 가능하다. 하지만 등급반의어는 부정표현이 항상 대립의 개념을 인지하지 않는다. 예를 들면 {뜨겁지 않다}는 {미지근하다}, {따뜻하다}, {시원하다}, {선선하다}, {싸늘하다}, {서늘하다} 등의 다양한 정도를 가진 어휘가 존재하기에 대립 관계에 있는 특정 어휘를 정확하게 인지할 가능성이 떨어질 수 밖에 없다. 이는 평가에도 중요하게 활용되기 때문에 등급 반의어는 상보반의어와 달리 부정에 대한 다양한 의미가 존재할 수 있음을 전달하는 교육이 진행되어야 한다.[102]

---

102 {늙다}의 반의어로 {젊다}를 떠올리게 한다. 하지만 관점에 따라 {어리다}도 {늙다}의 반의어가 될 수 있다는 점에서 정도 반의어는 반의 관계만을 제시하여 효과적인 어휘 학습이 가능한 상보 반의어와 다른 특징을 가지고 있다.

10.2.3 관계반의어Relative Antonym

'관계반의어'는 특정한 관계에서 제한적으로 대립의 관계를 형
성하는 {남편}과 {아내}, {주다}, {받다}와 같은 어휘소들이 형성하는
관계를 말한다. 이는 하나의 개념이 존재하기 위해서는 대립되는
반대의 개념이 반드시 필요한 특징을 가진다.

〈표 10-3〉 관계반의어

(ㄱ)	오른쪽-왼쪽	위-아래	앞-뒤	동쪽-서쪽
(ㄴ)	남편-아내	부모-자식	신랑-신부	형-동생
(ㄷ)	고용주-피고용주	고소인-피고소인	주인-하인	주인-손님
(ㄹ)	주다-받다	사다-팔다	가르치다-배우다	때리다-맞다
(ㅁ)	가다-오다	열다-닫다	감다-뜨다	오르다-내리다

위 표의 {가다}, {오다}는 앞서 상보반의어로 설정된 것으로 관점
에 따른 중복 적용이 가능한 것을 보여준다. 또한 (ㄱ)과 같은 방향성
을 중심으로 성립한 어휘 관계를 방향반의어Directional Antonym라는 용
어로 따로 분류하기도 한다.[103] 또한 언어 사용습관에 의해 {왼쪽 오
른쪽}, {앞 뒤}, {위 아래}, {오고 가다}, {열고 닫다}와 같은 관용표현으
로 함께 제시되고 있기 때문에 이를 반의관계에 초점을 맞출 필요
는 없다.[104] 또한 이런 관계반의어는 학습자의 모국어에 따라 반의

---

103 윤평현(2009:147)의 내을 참고·수정한 것이다.

104 이런 특징은 앞서 살펴본 '상보반의어', '정도반의어'와 비교하여 대립어로 보기

관계를 자연스럽지 않게 생각할 수도 있단 점을 고려하여 의미 제시에 주의를 살펴야 한다.

10.2.4 반의어의 규정

지금까지 살펴본 반의어는 그 분류 기준에 따라 각기 다른 특징을 가졌으며 관점에 따라 '반의어'로 설정이 어색하게 여길 수 있는 결과도 존재한다. 이에 반의어를 학습에 활용하기 위해서는 명확한 분류 기준이 필요하다. 가령 {남편}과 {아내}는 보편적인 관점에서는 반의관계로의 설정에 무리가 없으나 언어 사용자가 [혼인한 여성]일 때 {남편}의 반의어는 '혼인하지 않은 다른 남성'으로 인지될 수 있단 점에서 명확한 기준이 존재하지 않는다면 다양한 반의어로 인해 혼란을 줄 수 있기 때문이다.

(7)   반의어의 성립조건
　　　(ㄱ) 공통의 속성을 가져야 한다.
　　　(ㄴ) 하나의 속성의 차이가 존재한다.

특정 어휘가 반의관계를 가지기 위해서는 (ㄱ)처럼 대부분의 속성이 동일하고 (ㄴ)처럼 하나의 속성에서만 차이를 보여야 한다. 가령 {아들}과 {딸}은 [사람], [동일한 부모]를 공통의 속성으로 가지며 [성性]이란 하나의 속성의 차이로 반의관계가 형성되는 것이다. 이

어려운 특징도 가지며 '어순'에 의한 초점을 둔 교육이 필요하다.

처럼 반의관계에 대한 이해와 기준이 명확할 경우 다음과 같이 하나의 어휘가 다양한 반의어 관계를 형성하는 결과에 대한 이해도 가능하게 된다.

(8) {벗다}와 반의 관계

　　(ㄱ) 옷을 입다 − 옷을 벗다

　　(ㄴ) 신발을 신다 − 신발을 벗다

　　(ㄷ) 장갑을 끼다 − 장갑을 벗다

　　(ㄹ) 모자를 쓰다 − 모자를 벗다

(8)을 통해 {벗다}는 {입다}, {신다}, {끼다}, {쓰다}와 반의 관계를 형성하고 있음을 알 수 있다. 반면 각각의 어휘소는 {벗다}만을 반의어로 가진다. 이처럼 {벗다}는 위치와 관련된 속성의 차이가 다양한 어휘와 반의 관계를 형성하게 한다. 이러한 내용은 특정 속성의 차이에 따라서 제한적이지만 반의 관계를 형성하는 어휘소가 상황에 따라서 다양하게 나타날 수 있음을 인식하고 이를 고려한 포괄적인 관점에서의 어휘 교육이 진행될 필요가 있음을 보여주는 예라고 할 수 있다.

(9) 경험에 따른 반의관계

　　(ㄱ) 기혼 − 미혼

　　(ㄴ) 기혼 − 이혼/ 돌싱

또한 반의관계는 앞서 언급한 바와 같이 개인의 경험에 따라 특수한 양상으로 구축되기도 한다. 가령 (ㄱ)처럼 일반적인 모국어 화자에게 {기혼}의 반의어는 {미혼}이 될 것이다. 하지만 [혼인]을 경험한 언어 사용자의 경우에는 [±혼인의 지속]을 특수한 속성으로 추가한 (ㄴ)과 같은 {이혼}을 {기혼}의 반의어로 인식할 수도 있을 것이다.[105] 이런 상황은 매우 특수하나 학습자의 개별적인 상황에 초점을 둔다면 틀린 내용으로 설정할 근거가 없다. 이에 학습자의 다양한 관점을 인정한 교육이 진행될 수 있도록 교사는 포용적인 태도로 수업을 진행해야 한다.

하지만 이처럼 다양성을 인정하는 관점은 학습자에게만 적용시켜야 하며 보편적인 교육을 진행해야 하는 교사에게 허용할 수 있는 특징은 아니란 점을 명심해야 한다. 즉 교사는 반의관계를 설정하여 학습에 활용하거나 교재를 구성할 때에 자신의 경험, 직관이 제외된 보편적인 기준을 적용하여 어휘를 설정·제시해야 하며 가능한 보편적인 관점이 반영된 어휘정보를 학습자에게 전달해야 할 의무가 있음을 잊어서는 안 된다.

    (10) 반의어가 존재하지 않는 어휘

        (ㄱ) 글을 쓰다.

        (ㄴ) 운동장에서 운동하고 있어요.

        (ㄷ) 친구와 노래를 부르고 있어요.

---

105 현대 언어생활에서 {돌싱}이 반의어의 자격으로 활용되고 있다.

또한 (10)처럼 모든 어휘소가 반의 관계를 형성하는 것은 아니다. 가령 모국어 화자라고 하여도 (10)에서 사용된 {쓰다}, {운동하다}, {부르다}의 반의어로 설정할 수 있는 단어가 명확하게 떠오르지는 않을 것이다. 이는 모든 어휘소가 반의 관계의 어휘를 가지는 것은 아님을 뜻하며 반대되는 정보를 표현하기 위해서는 부정표현 {지 않다}만이 사용될 수 있음을 제시해야 한다.[106]

10.3 상의 관계와 하의 관계

'상의어'는 다양한 어휘소를 포괄적으로 지칭할 수 있는 상의 개념을 가진 단어를 뜻하며 그에 포함되어 하의 관계를 형성하는 각각의 어휘소를 '하의어'라고 한다.

〈표 10-4〉 상의어와 하의어

상의어	하의어
㉠ 동물	사람, 개, 고양이
㉡ 사람	남자, 여자
㉢ 남자	할아버지, 아버지, 아들
㉣ 여자	할머니, 어머니, 딸

---

106 일부 학습자는 상보 반의어를 통해 의미 학습을 효과적으로 한 탓에 모든 어휘가 반의 관계를 형성하는 것으로 잘못 여겨 관련 정보를 요구하기도 한다. 이에 (10) 과 같은 정보는 정확한 관계의 설정에 있어 중요하게 활용이 가능하다.

〈표 10-4〉는 상의어와 하의어의 관계를 정리한 예이다. 이때 ㈃의 상의어 {여자}는 ㈁에서는 {사람}의 하의어이며 {사람} 또한 ㈀에서는 하의어가 된다. 이처럼 상의어와 하의어는 분류하는 기준에 따라 그 결과가 달라질 수 있기에 이에 대한 정보를 구축하기 위해서는 명확한 기준의 확립이 선행되어야 한다.[107]

10.4 다의 관계

다의어Polysemy는 둘 이상의 의미를 가진 단어를 지칭하는 개념으로 명사, 대명사, 동사, 형용사, 조사 등 모든 품사에서 나타날 수 있는 특징이며 많은 학습자들의 학습 부담의 증가에 직접적인 원인이 되고 있다.

> (11) {가다}의 다의성
>   ㈀ 한 곳에서 다른 곳으로 장소를 이동하다.
>   ㈁ 수레, 배, 자동차, 비행기 따위가 운행하거나 다니다.
>   ㈂ 지금 있는 곳에서 어떠한 목적을 가지고 다른 곳으로 옮기다.
>   ㈃ 직업이나 학업, 복무 따위로 해서 다른 곳으로 옮기다.

(11)은 {가다}의 사전의미 일부만을 정리한 것이다. 이때 가장 첫

---

107 한국어 교육을 위한 주의점 20.

줄에 정리된 의미인 (ㄱ)을 '기본의미'라고 하며 그 외의 의미를 '확장의미'라고 한다.[108] 이때 다의어는 공유되는 특정 속성을 중심으로 의미의 관련성이 있어야 성립하는 개념으로 의미의 관련성을 찾기 힘든 '동음이의어'와 구별해야 한다.

한국어 교육에서 초급에 제시되는 단어들은 대부분 다의어의 성격을 가진다. 이에 학습자는 수업을 진행하면서 제시되는 또 다른 확장의미와 그에 적절한 용법으로 학습에 혼란을 경험하게 된다. 이에 다의어에 대한 정확한 설명은 매우 중요한데 실제 교육현장에서 전달할 확장의미를 설정하고 이를 학습에 적용하는 것은 다음과 같은 이유로 쉬운 일이 아니다.

(12) 한국어 교육에서 다의어 제시의 어려움
   (ㄱ) 제시해야 하는 의미 층위의 선정문제.
   (ㄴ) 문맥을 통해 인지가 가능한 다양한 의미.
   (ㄷ) 실제 언어생활에서 사용되는 의미와 사전의미의 차이.

먼저 다의어가 한국어 교육에서 수업이 어려운 가장 중요한 이유는 (ㄱ)과 같이 수업에 적용할 수 있는 확장의미의 범주를 설정하는 것이 쉽지 않기 때문이다.

---

108 (가다)의 확장의미 (ㄴ), (ㄷ), (ㄹ)은 기본의미인 [이동하다]를 중심으로 확장된다.

「1」 음식 따위를 입을 통하여 배 속에 들여보내다. 예) 밥을 먹다, 약을 먹다, 술을 먹다
「2」 담배나 아편 따위를 피우다. 예) 담배를 먹다, 아편을 먹다.
「3」 연기나 가스 따위를 들이마시다. 예) 연탄가스를 먹다, 탄내를 먹다.
「4」 어떤 마음이나 감정을 품다. 예) 앙심을 품다
「5」 일정한 나이에 이르거나 나이를 더하다. 예) 나이를 먹다, 한 살을 더 먹다.
「6」 겁, 충격 따위를 느끼게 되다. 예) 겁을 먹다
「7」 욕, 핀잔 따위를 듣거나 당하다. 예) 욕을 먹다
「8」 (속되게) 뇌물을 받아 가지다. 예) 뇌물을 먹다, 돈을 먹다
「9」 수익이나 이문을 차지하여 가지다. 예) 남은 수익은 네가 다 먹어라.
「10」 물이나 습기 따위를 빨아들이다. 예) 물을 먹다, 습기를 먹다
「11」 어떤 등급을 차지하거나 점수를 따다. 예) 1등을 먹다
「12」 구기 경기에서, 점수를 잃다. 예) 축구 경기에서 1점을 먹었다.
「13」 (속되게) 여자의 정조를 유린하다. 예) 그는 벌써 여러 여자를 먹었다
「14」 매 따위를 맞다. 예) 상대의 센 주먹을 한 방 먹고 나가떨어졌다.
「15」 남의 재물을 다루거나 맡은 사람이 그 재물을 부당하게 자기의 것으로 만들다. 예) 경리 직원이 회사의 공금을 먹었다.

〈표 10-5〉는 {먹다}의 사전의미 일부만을 정리한 것이나 하나의

기본의미 외에 14개의 확장의미를 가진다. 이때 「1」번의 "음식 따위를 입을 통하여 배 속에 들여보내다."가 {먹다}의 기본의미이며 이는 대부분의 교재에서 보편적으로 제시되고 있다. 하지만 그 외의 확장의미는 교재마다 차이를 보인다. 이는 확장의미를 제시하는 기준을 기관마다 각기 다르게 설정했기 때문이다.

또한 (12ㄴ)처럼 다의어는 사전에서 정리된 의미일지라도 문장에서만 의미를 파악할 수 있고 문장을 통해 각각의 의미를 설명해야 하는 관용적인 특징은 단어의 의미를 외우는 과정을 불필요하게 만든다. 즉 표5에서 「2」는 {피우다}, 「4」, 「9」는 {가지다}, 「5」는 {들다}, 「6」은 {느끼다}, 「8」, 「12」는 {받다}, 「9」는 {흡수하다}, 「14」의 {맞다}와 같은 의미는 {먹다}가 활용된 문장을 통해서만 파악이 가능하기에 개별적인 양상에 초점을 둔 연습이 매우 중요하기 때문이다.[109]

또한 일부 다의어는 (12ㄷ)처럼 실제 언어생활서 사용되는 양상이 사전에 정리되지 않아 표준어로 설정할 근거가 부족하단 점에서 수업의 적용에 한계가 발생하기도 한다.

    (13) {빨갛다}의 사전의미

        피나 익은 고추와 같이 밝고 짙게 붉다.

---

[109] 1급의 어휘는 사전의미로 정확한 의미파악이 가능하다. 하지만 중급으로 갈수록 사전의미만으로 파악이 어려운 의미가 존재하고 이는 문장을 통해 파악해야 하는 탓에 다의어의 학습은 학습자에게 쉽지 않다.

「표준국어대사전」은 색채어 {빨갛다}를 (13)처럼 하나의 의미를 가진 단의어로 정리한다. 하지만 {빨갛다}는 실제 언어생활에서 다음과 같이 다양한 의미를 가진 다의어로 사용되고 있다.

(14) 색채어 {빨갛다}의 용법

　　(ㄱ) 잘 익은 빨간 수박 먹고 싶어요. [익다]

　　(ㄴ) 빨간 양념 색깔이 매운 떡볶이를 연상시키지만 [맵다]

　　(ㄷ) 프린터 빨간불이나 다양한 프린터 오류 해결 방법!! [고장]

　　(ㄹ) 이름을 빨간 글씨로 쓰면 죽게 된다. [죽음]

　　(ㅁ) 그는 일요일이 빨간 날이라는 것도 잊었다. [휴일]

　　(ㅂ) 빨간 단풍으로 물든 가을을 보내며… [가을]

　　(ㅅ) 팔이 빨갛게 익었더라구요. 따갑고 화끈거리고 뜨겁고…
　　　　[화상]

　　(ㅇ) 주식시장이 빨갛게 타오르고 있습니다. [열정]

　　(ㅈ) 국민들의 가슴도 빨갛게 타들어가기는 매 한가지다. [긴장]

(14)는 김광순(2020)의 내용을 정리한 것으로 사전의미와 달리 {빨갛다}가 실제 언어생활에서 다의어로 사용되고 있음을 보여준다.[110] 특히 관형사형 {빨간}은 [음식]의 속성을 가진 어휘와 결합하여 [맵다]를 매우 높은 빈도로 전달하고 있으나 한국어 교육에서 제시되

---

110 특별한 상황에서 나타나는 관용적인 양상이나 {빨갛다}의 사전의미와는 분명한 차이를 보인다.

는 어휘정보는 아니다. 이는 한국어 어휘교육이 객관적인 자료가 되는 「표준국어대사전」의 내용을 활용하여 진행되기 때문이다. 이에 사전에 등재되지 않은 의미는 실제 언어생활에서 활발히 사용되어도 교육에 적용시키지 않는 경우가 많다. 앞서 언급한 것처럼 수업에 적용할 수 있는 객관적인 범주를 설정할 기준이 없는 탓이다. 이런 이유로 교과 과정에서 학습되지 않는 다의어의 특정 의미는 학습자 스스로가 습득하는 경우가 많은데 이 과정에서 잘못된 어휘정보가 입력되는 탓에 관련 오류가 매우 다양하게 발생할 수 있단 점을 교사는 주의하여 이를 고려한 다의어의 지도 방안을 마련해야 할 것이다.

새 선생님을 위한 한국어 문법 교육론

제11장

문장과 문장성분

이 장에서는 문장과 그 문장을 구성하고 있는 각각의 성분에 대해서 살펴보도록 한다. 한국어 교육은 다양한 어휘를 문법 규칙에 맞게 조합하여 쓰고 말하는 단위가 '문장'이며 학습자의 성취도를 평가할 객관적인 단위 또한 문장인 탓에 한국어 교육에서 가장 중요한 개념이라고 할 수 있다.

11.1 한국어 교육과 문장

문장Sentence이란 무엇일까? 한국어 교육이 진행되는 과정은 새로운 어휘와 문형을 배우고 이를 문법 규칙에 맞춰 정확한 문장의 생성과 발화에 최종적인 목표를 둔다. 이에 한국어 교육에서 문장은 무엇보다 중요한 개념이라 할 수 있다.

    (1)   문장
        생각이나 감정을 말과 글로 표현할 완결된 내용을 나타내는
        최소의 단위

  (1)처럼 '문장'은 완결된 내용을 나타내는 최소의 단위다.[111] 이때 완결된 내용은 한국어 문법 규칙에 맞춰 구성된 단위를 음성언어와 문자언어로 표현하여 정확한 정보를 전달하는 것을 말하며 다음과 같은 조건의 충족이 필요하다.

    (2)   한국어 교육에서의 문장
        (ㄱ) 한국어 문법의 규칙에 맞춰 구성되어야 한다.
        (ㄴ) 완전한 의미를 전달해야 한다.
        (ㄷ) 대화를 지속할 수 있게 언어 예절을 지켜야 한다.
        (ㄹ) 생략이 가능한 표현은 습관에 맞춰진 표현으로 본다.

  한국어 교육에서는 (2)를 만족한 문장만을 적절한 결과로 판단해야 한다. 이때 (ㄱ), (ㄴ)은 가장 보편적인 조건으로 '한국어 문법 규칙에 맞춰 완전한 의미를 전달할 수 있는 문장'만을 '문법에 맞는 결과'로 보는 것이다. 이는 '문법 규칙은 맞으나 의미 전달이 어색한

---

111 단어만으로 의미를 전달할 수는 있으나 이는 생략과 관련된 특수한 용법이다.

경우', '의미 전달은 가능하나 문법 규칙에서 어긋난 경우'를 모두 적절하지 않은 문장으로 본다는 것을 포함하는 개념이다.

또한 완전한 문법 규칙을 중심으로 정확한 의미를 전달하는 문장이지만 언어 예절을 지키지 않아 대화를 단절시킬 수 있다면 이 또한 좋은 문장이라고 볼 수 없다. 이에 ㈐처럼 '대화를 지속할 수 있는 예절을 갖춘 표현'만을 좋은 보기의 문장으로 설정하고 이를 유지하지 못한 문장은 비문으로 설정하도록 한다.[112]

마지막으로 ㈑은 평가에도 중요하게 고려할 사항으로서 한국인의 언어 습관으로 생략·축약된 관용적인 표현 중에서 문법 규칙에 어긋난 문장을 비문으로 설정하는 것을 뜻한다. 이는 외국인 학습자가 '생략된 문형'을 보편적인 양상으로 인지하고 다른 문장에 잘못 적용시켜 나타날 수 있는 다양한 오류의 가능성을 초급에서부터 차단하기 위함이다.[113]

11.2 문장의 성분

문장의 성분은 문장을 구성하는 각각의 단위를 뜻한다. 이는 문

---

112 학습자는 잘못 배운 언어 습관으로 대화를 중단시킬 위험이 존재한다. 이에 높임법, 대우법, 완곡법 등의 표현을 한국어 교육에서 중요한 목표 문법으로 설정하고 이를 적절하게 활용할 수 있는 다양한 연습이 진행된다.

113 초급, 중급, 고급에서 다른 설정도 가능하다. 가령 정확성이 중요한 '초급'의 경우 생략된 문장은 비문으로 설정하여 문법 규칙을 정확하게 지키는 데 초점을 둔다. 반면 그 과정을 충분히 학습한 중·고급 학습자의 경우 모국어 화자의 언어 습관에 유창성을 초점으로 둔 다면 학습자의 수준에 따라 정확성과 실제성을 모두 고려할 수 있기에 효과적인 방법이 될 수 있다.

장을 문법 규칙을 중심으로 분석할 때 사용하는 기준의 단위로서
「표준국어대사전」은 다음과 같은 내용으로 정리하고 있다.

(3) 문장성분: 문장을 구성하는 기능적 단위
   주어, 서술어, 목적어, 보어, 관형어, 부사어, 독립어 등이 있다.

(3)처럼 '문장성분'은 '주어, 목적어, 서술어, 보어, 관형어, 부사어,
독립어'로 분류할 수 있다. 이는 품사를 분류하는 3가지 기준인 '형
태, 기능, 의미' 중에서 '기능'에 초점을 둔 분류 결과와 유사하나 문
장 전체에서 담당하는 역할을 중심으로 분류했기에 단어뿐만 아니
라 특정 문형까지도 포함하는 개념이다.

(4) 문장성분의 사전 정의
   (ㄱ) 주어
      주요 문장성분의 하나로, 술어가 나타내는 동작이나 상태
      의 주체가 되는 말.
   (ㄴ) 서술어
      문장에서 주어의 움직임, 상태, 성질 따위를 서술하는 말.
   (ㄷ) 목적어
      주요 문장성분의 하나로, 타동사가 쓰인 문장에서 동작의
      대상이 되는 말.
   (ㄹ) 관형어
      체언 앞에서 그 뜻을 꾸며 주는 구실을 하는 문장성분.

(ㅁ) 부사어

용언의 내용을 한정하는 문장성분. 부사와 부사의 구실을
하는 단어.

(ㅂ) 독립어

문장의 다른 성분들과 관계없이 독립적으로 쓰이는 말.

(4)와 같은 문장성분과 관련된 개념은 문장을 형성할 때 개별적
인 특징에 초점을 두고 문법적인 기준의 근거가 되기에 한국어 교
육에서 중요한 개념이라고 할 수 있다.

(5) 문장성분의 분류

(ㄱ) 주성분: 주어, 목적어, 서술어, 보어

(ㄴ) 부속성분: 관형어, 부사어

(ㄷ) 독립성분: 감탄사, 접속부사, 체언에 호격조사가 붙은 것.

또한 문장성분은 (5)와 같은 범주화가 가능하다. 이때 '주성분'은
문장에서 생략이 제한되는 요소로 '주어, 목적어, 서술어, 보어'가
포함된다.[114] 반면 부속성분은 문장에서 '주어, 서술어, 목적어'의 의
미를 수식하기에 문장에서의 제외가 가능한 것으로 알려져 있다.[115]

---

114 보어는 (이/가)와 결합하는 (되다), (아니다)로 제한적이기 때문에 서술어와 보어
　를 합하여 '서술부'라는 용어로 이들을 통칭하기도 한다.

115 부속성분이 사용된 문장과 비교하여 완벽한 의미를 전달할 수는 없다는 점에서
　부속성분을 반드시 '생략이 가능한 것'으로 설정할 수는 없다.

마지막으로 독립성분은 문장에서 홀로 사용되는 단위로 호칭어, 지칭어와 같은 표현이 그 예라고 할 수 있다. 이러한 분류 결과는 한국어학에서의 보편적인 관점으로서 '주성분'을 중요한 요소로 설정하고 '부속성분과 독립성분'은 그와 비교하여 중요도가 떨어지는 성분으로 보이게 한다. 하지만 한국어에 대한 직관이 존재하지 않는 외국인 학습자에게는 이러한 특징과는 관계없이 다양한 양상에서 오류가 나타나기 때문에 모든 문장성분에 동일하게 초점을 둔 교육이 필요하다.

11.2.1 주성분

주성분은 앞서 언급한 것처럼 문장을 생성할 때 가장 기본이 되는 요소이며 초급에서부터 이에 대한 교육은 비교적 정확하게 진행되고 있다. 보통 주어는 명사, 대명사 수사와 같은 체언과 주격조사 {이/가}와의 결합으로 구성되기에 '주어'를 문장에서 파악하는 것은 어렵지 않다. 하지만 모국어 화자는 주어가 생략된 문장을 자연스럽게 생성하는 탓에 학습자는 이를 한국어 문법 현상으로 잘못 인지하는 경우가 발생하기도 한다.

    (6) 주어의 사용

       (ㄱ) (나는) 미선 씨가 너무 보고 싶어요.

       (ㄴ) 영수가 미선이에게 선물을 줬다.

          할머니께서 미선이에게 선물을 줬다.

(ㄱ)처럼 일인칭 화자가 주어일 때 생략은 매우 자연스럽다. 하지만 (ㄴ)처럼 일인칭이 아닌 경우 주어의 생략은 어색한데 이를 인지하지 못한 학습자는 '주어의 생략'을 보편적인 양상으로 잘못 사용하는 경우가 많다. 또한 중급, 고급으로 갈수록 복잡해지는 문장체계에서 주어는 의미 파악에 결정적인 역할을 담당하기에 초급에서부터 주어를 정확하게 사용하는 연습은 매우 중요하다.[116]

목적어는 문장에서 서술어에 따라 사용유무가 선택된다. 하지만 "춤을 추다"처럼 {추다}는 특정 목적어만을 제한적으로 가지는 탓에 목적어가 생략되어도 의미 파악이 가능한 경우가 존재한다. 이런 특징은 초급에서 학습하는 동사부터 매우 활발하게 나타나기에 목적어가 필수 성분이라는 사실을 잊고 그 생략을 자연스럽게 잘못 여기는 경우가 있다.

  (7) 목적어의 오류
    (ㄱ) 사장님은 <u>신입사원에게</u> 경계하는 <u>눈빛을</u> 바라봤다.
    → 사장님은 신입사원<u>을</u> 경계하는 눈빛<u>으로</u> 바라봤다.
    (ㄴ) 저는 한국에 돌아갈 수 <u>있기가</u> 간절히 바래요.
    → 저는 한국에 돌아갈 수 있기<u>를</u> 간절히 바래요.
    (ㄷ) 미선이는 대학에 합격했다는 <u>소식이</u> 간절히 원했지만…

---

116 주어가 생략되어도 의미 전달이 가능한 문장을 수정하지 않는 경우가 많다. 하지만 이는 초급에서만 가능한 현상이다. 중급, 고급으로 갈수록 주어에 따라 서술어의 선택이 고려되기 때문에 주어를 적절하게 선택하는 연습이 초급에서부터 강조되어야 한다.

→ 미선이는 대학에 합격했다는 소식을 간절히 원했지만...

    (7)은 4급 학생들의 과제에서 나타난 목적어 선택의 오류 유형을 일부 정리한 것이다. 한국어 교육에서 4급 학습자는 1년 이상 한국어를 공부했다. 이처럼 긴 시간 한국어를 학습했음에도 초급에서 배운 목적어를 정확하게 사용하지 못하여 비문을 만드는 오류는 매우 흔히 나타나는 현상이다.

    먼저 (ㄱ)은 {밥을 먹다}, {공부를 하다}처럼 목적어가 항상 서술어의 근처에 위치하는 것으로 잘못 인식한 학습자에게 흔히 나타나는 오류다. 이 문장에서 학습자는 문장 전체의 구조를 파악하지 않고 서술어로 사용되는 {바라봤다}의 앞에 목적어가 위치해야 하는 것으로 인지한 예이며 복문에서 문장 성분을 정확하게 파악하지 못하는 학습자에게서 매우 높은 빈도로 나타난다. (ㄴ)은 명사형 전성어미 {-기}가 사용된 문장은 '명사'임을 배워 그가 포함된 선행절 전부를 주어로 잘못 인지하여 {이/가}를 활용한 오류로서 주어의 생략을 자연스럽게 생각하는 학습자에게서 흔히 나타난다.[117] 이처럼 문장에서 주어를 찾지 못하는 학습자들은 (ㄷ)처럼 관형사형이 활용된 표현 이후의 모든 문형을 주어로 잘못 설정하는 경우도 흔히 나타나기에 주의가 필요하다.[118]

---

117 문장에서 선행절에 주어가 존재함에도 이를 인식하지 못하고 {-기}가 사용된 문장만을 주어로 여기는 학습자가 많다. 하지만 문장에서 주어를 정확하게 표기하는 연습이 이뤄진 학습자는 선행절에 존재하는 주어를 바로 확인하여 관련 오류를 반복하지 않은 것을 여러 번 경험한 바 있다.

또 다른 주성분인 서술어는 주어의 행동이나 상태 변화를 나타내는 기능을 하며 한국어 교육에서는 문장의 의미를 파악할 때 가장 중요하게 초점을 두는 범주라고 할 수 있다.

(8) ㄱ. 나는 학생이다. / 미선 씨는 한국 사람이다. /
　　　나는 한국 사람이 아니다.
　　ㄴ. 영수가 학교에 가다. / 미선 씨가 회사에 다녀 오다.
　　ㄷ. 나는 밥을 먹다. / 나는 영화를 보다. / 친구가 공부를 하다.

앞서 살펴본 '목적어'는 (8)과 같이 서술어의 성격에 따라 선택 · 사용이 결정되기도 한다. 이에 학습자는 서술어를 '목적어의 선택에 활용하는 도구'로 여기기도 한다. 하지만 '능격동사'처럼 문장에 따라 목적어의 선택이 달라지는 경우가 많기에 서술어가 목적어의 선택에 절대적인 역할을 담당하는 것이 아님을 학습자에게 정확하게 제시해야 한다.

또한 학습자들은 서술어가 항상 문장의 마지막에 위치하는 것으로 그 기능을 잘못 이해하고 있는 경우가 많다. 이에 "미선이를 제외하는 것은 아니야"에서 {제외하다}가 서술어의 기능을 담당함에도 "미선이가 제외하는 것을 아니야"나 "미선이를 제외를 것은 아니야"처럼 서술어의 기능을 인지하지 못 한 채 목적어와의 구분을

---

118 초급에서부터 초점을 맞춘 용언의 활용과 관련된 오류는 중급 이후의 학습자들에게서 나타나지 않는다. 이에 초급에서부터 주어, 목적어, 서술어를 정확하게 파악하는 연습이 진행된다면 오류를 충분히 낮출 수 있을 것이다.

어려워하는 경우가 흔히 발생한다. 이는 '주어, 목적어, 서술어'를 중심으로 적절히 선택·활용하는 개별적인 연습이 충분히 진행되지 않은 탓이다. 현재 한국어 교육은 교과 과정에서 배운 특정 문형을 중심으로 문장을 만드는 데에 초점을 두고 진행될 뿐 문장을 구성하는 문장성분과의 관계를 함께 고려하여 문장을 만드는 연습에 초점을 두지 않기 때문이다.

11.2.2 부속성분

부속성분은 '관형어와 부사어'를 지칭하는 말로서 문장에서 제외되어도 의미 전달이 가능하단 점에서 '보조적인 역할'을 담당하는 성분으로 인지되어 있다. 이에 학습자들은 이를 활용하여 문장을 만들 필요가 없다고 잘못 여기기도 한다.

(9) 관형어의 형태

　　(ㄱ) **온서의** 가방은 작지만 튼튼하다.

　　→ 가방은 작지만 튼튼하다

　　(ㄴ) 온주가 **새** 옷을 선물 받고 너무 좋아한다.

　　→ 온주가 옷을 선물 받고 너무 좋아한다

　　(ㄷ) 주영이가 자주 **가는** 커피숍은 분위기가 좋다.

　　→ 그 커피숍은 분위기가 좋다.

(9)에서 관형어는 관형격조사 {의}, 관형사 {새}, {가는}이다. 이들은 뒤에 오는 명사 {가방}, {옷}, {커피숍}이 가진 의미를 구체화 시키

는 역할을 하기에 '수의적인 성분'으로 여겨진다. 하지만 (9)에서 관형어가 제외된 문장은 의미가 어색하고 정확한 의미를 전달하지 못하기에 '생략이 가능한 성분'으로 여기며 학습에 활용하기에는 무리가 있다.

특히 (ㄷ)과 같은 문장에서는 관형어가 생략될 경우 정확한 의미를 전달하기가 어려울 뿐만 아니라 자연스럽지도 않다는 점에서 관형어를 '제외가 가능한 부속성분'이란 특징에 초점을 둔 교육만이 진행되어서는 안 된다.[119] 한국어 교육에서는 '부속성분'으로 설정한 '관형어'의 중요도는 고급의 문장에서 대부분 활용될 만큼 매우 중요하기 때문이다. 특히 다음과 같이 관형사형으로 실현된 관형어는 매우 다양한 문장을 구성하는 기본적인 요소로 활용될 수 있단 점에서 중요하게 다뤄져야 한다.

    (10) 관형사형이 사용된 문장

        (ㄱ) 주영이가 자주 **가는** 커피숍은 분위기가 아주 좋다.

        (ㄴ) 온주가 **좋아하는** 스파게티를 파는 가게가 없어져서 아쉽다.

        (ㄷ) 내가 한국에서 즐겨 **먹던** 음식을 미국에 온 이후에는 찾아

            볼 수가 없었다.

---

[119] 의미전달이 가능하단 것은 문장에서 제외되어도 한국인의 직관으로 추측이 가능할 만큼의 내용을 뜻한다고 해석할 수 있다. 하지만 직관이 명확하지 않은 외국인들에게 관형어가 생략된 문장은 매우 다양한 양상을 임의적으로 해석하게 만들기에 생략이 가능하다고 볼 수 없다.

(10)에서 관형사형 {가는}, {좋아하는}, {먹던}은 {커피숍}, {스파게티}, {음식} 앞에 위치하여 그 의미를 구체화 시키는데 활용되며 문장에서 제외될 경우 제외되기 이전의 문장이 가지는 의미를 전달할 수는 없다. 이는 이런 관형사형이 문장에서 언어 사용자의 전략적으로 선택되는 주요 성분임을 뜻한다. 또한 관형사형은 다양한 문장을 생성할 때 활용되며 다양한 의미를 전달할 수 있기에 여러 번 강조한 바와 같이 한국어 교육에서 매우 중요한 요소 중의 하나로 '부속성분'이라는 분류 기준만으로 그 중요성을 판단해서는 안 된다.[120]

부속성분에 포함되는 또 다른 요소는 다음과 같은 '부사어'로서 보통 서술어를 수식하는 역할을 한다.

(11) 부사어의 예 1

ㄱ) 그 음식이 **매우** 맛있다.

온주는 **열심히** 공부한다.

대부분의 '부사'는 문장에서 부사어의 역할을 담당하기 때문에 그 역할을 쉽게 확인할 수 있다. 하지만 다음과 같이 특정 조사와의 결합으로 부사어의 역할을 담당하는 문형도 있다.

---

120 한국어 교육에서의 주의점 21참조.

(12) 부사어의 예 2

　(ㄱ) 눈물이 **눈에서** 흐른다.

　별이 **하늘에서** 반짝거린다.

　(ㄱ)에서 {눈}, {하늘}은 조사 {에서}와 결합하여 부사어의 역할을 담당하여 서술어로 사용되는 {흐르다}, {반짝거리다}를 수식한다. 또한 (11)과는 달리 문장 전체를 수식하는 역할도 담당할 수 있기에 위치 이동이 가능하다.[121] 이때 (ㄱ)의 {눈물}, {별}에게서 인지되는 [장소]와 관련된 제한적인 특징은 {눈에서}, {하늘에서}와 같은 부사어의 생략을 가능한 것으로 여기게 한다.[122] 하지만 이러한 생략은 직관이 존재하는 모국어 화자에게 가능한 것일 뿐이며 외국인 학습자가 적용할 수 있는 규칙은 아니다.

　(13) (ㄱ) 그 소문이 어디에서 시작됐는지 알 수가 없었다.

　　(ㄴ) 해외에서 유입된 바이러스 때문에 국민들이 불안해 하고 있다.

　(13)에서 부사어로 사용되는 {어디에서}, {해외에서}가 생략될 경우 의미 전달이 명확하지 않다. (12)의 주어를 통해 추측이 가능했던 [장소]와 관련된 구체적인 속성이 (13)에서는 존재하지 않기 때문이

---

121 문장 전체를 수식하며 위치 이동이 자연스러운 부사도 존재한다.

122 "눈물이 뺨에서 흐른다", "별이 네 눈에서 반짝거린다"처럼 사용될 수 있단 점에서 이들 문장들도 명확한 의미로 부사어의 생략이 자연스러운 것은 아니다.

다. 이런 특징을 가진 문장은 고급으로 갈수록 매우 다양하게 나타
난다. 이에 초급에서 부사어를 생략해도 의미 전달이 가능한 문장
인 경우에도 이를 허용해서는 안 된다. 고급에서 정확한 문장을 생
성하기 위해서라도 초급에서부터 '부사는 생략이 가능한 것'으로
잘못 학습할 가능성을 제외해야 되기 때문이다.[123]

11.2.3 독립성분

독립성분은 '감탄사'가 그 대표적인 예라고 할 수 있다. 하지만
'독립'이라는 단어가 가진 의미처럼 문장에서 따로 떨어져서 사용
되는 표현을 포괄적으로 지칭하는 말까지 모두 포함한다면 이는 보
다 넓은 표현까지 포함될 수 있다.

> (14) 독립성분의 예
>
>> (ㄱ) 미선아, 오늘 학교 끝나고 같이 집에 가자
>>
>> (ㄴ) 아, 이번 시험도 못 봤어. 어떻게 하면 좋을까?
>>
>> (ㄷ) 오늘은 비가 많이 왔다. 하지만 우산이 없어서 비를 다 맞
>> 았다.

(ㄱ)은 다른 사람을 부를 때 사용하는 '호칭어'로서 {선생님}, {교수
님}과 같은 직위 {엄마}, {아버지}, {언니}, {오빠}와 같은 친족어, {너},

---

123 이런 이유로 '관형어와 부사어'를 생략이 가능한 단위로 설정하여 학습에 활용할
수는 없다. '문장에 따라서 관형어, 부사어'가 반드시 필요한 경우가 존재하기에
초급에서부터 정확한 사용에 초점을 둔 교육이 필요하다.

{여러분}과 같은 대명사가 모두 포함될 수 있다. 또한 ㉡은 감탄사 {아}가 독립어로 사용된 예이며 ㉢의 {하지만}과 같이 '접속어'도 하나의 독립성분으로 설정이 가능하다.

이처럼 독립성분은 문장에서 '홀로 사용이 가능한 단위'로 정리할 수 있다. 하지만 한국어 교육현장은 이와 관련된 내용을 따로 분류하여 문법학습에 활용하지 않고 일부 어휘만을 제한적으로 선정하여 의미만을 학습하는 선에서 어휘정보의 제공을 제한시킨다. 이는 언어 사용자의 다양한 상황을 고려하여 사용되는 불규칙한 용법을 학습의 대상으로 삼을 수 없고 그 사용에서 학습에 활용할 수 있는 규칙성을 찾기가 쉽지 않기 때문이다.[124]

---

124 접속어는 문형을 통해 따로 연습하며 독립성분으로 따로 제시하지는 않는다.

새 선생님을 위한 한국어 문법 교육론

제12장

단문과 복문

'단문'과 '복문'은 문장을 구성하는 주어와 서술어를 중심으로 분류하는 개념이며 '긴문장', '짧은 문장'으로도 불린다. 한국어 교육에서는 이를 초급에서부터 순차적으로 연습하며 고급으로 갈수록 복잡한 형태의 복문을 구성할 수 있는 능력이 학습자의 언어 능력을 평가하는데 중요하게 활용되고 있다.

12.1 단문과 복문

단문은 쉽게 표현하면 '짧은 문장', 복문은 '긴 문장'으로 정리할 수 있다. 하지만 단순히 '길다'와 짧다'만이 기준은 아니며 다음과 같이 문장에 포함된 특정 성분이 이를 판단하는 기준이 된다.

(1)   단문과 복문[125]

    (ㄱ) 단문

    문장 내에 주어와 서술어가 하나만 존재하는 문장.

    (ㄴ) 복문

    두 개의 절로 이루어진 문장.

(1)과 같이 단문은 '서술어'가 하나만 존재하는 문장으로 초급 학습자들 대부분이 생성하는 문장이 이에 속한다. 반면 '복문'은 하나의 문장에 두 개 이상의 서술어가 존재하는 것으로 이는 다시 다음과 같은 '이어진 문장'과 '안은문장'으로 분류가 가능하다.

(2)   (ㄱ) 이어진 문장

    예) 온주는 서울대학교에서 의학을 <u>공부하고</u> 온서는 연세
         대학교에서 경영학을 <u>전공한다.</u>

    (ㄴ) 안은문장

    예) 다른 사람들보다 더 <u>한국말을 잘 할 수 있게</u> 열심히 노
         력했다.

(ㄱ)의 이어진 문장은 두 개의 서로 다른 문장이 연결어미를 중심으로 하나의 문장이 된 것을 말한다. 반면 (ㄴ)의 안은문장은 문장 전체의 의미를 수식하기 위해 또 다른 문장이 포함된 것을 뜻하며 다

---

[125] 단문을 홑문장, 복문을 겹문장이라는 용어를 사용하여 지칭하기도 한다.

양한 형태의 문장으로 활용이 가능하다.

    (3)   이어진 문장

       (ㄱ) 그 영화가 슬퍼서 많이 울었다.

       (ㄴ) 학교가 끝나고 친구를 만나러 간다.

       (ㄷ) 한국 대학교에 가려고 한국어를 배웁니다.

       (ㄹ) 밤에 눈이 내리면 지하철을 타고 출근하세요.

       (ㅁ) 미선이는 대학원생이고 경영학을 전공한다.

   (3)은 이어진 문장의 예이다. 이때 두 문장을 연결하기 위해 사용된 어미는 {아서/어서/여서}, {고}, {으려고/려고}, {으면/면}, {고/이고} 등이며 대부분 초급과정에서 학습된다. 하지만 이를 두 개의 문장을 연결하는 '기능'에 초점을 두지 않고 연결어미가 사용되는 '의미'에 초점을 둔 학습만이 진행되는 탓에 단문과 구별되는 복문의 특징을 인지하며 문장을 만드는 경우가 거의 없다.

    (4)   안은문장

       (ㄱ) 명사절을 안은문장

         예) <u>밤의 어둠</u>이 깊어 더욱 앞이 보이지 않았다.

       (ㄴ) 관형사절을 안은문장

         예) 크기가 <u>큰</u> 과일을 사는 일은 쉽지 않다.

       (ㄷ) 인용절을 안은문장

         예) 뉴스에서 <u>내일은 비가 많이 온다</u>고 말했다.

복문의 또 다른 형태인 '안은문장'은 (4)처럼 '명사절', '관형사절', '인용절'을 안은문장으로 분류할 수 있다. 이때 (ㄴ)은 관형사형을 배우는 초급에서부터 학습되며 (ㄷ)은 간접화법으로 분류되어 초급 후반 혹은 중급 초반에서 배우는 중요 문형으로 설정되어 있다. 이는 특정한 규칙을 제한하여 제시하고 다양한 문형을 중심으로 연습이 진행되기 때문에 일정 수준 정확한 습득이 가능하다.

하지만 (ㄱ)의 명사절을 안은문장은 학습자들이 정확하게 생성하는 데에 많은 어려움을 겪는다. 이는 명사형 전성어미를 사용하거나 관형사형과 {것}이 결합한 형태를 사용하는 경우 등의 복잡한 양상이 각각 존재하기 때문이다. 이때 사용이 가능한 명사형 전성어미는 {음/ㅁ}, {기}가 있으나 특정 규칙에 따라 선택되지 않고 문장에 맞춰 직관에 의존하여 적절한 양상이 선택되기 때문에 직관이 없는 외국인의 경우 두 어미의 선택에서부터 매우 많은 오류가 나타나며 이를 활용하여 문장을 만드는 과정에서 많은 비문을 생성하게 된다. 이에 초급에서부터 학습자들에게 효과적으로 안은문장을 생성할 수 있게 제시할 수 있는 방법은 다음과 같이 {것}을 활용하는 방법이다.[126] 이는 비교적 규칙적인 양상을 보이기 때문이다.

---

[126] 명사형 전성어미 {음}, {기}와 결합하여 안은문장을 만드는 방법은 {음}과 {기}를 어떠한 상황에서 선택해야 하는지를 우선 고려해야 한다. 하지만 이는 문장에 따라 규칙성을 찾기가 어렵기에 학습이 매우 어렵다. 반면 {것}을 사용하는 방법은 비교적 규칙적인 양상을 보이는 탓에 학습에 활용이 가능하다. 이러한 연습의 반복이 필요한 이유는 복문으로 구성된 문장의 구조를 학습자 스스로 파악하여 중급, 고급의 다양한 표현을 가능하게 만들기 위함이다.

(5) (ㄱ) 나는 밥을 <u>먹는 것</u>을 좋아한다.

→ 나는 밥을 **먹기**를 좋아한다. / 밥을 **먹음**을 (누구보다) 좋아

한다.

(ㄴ) 그 사람을 <u>만날 것</u>을 기대한다.

→ 그 사람을 **만나기**를 기대한다. / 그 사람과의 **만남**을 기대

한다.

(ㄷ) 누구나 <u>예쁜 것</u>을 가지고 싶은 욕망이 있다.

→ 누구나 **예쁨**을 가지고 싶은 욕망이 있다.

(5)처럼 명사형 전성어미 {-기}와 {-음/ㅁ}은 문장의 의미에 따라서 적용이 자연스러운 형태가 각기 달리 존재한다. 이는 문장을 구성하고 있는 다양한 어휘와의 결합을 고려하여 자연스러운 어미를 선택해야 하기기에 직관이 없는 외국인 학습자에게 적용시키기가 쉽지 않음을 보여준다. 반면 관형사형 어미와 {것}이 결합된 {는 것}, {을/ㄹ 것}, {은/ㄴ 것}과 같은 문형을 사용하여 안은문장을 생성하는 경우에는 규칙화된 결과를 제시할 수 있기에 비교적 효율적인 학습에 적용이 가능하다.[127] 이에 다음과 같은 방법을 활용하여 실제 교육현장에서 관련 내용의 학습에 활용할 수 있는 방안을 소개하도록 한다.

---

127 관형사절을 안은문장을 정확하게 만들 수 있다면 {것}을 사용한 명사절을 안은문장도 쉽게 이해가 가능하며 이를 통해 다양한 문장을 효과적으로 생성할 수 있단 점에서 '관형사형'의 활용에 대한 이해는 무엇보다 중요하다.

<표 12-1> 관형사절을 안은문장

동사	(ㄱ) 동사 + 는 + 명사	• 온주가 <u>학교에 가는</u> 날은 집안이 분주하다. • 조사 결과에 따르면 <u>담배를 피우는</u> 학생들이 증가한다.
	(ㄴ) 동사 +은/ㄴ+ 명사	• 어제 온주가 <u>공부를 한</u> 곳은 학교 근처 커피숍이다. • 온서가 어제 <u>식당에서 먹은</u> 음식이 오늘은 없다고 한다.
	(ㄷ)동사+을/ㄹ+ 명사	• 온주는 <u>내일 친구를 만날</u> 약속을 한 적이 없다. • 온서는 <u>여행을 가서 먹을</u> 음식을 사는 것을 잊었다.
형용사	(ㄹ) 형용사+은/ㄴ+ 명사	• 온주는 <u>색이 예쁜</u> 옷을 좋아한다. • 온서는 <u>음식을 시킬 때 양이 많은</u> 음식을 주문한다.

〈표 12-1〉처럼 관형사절을 안은문장을 생성할 때 주의할 점은 시제와 관련된 속성이다. 특히 현재시제를 나타내는 {는}은 {내일}, {다음 달}처럼 시제를 가진 단어와 결합할 경우 특별한 형태의 변화없이 미래를 나타낼 수도 있음에 주의해야 한다. 또한 형용사와 동사의 품사 구분에 따라 각기 다른 어미를 선택해야 하기에 품사를 정확하게 확인하는 습관도 필요하다. 다만, {있다}, {크다}, {밝다}처럼 통용 현상을 보이는 단어도 존재하기에 관련 내용을 확인하는 습관도 반드시 병행되어야 한다.

마지막으로 안은문장 중에서 (4ㄷ)과 같은 인용문을 안은문장은 한국어 교육에서 '간접화법'으로 불리는 문형으로 정리되어 중급 학습자들에게 중요한 문법요소로 인지되고 있다.

(6)　인용절을 안은문장

　　(ㄱ) 미선 씨가 같이 가자고 말했다.

　　(ㄴ) 영수가 다음 주에 유학을 간다고 했다.

　　(ㄷ) 이번 시험은 5과부터 10과까지라고 선생님이 말했다.

　(6)처럼 인용절을 안은문장은 '내가 들은 정보를 다른 이에게 전달하는 기능'에 초점이 맞춰진 표현으로 정보의 출처를 정확하게 문장에 표시하는 것이 중요하다. 또한 대화가 진행되는 상황에서 사용하는 연습으로 구성되어 있기에 구어체로의 사용이 자연스럽다고 여기는 경우가 많다. 하지만 고급에서 참고자료를 활용하여 '인용문'을 작성하거나 토픽에서 그래프를 설명하는 문제에 기본적으로 활용되는 표현이기에 문어체로도 사용이 자연스러운 표현임을 주의해야 한다.

12.2 한국어 교육에서 단문과 복문

　중·고급 학습자의 표현 능력을 평가할 때 복문은 중요한 기준으로 활용이 가능하다. 초급에서 발전이 없는 학습자는 단문만을 발화하며 복문을 만들지 못하기 때문이다. 또한 중급, 고급에서 제시되는 문법이나 어휘는 복문의 형태가 가장 자연스럽기에 학습자의 언어 능력과 수준을 평가할 때 '복문의 형태로 구성된 문장'을 생성할 수 있는 능력이 중요하게 활용되는 것이다.

〈표 12-2〉 단문과 복문의 비교

	단문	복문
(ㄱ)	그 영화가 슬펐다. **그래서** 울었다.	그 영화가 슬퍼서 울었다
	학교가 끝났다. **그리고** 친구를 만나러 갔다.	학교가 끝나고 친구를 만나러 갔다.
(ㄴ)	온서가 어제 백화점에 갔다. 시계를 사려고 했다. 하지만 그 시계가 품절 되었다.	온서가 어제 백화점에서 사려고 한 시계가 품절되었다고 합니다.
	일기예보를 봤다. 내일 눈이 온다.	일기예보에서 내일 눈이 내린다고 합니다.

(ㄱ)과 같은 경우 단문과 복문의 의미는 유사하다. 반면 (ㄴ)같이 안은문장으로 구성된 복문이 전달하는 의미를 단문으로 전달하기에는 한계가 있음을 알 수 있다.[128] 이에 교사는 복문의 학습이 중요함을 학습자에게 전달하고 다음과 같은 내용을 중심으로 복문을 만들 수 있는 연습을 진행할 필요가 있다.

(7) 단문과 복문의 지도 방안.
    (ㄱ) 1급 중반까지 단문의 사용을 유도한다.
    (ㄴ) 1급 중·후반부터 이어진 문장으로 구성된 복문의 사용을 유도한다.

---

128 한국어 교육에서 복문은 효과적인 표현을 위해서 반드시 필요하다. 하지만 복문을 구성할 때에는 시제, 형태, 의미 등의 다양한 요소를 고려해야 하는 탓에 비문이 많고 평가를 위해 단문만을 연습하는 학습자들이 많아 그 중요성을 인식하지 않는 경우가 많다. 하지만 결국 학습자의 정확성과 유창성 모두를 나빠지게 만드는 부정적인 결과를 낳게 된다는 점을 명심해야 한다.

ⓒ 간단한 구조의 복문부터 생성하는 연습을 진행한다.

ⓔ 복문을 생산할 때는 추가적인 문법의 사용을 제한시키고 정확한 사용을 할 수 있게 유도한다.

ⓐ은 '정확성'을 초점에 두는 방법으로서 '주어+목적어+서술어'의 어순과 '조사와 어미'의 정확한 사용에 초점을 두기 위함이다. 이는 복문으로 문장을 만들기 전에 갖춰야 할 기본적인 문법 지식을 형성하는 기초적인 연습의 과정이라 할 수 있다.

이를 자연스럽게 활용할 수 있는 학습자는 ⓑ처럼 비교적 오류가 적은 연결어미로 이어진 문장을 다양하게 생성하여 단문과 복문의 구조적인 차이를 인식하는데 초점을 둔 연습을 진행할 수 있다. 이후 ⓒ과 같이 간단한 문형을 중심으로 복문을 생성하는 연습을 한다. 이때 간단한 문형은 초급에서 배운 관형사형과 같은 것을 뜻한다. 이는 문장을 생성할 때 '시제'만을 고려하면 되는 탓이다. 또한 이 과정이 익숙한 학습자라면 더욱 다양한 요소나 문형을 함께 고려해야 하는 '간접화법을 활용한 복문', '명사절을 활용한 복문'과 같은 복잡한 문장을 생성하는 연습을 순차적으로 진행하여 복문에 대한 이해를 도울 수 있다.[129]

---

129 이 과정에서 교사는 학습자의 오류를 발견하는 즉시 수정과 오류가 나타난 이유에 대해서 즉각적인 설명을 제공해야 더욱 효과적인 학습이 가능하다.

새 선생님을 위한 한국어 문법 교육론

제13장
문장과 어순

한국어에서 어순은 초급에서부터 활용되는 보편적인 양상이 존재한다. 하지만 특정 문형의 결합에서는 어순에서 벗어난 표현이 있는데 한국어 교육에서는 이에 대한 정리가 구체적으로 진행되지 않았다. 이에 이 장에서는 특수한 상황에서 나타나는 특별한 어순과 그 적절성에 대한 논의를 진행하도록 한다.

13.1 어순

「표준국어대사전」은 어순을 "문장성분의 배열에 나타나는 일정한 순서"로 정리했다. 이때 문장성분은 '주어', '목적어', '서술어', '관형어', '부사어', '독립어'를 말하며 특히 '주어, 목적어, 서술어'가

보편적으로 결합하는 어순을 '일차론적 어순'이라고 한다.[130]

    (1)   일차론적 어순

        (ㄱ) 나는 밥을 먹는다.

        (ㄴ) 나는 <u>어머니께서 만들어주신 맛있는</u> 밥을 <u>많이</u> 먹었다.

(ㄱ)은 가장 기본되는 어순인 '주어+목적어+서술어'로 구성된 문장이다. 또한 (ㄴ)은 더욱 구체적인 의미를 전달하기 위해 밑줄로 표시한 관형어와 부사어가 추가된 문장이며 이 또한 정해진 위치가 존재한다. 이처럼 가장 보편적인 어순이 바로 '일차론적 어순'이며 한국어 교육은 이를 보편적으로 제시하고 있다.

반면 "밥을 나는 먹는다"와 같이 특수한 의미를 전달하기 위해 어순이 바뀔 수도 있는데 이를 '이차론적 어순'이라 한다. 하지만 이는 한국어를 모국어로 삼아 직관이 존재하는 모국어 화자이기에 가능한 배열일 뿐이며 외국인 학습자의 경우 의도와는 달리 비문을 생산할 가능성이 높기에 '이차론적 어순'의 사용을 지양시켜야 한다.[131] 그러나 이런 의도와는 달리 학습자 주변의 한국인이나 TV, 인터넷 등의 매체에서 노출되는 다양한 이차론적 어순의 양상 때문에

---

130 임지룡·김령환(2013)의 용어를 사용하도록 한다.

131 기본적인 문장의 경우 '목적어+주어+서술어'의 이차론적 어순이 가능할 수 있으나 (1ㄴ)과 같은 문장에서 이차론적 어순은 모국어 화자의 직관이 없을 경우 자연스러운 표현이 불가능하다. 이런 이유로 한국어 교육은 일차론적 어순만을 정확한 표현으로 설정하며 이를 중심으로 교육이 진행되고 있다.

학습자는 일차론적 어순을 반드시 지킬 필요가 없는 규칙으로 인지하게 된다.[132]

한국어 교육에서의 문제는 여기에서부터 시작된다. '이차론적 어순'으로 생성된 문장이 어색하지 않은 것을 교사도 인지하고 있다. 하지만 이를 허락한다면 학습자는 매우 다양한 오류를 생산하여 수정이 불가능한 상태의 언어 능력을 갖출 위험이 크기에 일차론적 어순만을 학습에 활용하는 것이 바람직하다. 그러나 한국인이 사용하는 '이차론적 어순'을 습득하여 자연스러운 문장을 평가에 생성·활용했다면 이를 비문으로 설정할 수는 없을 것이다.

특히 학습자가 그 결과를 매우 중요하게 생각하는 쓰기나 말하기 평가에서 이차론적 어순을 활용한 정확한 문장이 제시되었을 경우 이를 틀렸다고 할 근거가 부족하다. 이런 이유로 한국어 교육에서는 특정 표현에서 나타날 수 있는 '이차론적 어순'에 대한 명백한 기준이 필요하다. 이에 이 장에서는 임지룡·김령환(2013)에서 정리한 '이차론적 어순'에 대한 논의를 활용하여 실제 한국어 교육 현장에서 일차론적 어순을 중심으로 교육에 활용하는 표현의 적절성에 대한 판단을 함께 하도록 한다.[133]

---

132 교사의 언어 습관이 이차론적 어순의 문장을 생성기도 한다. 이에 학습자는 어순을 지키는 일이 불필요한 행위로 인식할 수 있기에 주의가 필요하다.

133 초급에서 [크고 작은], [크고 넓은], [높고 낮은], [위 아래] 와 같은 표현을 일차론적 어순으로 제시하고 [작고 큰], [넓고 큰], [낮고 높은], [아래 위]와 같은 표현은 비문으로 정리한다. 하지만 이는 실제 언어생활의 사용 양상을 고려한 기준은 아니며 한국어 교육의 전통적인 관점의 결과일 뿐이다.

13.1.1 시간과 어순

한국어에서 시간의 개념을 가진 어휘는 '과거→현재→미래'처럼 시간의 흐름을 순서로 어순을 설정하기에 {어제와 오늘}, {오늘과 내일}과 같은 결과가 일차적 어순이 된다.[134] 이에 임지룡 · 김령환 (2013: 130)은 시간적 어순을 지키지 않은 {오늘과 어제}, {내일과 오늘}은 말뭉치에서 0회로 검색 결과가 존재하지 않기에 비문으로 설정했다.[135] 하지만 김광순(2018)은 '국립국어원'의 말뭉치는 현대 언어생활에서 사용되는 다양한 양상을 반영하지 못하는 한계가 존재하기에 '네이버 블로그'의 검색 결과를 활용하여 다른 결과를 얻은 논의를 진행한 적이 있다.

(2)　(ㄱ) 제주 **오늘과 어제** 날씨

　　(ㄴ) 트럼프 대통령은 당시 "**오늘과 어제**, 놀라운 사실이 몇 가지 나왔다"며

실제로 (2)처럼 네이버에서 제공하는 자료를 검색하면 '현재→과거'와 같은 이차론적 어순이 사용되고 있음을 확인할 수 있다. 특히 뉴스라는 객관적 사실을 전달하는 매체에서 사용된 예라는 점에서 이와 같은 표현을 단순히 교사의 직관만에 의존하여 '비문'으로 설정할 근거는 매우 부족하다.

134　객관적 기준을 반영한 일차론적 어순이 관용적으로 사용되고 있다.

135　2013년 당시 국립국어원(2010)에서 제공한 '21세기 세종 계획 형태 분석 말뭉치'를 검색 도구로 활용하여 그 결과를 정리한 것이다.

또한 '원인이 선행되고 그 결과가 후행'하는 인과관계를 중심으로 구성된 {원인과 결과}와 같은 일차론적 어순도 실제 언어생활에서는 다음과 같이 이차론적 어순의 사용이 존재했다.

(3) (ㄱ) 조사 **결과와 원인**을 설명할 것이라고 말했다.

(ㄴ) 정확한 **결과와 원인**이 나올 때까지 급식을 중단하기로 했다.

'일차론적 어순'은 분명히 존재하며 대부분의 문장에서 일반적이며 보편적으로 사용이 가능하다. 하지만 모국어 화자의 특정한 의도가 반영될 경우 '이차론적 어순'으로도 활용이 가능하다는 점을 통해서 일차론적 어순만을 평가에 활용할 근거는 부족하다.[136]

13.1.2 수의 개념과 어순

수의 개념을 가진 어휘의 결합에서 나타나는 일차론적 어순은 '작은 수에서 큰 수로 나열되는 것'이다. 앞서 살펴본 시간의 개념을 가진 어휘들은 이차론적 어순의 양상이 존재하는 것과 달리 다음과 같이 일차론적 어순만으로 활용되는 점에서 차이가 있다.

(4) 수와 어순

(ㄱ) 일, 이, 삼, 사, 오, 육, 칠, 팔, 구, 십 …

---

[136] 일차론적 어순이 있음을 밝히고 가장 보편적으로 사용될 수 있다는 점에서 이를 활용한 교육은 매우 중요하다. 이에 이차론적 어순을 인정할 필요가 없다는 주장이 가능하다. 이에 객관적 기준의 설정이 우선되어야 한다.

(ㄴ) 한, 둘, 셋, 넷, 다섯, 여섯, 일곱, 여덟, 아홉, 열···

(ㄷ) 이삼십명, 삼사십명, 사오십명, 일이천, 삼사천, 칠팔억

육칠월, 한두권, 세네권, 두세송이, 네다섯자루, 한두대, ···

(4)처럼 수를 가진 어휘들의 배열은 '작은 수 → 큰 수'를 '일차론적 어순'으로 가지며 이차론적 어순이 나타나지 않기에 이를 학습에 적용할 근거는 명확하게 존재한다.

13.1.3 정도성과 어순

정도성은 {크다}, {작다}, {높다}, {낮다}처럼 정도의 폭을 가진 어휘들이 가진 특성을 말한다. 일반적으로 정도성이 큰 단어가 앞에 위치하는 {크고 작은}, {높고 낮은}과 같은 양상을 '일차론적 어순'으로 가진다. 또한 이는 대부분의 한국어 교재에서 관용적으로 제시되어 있을 만큼 일차론적 어순을 지키려는 경향이 강하다. 하지만 임지룡·김령환(2013: 135)에서는 '언어는 완벽한 규칙이 존재하지 않는다'라는 언급과 함께 다음과 같은 '이차론적 어순'을 제시했다.

(5)　(ㄱ) 몇 해 전 **작고 큰** 책을 모두 합쳐 백 권째 책을 펴냈습니다.

(ㄴ) 직업의 종류로 신분이 **낮고 높음**을 말할 수는 없습니다.

(ㄷ) 방류량의 **적고 많음**에 대한 명확한 기준이 없다.

(ㄹ) 문정현과 데니스 머피···두 노투사의 **짧고 긴** 만남

(5)처럼 정도성을 가진 어휘의 이차론적 어순의 결합은 비교적

자연스럽다. 특히 ㉣의 {짧고 긴}은 '두 사람이 만난 시간적인 개념이 짧은 것'과 '그 이후 남아 있는 여운이 긴 것'의 의미를 전달하기 위한 특별한 의도가 반영된 결과로 이는 일차론적 어순으로 표현이 불가능하다. 이는 정도성을 가진 어휘의 어순은 일차론적 어순과 관계없이 문장을 통해서 적절성을 판단할 필요가 있음을 보여준다. 이에 교사는 관련 내용을 정확하게 인지하여 평가에 일차론적 어순의 결과만을 반영해서는 안 됨을 명심해야 한다.

13.1.4 긍정성과 어순

[긍정], [부정]은 {긍정과 부정}, {좋고 나쁨}, {성공과 실패}, {옳고 그름}처럼 [긍정]의 속성이 선행한다. 하지만 실제 언어생활의 사용 양상을 참고한다면 이 또한 절대적인 규칙은 아니다.

(6) ㉠ 대통령 지지율, 서울서 **부정과 긍정** 격차 14.2%

㉡ 인간은 **나쁘고 좋고**를 너무나 잘 아는 마음이 있기에…

㉢ 저명인사를 초청해 **실패와 성공** 경험을 공유하는…

㉣ **악과 선, 그름과 옳음**이라 교육하고 배운다.

(6)의 예문 모두 '부정과 긍정'의 순서로 배열된 이차론적 어순이 적용된 문장이다. 직관에 따라서 다소 어색하게 느껴지기도 하나 실제 문장에서 사용되고 있으며 이는 [강조]와 관련된 속성을 전달할 수 있단 점에서 특수한 양상이라 할 수 있다.

13.1.5 방향성과 어순

방향성은 {좌우左右}, {왼쪽 오른쪽}, {상하上下}, {위 아래}, {전후前後}, {앞과 뒤}와 같이 특정 방향을 중심으로 대립되는 단어들의 나열에서 나타나는 어순이다. 이때 한자어로 결합한 {좌우}, {상하}, {전후}는 이차론적 어순이 어색하나 순우리말로 구성된 어휘들은 다음과 같이 이차론적 어순의 적용이 가능하다.

(7) (ㄱ) 오른쪽 왼쪽 어디를 봐도 완벽한 모습.

(ㄴ) 아래 위 시선 둘곳 없는 파격패션.

(ㄷ) 점검을 실시한 뒤, 앞 유리를 무상으로 교환해준다.

이때 주의해야 할 것은 (ㄷ)의 {뒤 앞}은 시간적 선후 관계의 개념인 {뒤}와 방향을 나타내는 {앞}이 적용된 문장으로 방향성의 {앞 뒤}와 관계있는 표현이 아니다.[137] 하지만 학습자는 이런 양상을 인지하지 못하고 방향성이 포함된 {뒤 앞}의 사용으로 잘못 여길 수 있기에 이에 대한 주의가 필요하다.[138]

13.1.6 근접성과 어순

근접성을 중심으로 배열되는 어순은 언어 사용자를 중심으로 가까운 어휘가 앞에 위치한다.[139] 가령 {어제와 그제}는 발화하는 시점

---

137 실제 학습자의 질문을 정리한 것이다.

138 수업이 제한된 시간에서 진행되는 탓에 형태만을 확인하여 오류를 수정하지 않을 가능성이 있기에 교사의 적극적인 확인이 매우 중요하다.

인 [오늘]을 기준으로 더 가까운 어제가 앞에 자리하며 화자를 중심으로 근접한 위치의 개념인 {오고 가다}, {이쪽 저쪽}과 같은 일차론적 어순도 관련 양상이 반영된 결과다.[140]

(8) (ㄱ) 그제, 어제 오늘도 부분파업…

　　　(ㄴ) 동양은 관혼상제에 가고 오고 답례하는 것…

하지만 모국어 화자의 언어 표현의 방식에 따라서 (ㄱ)과 같은 이차론적 어순의 배열이 나타나기도 한다. 또한 (ㄴ)처럼 다른 결과에 초점을 두어 {가고 오다}와 같은 이차론적 어순이 실제 언어생활에서 비교적 자연스럽게 활용되고 있음을 확인할 수 있다[141]

이상의 내용을 통해서 살펴본 '시간, 수, 정도성, 긍정성, 방향성, 근접성'의 속성을 가진 어휘들은 초급과정에서 대부분 목표 어휘로 설정되어 있다. 또한 논의를 위해 살펴본 어휘는 대부분 일차론적 어순이 관용표현처럼 사용되는 탓에 이차론적 어순으로 생성된 문장을 비문처럼 여기는 경우가 많다. 하지만 특정 의도를 중심으로 이차론적 어순의 활용이 가능한 것을 살펴본 것처럼 한국어 교육에서도 이를 무조건 '비문'으로 설정할 수만은 없다. 이에 교과 과정에

---

139 이는 쿠퍼 · 로스(Cooper&Ross)에서 언급한 나 먼저의 원리(Me Frist Principle)의 개념이 반영된 가장 보편적인 결과다.

140 임지룡 · 김령환(2013:142) 또한 {그제 어제}가 사용되는 예문이 존재하지 않는다고 제시했다.

141 반면 {저기 여기}가 사용된 이차론적 어순으로 사용된 예는 자연스럽지 않기에 일차론적 어순인 {여기 저기}만 문법적으로 적당하다.

서 특정 문형을 중심으로 배열되는 어순과 관련된 수업을 진행할 때에는 기관에서 설정하는 객관적인 규정이 무엇보다 중요하다. 모국어 화자마다 달리 사용하는 어순과 관련된 양상의 적절성을 평가하는 것은 주관적인 관점이 반영될 수 밖에 없어 교사마다 다른 기준으로 어순의 적절성을 평가하거나 교육에 활용할 위험이 존재하기 때문이다.

13.2 생략[142]

실제 언어생활에서 특정 문장성분이 생략되는 것은 자연스러운 현상이다. 하지만 한국어 교육에서는 이를 자연스러운 현상으로 허용해서는 안 된다. 각각의 문장에서 생략된 표현을 매우 다양한 의미로 해석될 여지를 남기기 때문이다.

(9) 실제 언어생활에서 나타나는 다양한 생략
   ㉠주성분의 생략
     예) (나), 갈게, (너) 잘 가, (밥을) 많이 먹어, 나 돈 좀 (빌려줘)
   ㉡조사의 생략
     예) 학교(에) 갈게/ 온주(가) 밥(을) 먹는다

---

142 한국어교육에서의 주의점 22.

민수(야), 전화왔어!/ 난 온주(와) 온서를 사랑해

ⓒ 부속성분의 생략

예) (장소) 가고 있어, 나 (만나기) 싫어

실제 학습자의 과제에서 많이 나타나는 생략이 바로 (9)와 같은 내용이다. 특히 대화가 진행될 때 ㉠처럼 '주어'의 생략은 매우 자연스럽다. 하지만 이는 문장에서 허용되는 생략이 아니면 대화가 진행되는 '담화Discourse'의 단위에서 나타나는 현상이다. 즉 ㉠과 같이 주어의 생략이 가능한 것은 대화가 진행되는 상황에서 화자와 청자 사이에 다양한 정보가 충분히 공유된 탓이며 결코 한 줄의 문장에서 허용되는 양상이 아니다.[143]

또한 ㉡을 통해 확인할 수 있는 것처럼 '조사'를 생략 가능한 표현으로 잘못 인지하는 학습자도 나타난다.

(10) ㉠ 온주가 책을 준다. → 온주 책 준다.

㉡ 온주에게 책을 준다. → 온주 책 준다.

하지만 (10)처럼 조사가 생략되면 어떤 의미를 전달하고 있는지에 대한 확인이 어려운 문장이 존재하기에 조사의 생략은 자연스러

---

143 담화의 단위에서 문장의 생략이 가능한 것은 대화가 진행되는 과정에서 충분한 정보가 미리 제공되었기 때문이다. 이런 이유로 ⓒ에서 구체적인 장소를 인지하는데 어려움이 없는 것이다. 하지만 이러한 '담화'에서의 생략현상을 '문장'의 범주에서 가능한 것으로 해석해서는 안 된다.

운 현상이 아니다.[144] 이런 내용은 조사의 생략이 정확한 의미 전달에 제한적인 요소가 될 수 있음을 보여주며 조사를 학습하는 초급에서부터 생략되는 현상을 제한시켜 불필요한 오류가 발생하지 않도록 그 중요성을 인식시킬 필요가 있다.

하지만 특정 표현의 경우 조사가 생략된 문형이 어휘로 축소되어 관용적인 표현으로 자연스럽게 사용되는 경우가 있다. 이에 조사에 대한 학습은 생각보다 쉽지 않다. 또한 이 중에서는 다음과 같이 사전에 등재되는 어휘가 되는 탓에 조사의 생략을 자연스러운 현상으로 여기는 학습자들이 나타나게 되는 것이다.

13.3 어휘화

어휘화Lexicalization는 문법적인 규칙을 갖춰서 생성된 특정 표현이 생략, 축약과 같은 과정을 거치며 하나의 어휘가 된 현상을 말한다. 이 과정에 의해 「표준국어대사전」에 등재된 어휘도 있으며 초급과정에서 학습되는 기초어휘의 성격을 가진 중요성이 높은 어휘도 존재한다는 점을 고려한다면 '한국어 교육에서 어휘화와 관련된 현상'은 매우 중요하게 다뤄야 할 내용이라고 할 수 있다.

---

144 대화가 진행되는 발화 상황의 문장이라면 이 또한 생략이 가능한 문장으로 사용될 수는 있다.

〈표 13-1〉 이금희(2017: 107)에서 제시한 어휘화.

	문법	어휘화	문법	어휘화
(ㄱ)	힘이 들다	힘들다	힘이 없다	힘없다
	맛이 있다	맛있다	맛이 없다	맛없다
(ㄴ)	운동을 하다	운동하다	공부를 하다	공부하다
	힘을 내다	힘내다	너도 나도 없다	너나없다
(ㄷ)	가지고 가다	가져가다	가지고 오다	가져오다
(ㄹ)	가깝게 하다	가까이하다	가만히 있다	가만있다

위 표는 이금희(2017)에서 정리한 어휘화 과정을 거친 어휘소로서
「표준국어대사전」에 등재된 표준어이며[145] 모국어 화자라면 어떠
한 어휘화 과정을 거쳤는지를 확인하는 것은 어렵지 않다. 가령 (ㄱ)
이나 (ㄴ)은 조사의 탈락, (ㄷ)은 특정 문형의 축약, (ㄹ)은 부사를 만드는
접사가 탈락한 결과이다. 이러한 어휘화 과정은 현대 언어생활에서
도 활발하게 나타나는 자연스러운 현상이다. 이런 이유로 학습자들
또한 어휘화된 결과를 자연스럽게 학습에 활용하고 있으며 교과서
에서도 목표 어휘로 자연스레 설정되어 있다. 하지만 모든 표현들
이 어휘가 되는 것은 아니며 「표준국어대사전」도 이러한 양상을 규
칙적으로 반영하지 않기에 주의가 필요하다.

---

[145] 「표준국어대사전」은 {하다}를 일부 명사와 결합하여 동사를 만드는 접사로 정리
했다. 이 관점으로 따지면 {운동하다}, {공부하다}는 파생어가 된다. 하지만 유경
민(2010)처럼 {하다}와 결합하여 어휘화 과정을 보이는 예가 많고 그로 인해 {하
다}의 확장의미 중의 하나로 규칙화한 것으로 추측할 수 있으나 그 과정은 분명
어휘화의 과정이 선행됐고 특정 문형이 어휘 된 결과가 존재하기에 어휘화로
보고 함께 논의하도록 한다.

(10) 사전에 등재된 어휘소

   ㈀ 어제 노래방에서 노래를 했어요

   → 어제 노래방에서 노래했어요.

   ㈁ 어제 공원에서 산책을 했어요

   → 어제 공원에서 산책했어요.

(11) 사전에 등재되지 않은 어휘소

   ㈀ 어제 운동장에서 축구를 했어요.

   → 어제 운동장에서 축구築構했어요.

   ㈁ 어제 운동장에서 농구를 했어요.

   → 어제 운동장에서 농구弄口했어요.

   (10)의 {노래하다}, {산책하다}는 「표준국어대사전」에 등재된 어휘소이며 목적격조사 {을/를}과 {하다}와 결합한 문형으로도 사용이 가능하단 점에서 어휘화 과정을 거친 어휘라고 할 수 있다.

   하지만 (11)의 {축구하다}와 {농구하다}는 {노래하다}, {산책하다}와 동일한 문법적 특징을 가졌고 현대 언어생활에서 매우 활발하게 사용되고 있음에도 「표준국어대사전」에 등재된 어휘소가 아니란 점에서 차이가 있다. 또한 실제 사전에 등재된 어휘의 의미는 다음과 같이 달리 해석되어야 하는 탓에 (11)과 같은 양상은 비문이라고 할 수 있다.

축구-하다(築構하다) 「동사」 쌓아서 만들다. =축조하다.

농구-하다(弄口하다) 「동사」 「1」 거짓으로 꾸며 남을 모함하고 고해바치다.

〈그림 13-1〉 「표준국어대사전」의 {축구하다}, {농구하다}

〈그림 13-1〉처럼 「표준국어대사전」은 {농구하다}와 {축구하다}의 다른 의미만을 정리하고 있으며 {축구를 하다}, {농구를 하다}가 어휘화된 결과는 반영하지 않고 있다. 하지만 실제 언어생활에서는 위의 의미보다 [운동]의 인지가 더욱 자연스럽고 활발하다. 그러나 사전에 등재된 어휘만을 표준어로 설정하고 그를 교육의 대상으로 삼고 있는 한국어 교육에서는 객관적인 평가를 위해서 (12) 같은 표현은 비문으로 설정해야 한다. 학습 과정에서 다양하게 나타날 수 있는 비문의 문장을 객관적으로 평가할 수 있는 기준이 필요하기 때문이다.

이런 탓에 어휘화된 과정을 거친 어휘를 한국어 교육에서 제시할 때는 무엇보다 실제 언어생활에서 사용되는 특징과 「표준국어대사전」의 등재된 결과 중에서 어떤 것을 기준으로 설정해야 할지에 대한 논의가 필요하며 통일된 기준을 보편적으로 설정하여 모든 상황에서 변함없이 적용해야 객관적인 평가에 기본적인 도구로 활용될 수 있을 것이다.

<표 13-2> 어휘화와 관련된 「새연세한국어1」에 제시된 어휘

사전에 등재된 어휘소	사전에 등재되지 않은 어휘소
(ㄱ)	(ㄴ)
선물하다, 노래하다, 운동하다, 공부하다, 일하다, 구경하다, 도착하다, 등산하다, 말하다, 맛없다, 맛있다, 민박하다, 빨래하다, 세배하다, 세수하다, 식사하다, 예매하다, 예약하다, 운전하다, 인사하다, 재미없다, 재미있다, 전화하다, 준비하다, 청소하다, 축하하다, 출발하다	게임하다, 말씀하시다, 말씀드리다, 연락드리다, 전화드리다, 인사드리다
(ㄷ)	(ㄹ)
데이트하다, 쇼핑하다, 샤워하다, 아르바이트하다	눈싸움을 하다, 독서를 하다, 복습을 하다, 숙제를 하다, 약속을 하다, 예습을 하다, 요리를 하다, 춤을 추다

〈표 13-2〉는 「새 연세한국어1」의 어휘중에서 어휘화 과정을 보이는 예만을 정리한 것이다.[146] 이처럼 유사한 규칙적인 양상이 적용된 과정을 확인할 수 있으나 모두 사전에 등재되거나 교과서에서 통일된 기준을 바탕으로 정리되어 있지 않다. 이를 통해 적어도 아직까지는 한국어 교육에서 '어휘화'에 대한 명확한 기준이 설정되지 못하고 있음을 추측하게 한다.

(ㄱ)은 「표준국어대사전」에 등재된 어휘소로 모두 표준어의 자격을 갖췄단 점에서 이를 교육에 활용하는 것은 큰 문제가 없다. 반면 (ㄴ)은 (ㄱ)처럼 목적격 조사 {을/를}을 활용한 문형에서 축소된 어휘로 동일한 양상을 보이나 사전에 등재되지 않았다.

---

146 {깨끗하다}, {따뜻하다}의 경우 부사어로 분리가 가능한 표현은 제외했다.

또한 외래어와 {하다}가 결합한 {게임하다}는 비표준어이나 동일하게 구성된 (ㄷ)의 {데이트하다}, {샤워하다}, {쇼핑하다}, {아르바이트하다}는 모두 표준어인 탓에 '어휘화'에 대한 규정이 명확하게 존재하지 않음을 알 수 있다.[147] 또한 (ㄹ)은 목적격조사 {을/를}이 제외된 형태인 {눈싸움하다}, {독서하다}, {숙제하다}, {복습하다}, {춤추다}가 모두 표준어로 등재되어 있음에도 「새 연세한국어1」은 (ㄱ)이 아닌 (ㄹ)과 같은 문형의 형태로 제시하고 있는데 이를 통해 전문 기관의 교재에서도 어휘화에 대한 명확한 이해가 부족하여 그 기준을 마련하지 못한 것을 확인할 수 있게 한다. 이런 문제는 한국인들에게 크게 중요하지 않다. 하지만 이를 학습하게 되는 외국인에게는 〈표 13-2〉와 같이 제시된 결과가 절대적인 규칙으로 수용되는 탓에 자칫 잘못된 정보를 제공할 수 있음에 책임감을 가지고 교육에 활용할 객관적 자료를 위한 연구의 선행이 무엇보다 중요함을 명심해야 한다.

---

147 이 또한 실제 언어생활에서 사용되는 양상을 「표준국어대사전」이 모두 반영하지 못하고 있음을 보여주는 예이다.

새 선생님을 위한 한국어 문법 교육론

제14장

문법의 범주 1
-종결표현-

이 장에서는 문장의 종결에 대해서 살펴보려고 한다. 문장의 종결은 '문법범주Category of Grammar'의 한 요소이며 문장이 끝을 맺었다는 신호를 전달하는 기능을 담당한다.

14.1 한국어 교육에서의 종결표현

한국어에서 종결문은 문장이 완료됐음을 나타내는 표현이며 신현숙(2014: 152)은 종결에 관여하는 어미의 속성에 따라 다음과 같이 평서문, 의문문, 명령문, 청유문, 감탄문으로 분류했다.[148]

---

148 종결문을 보편적으로 분류하는 양상이다.

〈표 14-1〉 신현숙(2014: 153)의 종결표현

평서문	• 언어 사용자의 생각과 감정을 표현하는 가장 기본적인 문장. • 언어 사용자가 정보를 전하는 데 목표를 둔 문장. • 언어 사용자가 자신의 의지나 의도를 밝히는데 목표를 둔 문장. • 대표적인 종결어미: {습니다/ㅂ니다}
의문문	• 언어 사용자가 정보를 확인하는 문장. • 언어 사용자가 새로운 정보를 요청하는 문장. • 언어 사용자가 강한 긍정을 표현하는 문장. • 언어 사용자가 강한 부정을 표현하는 문장.
명령문	• 언어 사용자가 어떤 행동을 요구하는 문장. • 대표적인 종결어미: {으십시오/ 십시오}, {아라/어라}
청유문	• 언어 사용자가 함께 행동하기를 요청하는 문장. • 대표적인 종결어미: {자}, {읍시다/ㅂ시다}, {을까요/ㄹ까요}
감탄문	• 언어 사용자가 자신의 감정이나 느낌을 표현하는 문장. • 대표적인 종결어미:{구나}, {네}

14.1.1 한국어 교육에서의 평서문

신현숙(2014)은 '평서문'을 "언어 사용자의 생각과 감정을 표현하는 가장 기본적인 문장"으로 정리했다. 하지만 대화가 진행되는 상황에서 청자의 입장을 고려한다면 화자의 발화가 끝났음을 인지하고 자신의 발언권을 획득할 수 있는 '순서교대'의 시점을 판단할 수 있는 기준이 된다. 이에 평서문은 문장을 만드는 언어 사용자뿐만 아니라 대화에 참여한 모두에게 특정 역할을 요구하는 문장이다.

(1) 평서문의 예

㉠ 지금은 11시입니다.

㉡ 미선 씨는 지금 학교에 있습니다.

㉢ 어제 날씨는 추웠고 밤부터 많은 눈이 내렸어요.

(1)은 평서문의 전형적인 예이다.[149] 이때 언어 사용자는 [현재의 시간], [주어의 위치], [과거의 날씨]와 같은 정보를 전달하고 '의문문, 명령문, 청유문'처럼 대화 참여자의 특정 반응을 요구하지 않는 것처럼 보인다. 하지만 이는 문장에서 나타나는 특징일 뿐이며 대화가 진행되는 상황에서 살펴본다면 청자는 이를 듣고 자연스러운 대화가 진행될 수 있도록 자신의 발화 지점을 찾는 순서교대의 시점을 판단하는 기준으로 활용할 것이다. 또한 대화가 진행되는 상황의 다양한 요소는 다음과 같이 다양한 의미로 해석이 가능하기에 한국어 교육에서는 평서문을 단순히 정보 전달만에 초점을 둔 통사론적 관점으로 그 기능을 제한해선 안 된다.

〈표 14-2〉 존 오스틴(John Austin)의 화행(Speech Act) 이론

(ㄱ) 발화행위 (Locutionary Act)	문장을 언어학적으로 해석하는 것
(ㄴ) 발화 수반 행위 (Illocutionary Act)	여러 요소를 고려하여 화자의 문장을 재 해석하는 것.
(ㄷ) 발화 효과 행위 (Perlocutionary Act)	화자의 말을 듣고 청자가 행동의 변화를 보이는 것.

〈표 14-2〉는 평서문을 화용론의 관점에서 해석할 때 다양한 결과가 나타날 수 있음을 보여주는 '화행이론'에 대한 내용이다. (1ㄱ)에서 "지금 11시입니다"를 단순히 [시간]의 정보만을 해석했다면 이

---

149 물론 소리의 크기, 강세, 억양, 발화에서 나타나는 음장의 차이 등과 같은 추가적인 차이로 의미가 달라질 수는 있으나 개별적인 요소가 아주 많기에 논의의 대상으로 삼지 않고 문장만을 기준으로 그 범주를 구분하도록 한다.

는 (ㄱ)의 발화 행위에 초점을 맞춘 해석이다. 하지만 초등학생 자녀에게 엄마가 한 발화라면 이는 [잠을 자야 할 늦은 시간]이라는 의미와 [경고]의 의미로 해석이 가능한데 이는 (ㄴ)의 '발화 수반 행위'가 된다. 또한 이를 해석한 자녀는 하던 일을 멈추고 잠을 자러 가는 행동의 변화가 생겼다면 이는 (ㄷ)의 발화 효과 행위가 된다. 이처럼 '평서문'일지라도 실제 언어생활에서 대화가 진행되는 다양한 요소를 고려한다면 문장의 종결만을 알리는 화자 중심의 제한적인 역할만이 수행되는 문장이 아니란 것을 확인할 수 있다. 이에 한국어 교육에서도 평서문을 적절한 발화가 가능한 화자의 역할과 함께 적절한 반응이 가능한 청자의 역할에도 초점을 둔 교육이 함께 진행되어야 함을 잊어서는 안 된다.

14.1.1.1 정보의 정도성

평서문은 정보 전달에 초점을 맞추고 있다. 그 정보는 어휘들의 결합만으로 파악할 수 있는 정보와 다양한 요소를 중심으로 개별적인 해석이 필요한 추상적인 정보도 있다. 이런 의미는 매우 다양한 요소를 개별적으로 고려해야 하는 탓에 한국어 교육에 적용이 어렵다. 하지만 다음과 같은 문형은 사전의미만으로도 '정보의 정도성'과 관련된 차이가 존재하기에 이와 관련된 내용만이라도 청자가 정확하게 파악할 수 있는 연습이 진행되어야 한다.[150]

---

150 모든 종결문이 동일한 결과의 의미를 전달하는 것은 아니며 [추측], [희망]과 같은 속성을 가진 문형이 추가될 때 각기 다른 의미의 차이가 나타날 수 있는데 이를 '정보의 정도성'이라 부르도록 한다.

〈표 14-3〉 평서문에 사용이 가능한 어휘

의미	문형
(ㄱ) 추측	{을/ㄹ것 같}, {을/ㄹ거}, {겠}
(ㄴ) 계획	{을/ㄹ거}, {으려고/려고 }, {겠}
(ㄷ) 희망	{고 싶}

〈표 14-3〉은 {습니다/ㅂ니다}, {아요/어요/여요} 등과 결합하여 문
장의 형성에 관여하는 문형과 의미를 정리한 것이다.[151] 지금까지
한국어 교육에서는 이를 표현하는 화자의 역할을 강조한 교육만이
진행되고 있다. 하지만 평서문을 '화자가 전달하는 정보'를 청자가
잘 듣고 이해하고 그에 따른 적절한 응답·행동이 필요하다는 관점
에서 본다면 관련 의미를 적절하게 파악할 수 있는 청자 중심의 교
육도 중요함을 부정할 수는 없을 것이다.

(2)   (ㄱ) 나 내일 학교에 가요.

      (ㄴ) 내일 학교에 갈 것 같아요.

      (ㄷ) 내일은 학교에 갈 거예요.

가령 (ㄱ)의 [내일 학교에 가다]라는 문장은 그 정보에 대한 의심을
할 여지없이 그에 맞는 응답이나 행위의 수반이 요구된다. 하지만
(ㄴ)이나 (ㄷ)은 학교에 간다는 정보의 확실성이 (ㄱ)보다 낮음을 청자는

---

151 언어 사용자의 특별한 태도를 나타내는 '양태'의 개념으로 불리는 표현이나 이
    장에서는 문장 전체의 관점에서 평서문을 구성하는 하나의 문형으로 그 역할을
    제한하도록 한다.

인지해야 하며 이에 적절한 행위나 발화가 수반되어야 한다. 이는 두 문장에서 인지할 수 있는 정보의 정도성의 차이가 존재하기 때문이다. 평서문에서 나타나는 이런 특징은 초급의 문형에서부터 확인이 가능하기에 이를 고려하여 적절하게 반응하는 청자 중심의 교육이 초급에서 진행될 수 있다면 평서문에서 청자의 역할이 필요함을 학습자 스스로 인식하여 다양한 방법의 의미 파악을 시도하는 계기가 될 수 있을 것이다.

14.1.2 한국어 교육에서의 의문문

「표준국어대사전」에서 '의문문'은 "화자가 청자에게 질문을 하여 그 해답을 요구하는 문장."으로 정리하고 있다. 이때 '응답을 요구'하는 화자의 표현에 청자는 잘 듣고 적절한 정보가 포함된 답을 제공하는 제한적인 역할에 초점을 둔 문형이란 점에서 평서문과 달리 청자의 명확한 역할이 정해져 있다.

    (3)   한국어 교육에서의 의문문
           (ㄱ) 미선 씨, 학교에 갑니까?
           (ㄴ) 미선 씨, 학교에 가요?
           (ㄷ) 비선 씨, 학교에 가세요?

(3)은 의문문에 활용할 수 있는 가장 기본적인 문형을 정리한 것이다. 이때 (ㄱ)의 {습니까/ㅂ니까}는 'ㄹ불규칙'만을 주의하면 활용에 큰 어려움이 없는 탓에 초급에서 가장 우선순위로 제시되고 있

다. 반면 (ㄴ), (ㄷ)의 {아요/어요/여요}, {으세요/세요}는 다양한 불규칙의 고려가 필요하며 평서문, 명령문, 청유문 등도 함께 실현되기 때문에 한국어에 대한 학습이 일정 진행된 시기에 학습되고 있다. 또한 의문문은 다음과 같이 질문에 사용된 문형에 따라 적절한 응답에 활용되는 문형도 각기 다르단 점을 제시하고 이를 통해 적절한 응답을 연습할 수 있는 기본적인 문형을 함께 제시하여 의문문에 대한 이해를 도울 수 있다.

    (4)   의문문의 질문과 대답유형 1
        (ㄱ) 온주: 영수 씨, 학교에 갑니까?
           영수: 네, 학교에 갑니다.
                아니요, 학교에 가지 않습니다.
        (ㄴ) 미선: 영수 씨가 학교에 갑니까?
           온서: 네, 영수 씨가 학교에 갑니다.
                아니요, 영수 씨가 학교에 가지 않습니다.

  (4)와 같은 질문은 {네}와 {아니요}를 활용한 응답이 필요하다. 또한 (ㄱ)처럼 청자가 주어인 경우에 호격조사만를 사용할 수 있고 (ㄴ)처럼 3인칭의 대상이 주어인 경우에는 주격조사 {이/가}가 필요하단 점을 비교·제시하여 적절한 응답에 활용할 수 있는 기본적인 표현의 연습을 진행할 수 있다.

(5) 의문문의 질문과 대답유형 2

  (ㄱ) 온주: 영수 씨, **어디에** 갑니까?

  영수: (저는) 학교에 갑니다.

  (ㄴ) 온서: 영수 씨가 **어디에** 갑니까?

  미선: 영수 씨가 학교에 갑니다.

(5)는 대명사 {어디}가 사용된 의문문으로서 {네}, {아니요}를 응답에 사용하지 않는다는 점이 (4)와 가장 큰 차이임을 제시해야한다. 또한 정확한 응답을 위해 [장소]의 속성을 가진 어휘가 응답에 사용되어야 하는 것을 함께 제시할 필요가 있다.

(6) 의문문의 질문과 대답유형 3

  (ㄱ) 온주: 영수 씨(는) **어떤** 음식을 좋아합니까?

  영수: 저는 매운 음식을 좋아합니다.

  (ㄴ) 온서: 영수 씨는 **어떤** 음식을 좋아합니까?

  미선: 영수 씨는 매운 음식을 좋아합니다.

(6)은 관형사 {어떤}이 질문에 사용된 예로 {형용사+은/ㄴ+명사}와 같은 문형이 활용될 수 있음을 제시한다.[152] 이때 학습자의 인지구조에 따라 매우 다양한 응답이 가능하다. 이에 교사는 개인의 제한적인 언

---

[152] 이때 주어는 {이/가}보다 보조사 {은/는}과의 결합이 자연스럽다. 이를 통해 보조사 {은/는}이 '특정 정보'를 제시할 때 사용될 수 있는 용법이 가졌음을 제시하여 적절한 사용을 유도할 수 있다.

어 습관만을 고려할 경우 학습자의 창의적인 응답을 방해할 수 있단 점을 분명히 인식하고 학습자들의 다양한 응답을 포괄적으로 수용하는 태도를 갖춰야 한다.[153]

(7) 의문문의 질문과 대답유형 4

(ㄱ) 온주: 영수 씨는 **무슨** 음식을 좋아합니까?

영수: 저는 한국 음식을 좋아합니다.

(ㄴ) 온서: 영수 씨는 **무슨** 음식을 좋아합니까?

미선: 영수 씨는 한국 음식을 좋아합니다.

(7)은 관형사 {무슨}을 사용한 의문문으로서 질문에 사용된 '상의어'와 관계있는 '하의어'를 절절히 선택하는 연습이 필요하다. 또한 {어떤}이 사용된 의문문과 다른 방법으로 응답이 구성되어야 함을 학습자에게 제시할 수 있다. 하지만 실제 언어생활에서는 {어떤}, {무슨}의 특징과 관계없이 응답이 서로 혼용되고 있으나 모든 경우에서 혼용된 응답이 허용되는 아니기 때문에 학습자의 응답에 대한 지속적인 수정과 관찰이 필요하다.

---

153 교육현장에서 교사는 한국어를 모국어로 삼은 수 많은 사람들 중에서 한 명일 뿐이란 점을 분명히 인식하여 자신의 언어 사용습관이 절대적인 규칙이 아님을 인지해야 한다. 이는 직관만을 활용하여 자신의 언어 사용습관이 한국어의 좋은 보기인 것처럼 잘못 인식할 결과를 초래하기 때문이다. 이런 교사라면 다양한 학습자의 창의적이며 자유로운 언어 학습에 방해가 되며 객관성이 전혀 없는 평가를 통해 교사 스스로, 혹은 기관 전체를 무능력한 곳으로 인식시켜 한국어 교육의 전체에 부정적인 영향을 미칠 수 있기 때문이다.

(8) 의문문의 질문과 대답유형 5

    (ㄱ) 온주: 영수 씨는 왜 한국에 왔습니까?

      영수: 저는 한국어를 공부하고 싶어서 한국에 왔습니다.

    (ㄴ) 온서: 영수 씨는 왜 한국에 왔습니까?

      미선: 영수 씨는 한국어를 공부하고 싶어서 한국에 왔습니다.

(8)은 부사 {왜}를 사용한 질문으로 정확한 응답을 위해서는 [이유]의 속성을 가진 {아서/어서/여서}, {으니까/니까}, {때문에}, {으려고/려고}, {길래}와 같은 문형으로 답해야 한다. 그 밖에 {누가}, {언제}, {몇} 등의 표현이 활용된 질문 또한 그에 초점을 맞춰 활용이 적절한 문형을 함께 제시하여 질문에 따른 응답의 차이가 존재하는 것을 학습에 활용할 수 있다.

(9) 의문문의 질문과 대답유형 6

    (ㄱ) 온주: 영수 씨, 제주도 여행은 어땠어요?

      영수: 이번 제주도 여행은 너무 즐거웠어요.

(9)는 {어떻다}를 사용한 의문문으로 형용사를 활용한 문장을 통해 적절한 응답을 구성하는 연습을 해야 한다. 또한 {어떨까요}, {어때요}, {어땠어요}와 같이 시제가 포함된 탓에 이와 관련된 속성을 함께 고려하여 정확한 응답을 할 수 있도록 수업이 구성되어야 한다. 이처럼 의문문은 질문의 유형에 따라 적절한 응답에 활용할 수 있는 각기 다른 문형이 존재한다. 이런 내용은 한국어 능력이 부

족한 학습자들에게 적절한 응답이 가능한 기본적인 문형으로 제시하여 기계적인 학습에 활용할 수 있고 '질문'과 '응답'을 함께 구성하는 연습을 통해 학습자의 이해 정도를 판단하는 기준으로 활용이 가능하다.

14.1.3 한국어 교육에서의 명령문과 청유문

명령문과 청유문은 언어 사용자가 대화 참여자에게 특정한 행동 변화를 요구한다는 점에서 공통점을 보인다.

> (10) 「표준국어대사전」의 어휘정보
> ㈀ 명령문
> 화자가 청자에게 무엇을 시키거나 행동을 요구하는 문장. 명령형 어미로 끝맺는데 '눈을 크게 떠라.' 따위이다
> ㈁ 청유문
> 화자가 청자에게 같이 행동할 것을 요청하는 문장. 청유형 어미로 문장을 끝맺는데 '귀중한 문화재 빠짐없이 등록하자.' 따위이다.

'명령문'은 ㈀과 같이 "화자가 청자에게 특정 행동을 요구"하는 것이며 {아라/어라/여라}, {으십시오/십시오}와 같은 문형이 활용된다. 또한 '청유문'은 "화자가 청자에게 자신과 함께 행동할 것을 요구하는 문장"으로 {을/ㄹ까요}, {읍시다/ㅂ시다}를 중심으로 제시하고 있다. 이때 주의해야 할 점은 명령문은 윗사람에게 사용이 제한

된다는 점과 잘못 사용할 경우 불쾌감을 전달하여 대화를 단절시킬 위험이 있다는 점이다. 이에 실제 언어생활에서는 다음과 같이 '완곡한 명령'을 전달할 수 있는 표현이 더 자연스럽게 사용되기에 이에 대한 학습도 함께 제시할 수 있다.[154]

> (11) {아/어/여 주세요}를 사용한 명령문
>   (ㄱ) 영수 씨, 문좀 닫아 주세요.
>   (ㄴ) 죄송한데 조금만 조용해 주세요.

(11)에서 {아/어/여 주세요}는 {으십시오/십시오}처럼 [명령]의 기능을 전달하지만 [정중한 태도]가 추가된 [완곡한 명령]으로서 상대방을 배려하며 자연스러운 활용이 가능한 표현이다.

> (12) 청유문의 '명령' 기능
>   (ㄱ) 영수 씨, 우리 문 좀 닫을까요?/ 문 좀 닫읍시다.
>   (ㄴ) 영수 씨, 조금만 조용할까요? / 조용합시다.

또한 [청유]의 기능을 담당하는 {을까요/ㄹ까요}, {읍시다/ㅂ시다}도 (12)처럼 '상대방의 행동변화'에 초점을 둔 명령의 의미를 전달하기도 한다.[155] 이 또한 [불쾌감]을 전달하여 대화를 단절시킬 수

---

154 불특정 다수에게 전달하는 '공지사항'처럼 사용이 자연스러운 배경을 제한하여 [불쾌감]을 전달하지 않는 적절한 사용을 제시할 수 있다.

155 학습자의 응답을 통해 '청유문, 명령문'의 이해정도를 파악해야 한다.

있는 {으십시오/ 십시오}와 비교하여 전략적인 선택·사용이 가능한 문형으로서 상대방을 배려하려는 태도를 함께 전달하는 명령문을 생성하는 연습을 통해 실제 언어생활에서 원활한 대화의 유지를 가능하게 할 수 있다.[156]

14.1.4 한국어 교육에서 감탄문

'감탄문'은 [응답], [부름], [놀람]과 같은 속성을 전달하는 '감탄사'와는 다른 개념으로 정리할 수 있는 문장을 말한다.

> (13) 감탄문
>
> 화자가 청자를 별로 의식하지 않거나 거의 독백 상태에서 자기의 느낌을 표현하는 문장. 감탄형 어미로 문장을 끝맺는데, '날씨가 좋구나!' 따위이다.

즉 감탄문은 (13)처럼 "자신의 느낌을 전달하는 데에 초점을 맞춘 표현" 혹은 "청자가 없이 홀로 이야기하는 독백"에 사용되는 표현으로 정리가 가능하며 한국어학에서는 다음과 같이 {구나}, {군요}를 감탄문의 실현에 대표적으로 활용이 가능한 문형으로 설정하고 있다.

가: 같이 밥을 먹을까요? → 나: 네, 같이 밥을 먹읍시다.
가: 추운데, 문을 닫을까요? → 나: 네, 제가 닫을게요.
156 한국어 교육에서의 주의점 23 참조.

(14) 감탄문의 예

　(ㄱ) 오늘 날씨가 참 춥**군요.**

　(ㄴ) 오늘 날씨가 참 춥**네요.**

　(ㄷ) 오늘 날씨가 참 춥**다.**

(14)에서 언어 사용자는 '날씨에 대한 자신의 느낌'을 표현하고 있다. 이때 주의해야 할 점은 {군요}, {네요}뿐만 아니라 (ㄷ)과 같은 {-다} 또한 '독백으로 자신의 느낌'을 표현하는 감탄문의 실현에 활용되고 있다는 점이다.[157] 또한 실제 언어생활에서 모국어 화자는 다음과 같이 부사를 활용하여 감탄문을 생성하기도 한다.

(15) 부사의 감탄문 실현

　(ㄱ) 이 식당 음식 진짜 맛있다.

　(ㄴ) 오늘 날씨가 정말 추워요.

(15)는 감탄문을 실현하는 어미 {군요}, {네요}없이 부사만으로 감탄문을 실현할 수 있음을 보여준다. 이때 부사 {진짜}와 {정말}이 없으면 단순 정보만을 전달하는 평서문에 가깝다는 점에서 부사가 감탄문의 실현에 큰 역할을 하는 것을 확인할 수 있다.

　이처럼 감탄문은 특정 문형뿐만 아니라 부사어를 통해서도 실현이 가능하다. 하지만 이는 모국어 화자의 개별적인 양상에 따라

---

[157] 문맥에 따라 {아/어/여} 또한 감탄문의 실현이 가능하다.

차이를 보이기 때문에 한국어 교육의 목표문형으로 설정하기가 쉽지 않다. 이에 한국어 교육에서는 감탄문을 다른 종결표현의 '평서문, 의문문, 청유문, 명령문'과 비교하여 중요하게 다룰 필요는 없으며 학습자의 개별적인 표현을 확인하여 수정하는 방법을 통해 학습자 스스로의 정확한 습득을 유도하는 방법을 학습에 활용할 수 있을 것이다.

새 선생님을 위한 한국어 문법 교육론

제15장
문법 범주 2

ㅎ
ㄱ
ㅇ

    이 장에서는 특정 어미를 통해 실현되는 부정법, 높임법, 시제법, 능동법, 사동법, 피동법에 대해 살펴보려고 한다. 이러한 문법범주는 특정한 규칙을 체계적으로 지켜야 정확한 사용이 가능하여 한국어 교육에서 중요하게 다뤄지는 내용이다.[158]

15.1 부정법

부정법은 '부정소'라고 불리는 {안}, {못}, {아니}를 중심으로 실현

---

158 기본적인 개념과 학습자의 질문, 그리고 모국어 화자와는 다른 관점으로 인지하는 학습자들의 특별한 관점을 중심으로 실제 교육현장에서 적용할 수 있는 방안에 초점을 둔 논의를 진행하도록 한다.

된다. 보통 {안}은 일반적인 정보를 부정하는 '단순부정'과 의지가 없거나 부족한 상태인 '의지부정'의 두 양상으로 실현된다.

또한 {못}은 '능력이 부족한 상태'에 초점을 둔 '능력부정'으로 사용되며 문맥에 따라 두 문형을 적절히 선택할 수 있는 연습이 주로 교육에 활용되고 있다.

15.1.1 긴 부정과 짧은 부정

부정소 {안}과 {못}은 형태에 따라 다음과 같이 짧은 부정과 긴 부정으로 분류한다.

〈표 15-1〉 긴 부정과 짧은 부정

(ㄱ)	안 + 동사 안+ 형용사	못 + 동사
(ㄴ)	동사 + 지 않다. 형용사 + 지 않다.	동사+지 못하다

부정문은 초급에서 중요하게 학습되는 개념이다. 하지만 초급 학습자의 언어 능력은 두 표현의 의미차를 이해하는데 제한적인 요소가 되어 정확한 사용에 어려움을 겪는 경우가 많다.

   (1)   (ㄱ) 온주는 유치원에 안 간다.

        (ㄴ) 온주는 유치원에 가지 않는다.

모국어 화자라면 두 문장의 의미차이가 존재하는 것을 직관으로 알 수 있다. 하지만 복잡한 개념을 설명할 수단이 없기 때문에 동일한 의미로 제시하는 경우가 많다. 가령 임지룡(2007)은 '도상성의 원리'를 통해 부정소 {안}과 거리적으로 밀접한 짧은 부정 {안 간다}가 긴 부정 {가지 않는다}보다 부정의 정도가 강한 표현으로 정리하고 있다. 하지만 문형을 발화할 때 강조하는 소리값의 차이에 따라 달리 인지될 수 있고 이러한 내용을 학습자들에게 한국어로 설명하는 것은 쉽지 않다. 이에 이번 교재에서는 다음과 짧은 부정과 긴 부정의 차이를 복문에서 활용되는 양상을 통해 설명하는 방법으로 제시하려고 한다.

〈표 15-2〉 복문에서 짧은 부정과 긴 부정의 의미 차

	문법	의미
(ㄱ)	온주는 밥을 <u>안</u> 먹고 유치원에 갔다.	온주는 밥을 안 먹었다 + 유치원에 갔다
(ㄴ)	온주는 밥을 먹고 유치원에 <u>안 갔다.</u>	온주는 밥을 먹었다 + 유치원에 안 갔다
(ㄷ)	온주는 밥을 <u>먹지 않고</u> 유치원에 갔다.	온주는 밥을 안 먹었다 + 유치원에 갔다
(ㄹ)	온주는 밥을 먹고 유치원에 <u>가지 않았다.</u>	온주는 밥을 먹었다 + 유치원에 안 갔다
		온주는 밥을 안 먹었다 + 유치원에 갔다

위 표는 짧은 부정 {안}이 결합하는 위치에 따라 각기 다른 의미를 전달하고 있음을 보여준다. 반면 긴 부정 {지 않다}는 (ㄹ)의 위치

에 활용될 때 두 개의 의미를 전달하는 중의적인 양상을 보인다는 점에서 정확한 의미 전달에 한계가 있음을 보여준다. 이에 교사는 위 표처럼 부정소의 위치에 따라 의미차가 달라질 수 있음을 제시하여 {안}과 {지 않다}가 결합되는 위치에 따른 양상의 차이가 존재함을 학습자에게 전달할 수 있다.

이상의 내용만을 참고하면 긴 부정은 중의적인 의미를 전달하는 탓에 짧은 부정의 사용이 더 효율이라고 생각할 수 있다. 하지만 다음과 같이 {하다}를 활용한 어휘화 과정을 거친 어휘소는 짧은 부정과의 결합이 제한되기도 한다.

〈표 15-3〉 짧은 부정과 긴 부정의 제약

	짧은 부정	긴 부정
(ㄱ)	주영 씨는 오늘 안 출석했어요	주영 씨는 오늘 출석하지 않았어요
(ㄴ)	오늘은 책상을 안 정리 할 거예요	오늘은 책상을 정리하지 않을 거예요
(ㄷ)	새 집을 안 계약했어요	새 집을 계약하지 않았어요
(ㄹ)	서울의 택시는 안 편리하다	서울의 택시는 편리하지 않다.
(ㅁ)	선물을 안 포장하겠어요	선물을 포장하지 않겠어요
(ㅂ)	선생님은 오늘 안 출근했어요	선생님은 오늘 출근하지 않았어요
(ㅅ)	아직 안 출국했으니까 연락해 보세요	아직 출국하지 않았으니까 연락해 보세요

위 표의 {출석하다}, {정리하다}, {계약하다}, {편리하다}, {포장하다}, {출근하다}, {연락하다}는 「새 연세한국어 2급」에서 제시된 어휘소로 모두 '짧은 부정'과 결합이 어색하다. 하지만 이는 형태적으

로 적절한 결합구조를 보이기에 어색함을 인지하지 못한 학습자들에게서 매우 다양한 오류가 나타나게 된다. 그러나 다음과 같이 {안}이 결합하는 방법을 변경한다면 결합과 관련된 제약은 사라지며 비교적 자연스러운 표현이 가능하다.

〈표 15-4〉 짧은 부정의 제약

㈀ {안}+{동사}	㈁ {명사(을/를)} + {안} + {하다}
주영 씨는 오늘 안 출석했어요	주영 씨는 오늘 출석을 <u>안</u> 했어요
오늘은 책상을 안 정리할 거예요	오늘은 책상 정리를 <u>안</u> 할 거예요
새 집을 안 계약했어요	새 집 계약을 <u>안</u> 했어요
선물을 안 포장하겠어요	선물 포장을 <u>안</u> 하겠어요
선생님은 오늘 안 출근했어요	선생님은 오늘 출근을 <u>안</u> 했어요
아직 안 출국했으니까 연락해보세요	아직 출국을 <u>안</u> 했으니까 연락해보세요

㈀처럼 {안}이 결합할 때 나타나는 제약과 달리 ㈁의 목적격조사 {을/를}을 활용한 {안}과의 결합은 자연스러운 의미 전달을 가능하게 한다. 이처럼 {하다}를 중심으로 어휘화 과정을 거친 어휘소가 {을/를}과의 분리가 가능하다면 ㈁과 같은 방법으로 짧은 부정의 활용을 제시하여 자연스러운 사용을 돕고 이런 결합에서 나타나는 특징을 바탕으로 긴 부정과 짧은 부정의 차이를 제시할 수 있다.[159]

---

159 {을/를}을 사용한 분리가 어색한 {편리하다}는 '편리 안 하다'와 같은 표현이 '안 편리하다'보다 더 어색하다. 이런 탓에 이를 규칙화하여 학습시키는 것보다 각각의 어휘의 양상을 하나하나 제시하는 방법이 더 효과적이다.

15.1.2 능력부정과 의지부정

능력부정과 의지부정은 문장을 통해 확인할 수 있는 의미를 적절히 고려하여 선택해야 한다.

    (2)   (ㄱ) 의지부정

           특정 행위를 수행할 주체의 의지가 부족하여 나타내는 부정표현.

           예) 밥을 먹기 싫어서 안 먹었어요.

              학교에 가기 싫어서 안 갔어요.

       (ㄴ) 능력부정

           의지가 존재할 지라도 주체의 능력이 부족하여 나타내는 부정표현.

           예) 돈이 없어서 여행을 가지 못 했어요.

              눈이 많이 와서 운전을 하지 못 했어요.

(2)처럼 의지부정은 {안}, 능력부정은 {못}을 사용하며 정확한 사용을 위해 문장 전체의 의미 파악이 중요하다. 또한 한국인의 경우 특정 표현에 한하여 두 문형을 매우 유사하게 사용하기 때문에 {안}과 {못}을 정확하게 구분할 수 있는 문장을 우선 제시하여 [능력]과 [의지]의 개념을 파악할 수 있도록 도와야 한다.[160]

---

[160] "못 하는 게 아니라 안 하는 거야"처럼 [능력]과 [의지]를 모두 고려해야 하는 표현이 있다. 하지만 한국어 교육에서는 두 개념이 구분되는 예만을 사용하여 불필요한 혼란을 막고 기본적인 사용에 초점을 둔 교육을 우선 진행한다.

또한 한국어 교육에서 '의지부정' {안}은 '단순부정'으로도 사용되기에 한국어 교재에서 '능력부정' {못}보다 빨리 제시된다. 이는 『새연세한국어1급』에서 {안}을 5과 2항, {못}을 10과 2항에서 제시한 것을 통해서도 확인할 수 있다. 이 기간은 약 2주 정도의 시간이 있기에 이 과정에서 교사는 {안}을 '단순부정'으로만 활용하고 '능력부정' {못}을 배우는 시기에 '의지부정'의 표현을 제시하여 각각의 의미를 정확하게 파악할 수 있는 교육을 진행하여 각각 구분되는 개념임을 인식할 수 있는 수업을 진행해야 한다.[161]

15.1.3 '아니다'와 '말다'의 부정[162]

{아니다}는 보어의 역할을 담당하며 {지 말다}는 특정 행위에 대한 부정을 주로 나타내는 제한적인 양상을 보인다.

(4) {아니다}와 {말다}

　　(ㄱ) 아니다

　　　어떤 사실을 부정하는 뜻을 나타내는 말.

　　　예) 그 사람은 선생님이 아니다.

　　　　여기는 한국이 아니다.

---

161 대부분의 교재는 단순부정과 의지 부정의 {안}이 함께 제시된다. 이에 능력부정 {못}을 함께 제시하여 의미 구분을 동시에 할 수 있게 학습 날짜를 바꾸는 방법을 선택할 수도 있다.

162 한국어 교육에서의 주의점 24.

(ㄴ) 말다

어떤 일이나 행동을 하지 않거나 그만두다.

예) 그런 말씀은 하지 마세요.

저만 믿고 걱정하지 마세요

(ㄱ)처럼 {아니다}는 '어떤 사실을 부정하는 말'로서 {명사+이/가 아니다}의 형태로 사용된다. 또한 {말다}는 특정 행동에 대한 부정의 표현으로 한국어 교육에서는 다음과 같이 명령문과 청유문의 부정 표현에 초점을 둔 활용을 제시하고 있다.

(5)   (ㄱ) 온주 씨, 수업시간에 이야기하지 마십시오.

       (ㄴ) 온서 씨, 오늘 비가 많이 내렸으니까 만나지 맙시다.

(5)는 명령문과 청유문에서 {말다}가 사용되는 예이며 다음과 같이 긍정의 표현과 함께 제시하여 {안}, {못} 부정과의 의미 차이를 인지할 수 있는 수업을 진행한다.

(6)   {말다} 부정의 양상

       (ㄱ) 학교에 가십시오. → 학교에 가지 마십시오.

       (ㄴ) 아르바이트를 하세요. → 아르바이트를 하지 마세요.

       (ㄷ) 내일 도서관에 갑시다. → 내일 도서관에 가지 맙시다.

       (ㄹ) 이 음식을 먹어요. → 이 음식을 먹지 마세요.

또한 다음과 같이 명령문, 청유문의 특징을 문맥에서 확인해야 하는 {아요/어요/여요}가 사용된 문장을 활용하여 {말다}, {안}, {못}을 적절하게 사용하는 연습을 추가, 제시할 수도 있다.

(7) {아요/어요/여요}와 {말다}의 부정

　(ㄱ) 온주 씨, 먼저 출발해요. → 영수 씨, 먼저 출발하지 마요.

　(ㄴ) 온서 씨, 우리 이 식당에 가요. → 온서 씨, 우리 이 식당에 가지 마요.

(7)처럼 {아요/어요/여요}는 {말다}와도 결합이 가능함을 확인할 수 있다. 이는 (7)의 문장에 [의지], [능력]과 관련된 문장이 아닌 '행동의 변화'에 초점을 둔 명령문과 청유문인 탓이다.

〈표 15-5〉 {말다}, {안}, {못} 부정

(ㄱ) {말다} 부정	(ㄴ) {안} 부정	(ㄷ) {못} 부정
공부하지 말아요.	공부하지 않아요.	공부하지 못 해요.
이야기하지 말아요.	이야기하지 않아요.	이야기하지 못 해요.
연락하지 말아요.	연락하지 않아요.	연락하지 못 해요.

이처럼 {아요/어요/여요}는 평서문, 명령문, 청유문에 모두 활용할 수 있기에 위의 표처럼 {말다}, {안}, {못}과 결합이 가능하다. 이에 각각의 부정소가 가지는 의미를 정확하게 인지하지 못하고 형태만으로 부정표현을 학습한 경우 위의 문장으로 큰 혼란을 겪기도 한다. 이런 이유로 한국어 교육에서 부정표현은 부정소가 활용되는

형태적 결과보다 각각의 부정소가 가지는 의미를 정확하게 파악하는 연습이 우선될 필요가 있다.[163]

15.2 높임법

'높임법'은 한국어에서 매우 중요한 문법범주로서 이와 관련된 내용을 공대어, 하대어의 개념을 통해서도 언급한 바 있다.

(8) 높임법의 사전의미

남을 높여서 말하는 법. 문장의 주체를 높이는 주체 높임법, 말을 듣는 상대편을 높이는 상대 높임법이 있다.

(8)처럼 높임법은 '특정 대상에게 높임의 태도'를 전달하기 위한 표현으로 한국어의 중요한 특징 중의 하나로서 다음과 같은 방법으로 실현되고 있다.[164]

---

163 (말다) 부정은 [명령], [청유]와 같은 행동의 변화에 초점을 둔 표현임을 제시하고 (안)과 (못)은 각각 의지·단순부정과 능력부정으로 사용되는 문장을 함께 제시하여 동시에 의미 파악을 할 수 있도록 연습해야 한다.

164 한국어 교육에서의 주의점 25 참조.

〈표 15-6〉 한국어에서의 높임법

(ㄱ) 상대높임법	언어 사용자가 청자나 대화에 참여한 다른 사람을 높이기 위해 사용하는 높임법으로 어미나 호칭어를 통해 실현된다. {아요/어요/여요}, {으세요/세요} 등의 문형을 통해 실현.
(ㄴ) 주체높임법	발화된 문장 혹은 대화에서 서술어의 주어를 높이기 위한 표현. 조사 {께서}, 어미 {-(으)시-}, {말씀}, {계시다}, {주무시다} 등의 공대어를 통해 실현된다. 예) 어머님께서 책을 읽으십니다./ 선생님께서 말씀을 하십니다.
(ㄷ) 객체높임법	발화된 문장 혹은 대화에서 서술어의 목적어를 높이기 위한 표현. {모시다}, {여쭈다}, {뵙다}, {드리다}. {께} 등을 통해 실현된다. 예) 아버님을 모시고 갈게요. / 어머님께 선물을 드렸어요.

한국어에서 높임법은 '상대높임법, 주체높임법, 객체높임법'의 방법으로 각각 실현된다. 하지만 한국어 교육에서는 이를 활용하여 높임법을 교육하지 않고 다음과 같이 [높임]의 속성이 포함된 어휘를 중심으로 높임법을 실현하는 방법을 주로 제시하고 있다.

(9) '조사'와 '어미'를 통한 높임법의 실현

　　(ㄱ) 지금 교수님께서 수업을 하십니다.

　　(ㄴ) 선생님께서 교실에 계십니다.

　　(ㄷ) 이 책을 선생님께 드립니다.

(9)는 문장의 주어에 따라 '조사와 어미'를 활용하여 높임법을 실

현하는 가장 기본적인 예이다. 이때 (ㄱ), (ㄴ)은 주체 높임법과 관련된 예이며 (ㄷ)은 객체높임법과 관련된 예이다. 하지만 한국어 교육에서는 이런 용어를 제시하지 않고 {할머니}, {할아버지}, {아버지}, {어머니}, {선생님}, {사장님}, {교수님}과 같은 대상을 중심으로 {이/가}, {은/는} 대신 {께서}, {에게} 대신 {께}를 선택하여 높임법을 실현하도록 한다. 또한 다음과 같은 특정 문형을 활용하여 높임법을 실현하기도 한다.

<표 15-7> 높임법 실현 문형

	문형	예문
(ㄱ)	으십시오/십시오	드십시오, 입으십시오, 가십시오
(ㄴ)	으십니다/십니다	드십니다, 입으십니다, 가십니다, 예쁘십니다
(ㄷ)	으세요/세요	드세요, 입으세요, 가세요, 예쁘세요
(ㄹ)	습니다/ㅂ니다	먹습니다, 입어요, 갑니다, 예쁩니다
(ㅁ)	아요/어요/여요	먹어요, 입어요, 가요, 예뻐요

위 표처럼 한국어는 높임법이 발달한 언어이기 때문에 높임법을 실현하는 어미가 다양하다. 또한 그와 결합하는 어휘에 따라 고려해야 하는 다양한 특징 때문에 각각의 양상에 맞춘 개별적인 학습이 필요한 학습 부담감이 높은 문형이라 할 수 있다.

일반적으로 한국어 교육에서는 (ㄹ)의 {습니다/ㅂ니다}를 가장 먼저 학습자들에게 제시한다. 이는 {아/어/여}가 확장된 다른 문형과 비교하여 'ㄹ불규칙'만이 적용되어 그 외의 특별한 활용이 어렵지 않고 격식을 갖춰야 하는 공식적인 상황에서 사용이 가장 자연스러운 문형이기 때문이다. 하지만 일부 논의에서 이를 '군대를 다녀온 남성들의 언어'로 제한하여 여성 화자에게 사용이 어색한 표현으로 설정하기도 한다. 그러나 '군대'가 남성 위주로 구성된 탓에 남성이 주로 사용하는 것처럼 보일 뿐이며 '여군'들도 공통적으로 사용하는 표현이란 점은 [공식성]에 초점을 둔 양상임을 보여주며 결코 [남성]의 언어가 아님을 뜻한다. 더욱이 "여성들은 공식적인 상황에서 남성의 발화와 동일한 특징을 보인다"고 언급한 한나래 · 강범모(2009)의 연구처럼 공식적인 상황에서 [남성], [여성]과 관계없이 동일하게 사용되는 대표적인 문형이라는 점에서 {습니다/ㅂ니다}를 가장 보편적이며 활용도가 높은 높임법의 실현 문형으로 제시하는 것에 큰 무리가 없다고 여겨진다.[165]

　(ㅁ)의 {아요/어요/여요}는 [친밀]이 보다 강조된 높임의 문형이란 점에서 {습니다/ㅂ니다}와 큰 차이를 보인다.[166] 즉 [친밀]을 공유한 대상에게 높임을 전달하는 문형으로 [-격식]의 상황에서 사용이 가장 자연스러운 표현이라 할 수 있다. 이를 기준으로 [친밀]을 공유한 정도가 낮고 격식을 더 갖춰야 하는 상대라면 (ㄷ)의 {으세요/세요}를 사용하고 [공식성]을 갖춘 배경에서 대화를 진행해야 하는 상황에서는 {습니다/ㅂ니다}를 선택 · 사용하는 방법을 중심으로 이들

165　[격식]을 갖춘 '뉴스'에서도 주로 사용된다는 점에서 [남성], [여성]은 {습니다/ㅂ니다}의 사용에 제한을 주는 요소가 아님을 확인할 수 있다.

166　[흥미]에 초점을 둔 예능 프로그램에서는 {아요/어요/여요}를 더욱 자연스럽게 사용한다. 하지만 동일한 대상일지라도 [격식]이 필요한 '시상식'에서는 {습니다/ㅂ니다}를 활용하는 양상을 통해서도 현대 언어생활에서 {습니다/ㅂ니다}는 [공식성]에 초점을 맞춘 표현임을 확인할 수 있다.

의 양상을 구별할 수 있다.

이와 비교하여 (ㄱ), (ㄴ)의 {으십시오/십시오}, {으십니다/십니다}는 [친밀]을 공유한 정도가 낮고 [대우], [높임]과 관련된 속성을 강하게 전달할 의도로 선택·사용하는 문형이란 점에서 차이가 있다. 이때 {으십시오/십시오}는 '권유, 명령', {으십니다/십니다}는 '서술, 의문'에 활용되는 어미로서 이러한 특징을 고려하여 문장을 정확하게 생성하는 연습이 필요하다.[167] 또한 [높임]을 전달할 수 있는 어미 {-(으)시-}가 포함된 (ㄱ), (ㄴ), (ㄷ)은 다음과 같이 공대어를 가진 어휘소와 결합할 때 변화에 대한 주의가 필요하다.

〈표 15-8〉 공대어와 {-(으)시-}의 결합

	아요/어요/여요	습니다/ㅂ니다	으세요/세요	으십니다/십니다
있다	있어요	있습니다	계세요	계십니다
먹다	먹어요	먹습니다	드세요 잡수세요	드십니다 잡수십니다
자다	자요	잡니다	주무세요	주무십니다
말하다	말해요	말합니다	말씀하세요	말씀하십니다.

〈표15-8〉처럼 {있다}, {먹다}, {자다}, {말하다}는 {으세요/세요}, {으십니다/십니다}와 결합할 때 공대어 {계시다}, {드시다}, {잡수시다}, {주무시다}, {말씀하시다}가 활용한다는 점에서 {아요/어요/여요}, {습니다/ㅂ니다}와 큰 차이가 있고 이는 실제 언어생활뿐만 아니라

---

167 {으십니까/십니까}로 의문문을 만든다. 또한 {으십시오/십시오}는 [높임]의 속성이 있으나 [명령]의 속성이 더욱 강하기에 {안녕히 가십시오}, {어서 오십시오}와 같은 관용적인 양상을 중심으로 높임의 실현을 제시할 수 있다.

한국어 교육의 평가에서도 중요하게 활용되기에 학습자에게 주의하여 제시할 필요가 있다.[168]

15.3 시제법

「표준국어대사전」에서 시제는 '어떤 사건이나 사실이 일어난 시간 선상의 위치를 표시하는 문법범주'로서 '과거 · 현재 · 미래'와 같은 발화시를 기준으로 한 절대 시제와 사건 시간을 기준으로 한 상대 시제로 정리하고 있다. 또한 한국어 교육에서는 다음과 같이 서술어에 선어말어미를 사용하는 방법과 관형사형 어미를 사용하여 시제를 나타내는 방법을 가장 보편적으로 제시한다.

(10) (ㄱ) 나는 김밥을 먹었다.

(ㄴ) 나는 김밥을 먹는다.

(ㄷ) 나는 김밥을 먹겠다.

(10)은 선어말 어미를 사용하여 시제를 표현한 예로서 (ㄱ)은 {았/었/였}을 사용한 [과거], (ㄴ)은 {는}을 사용한 [현재], (ㄷ)은 {겠}을 사용한 [미래]의 표현으로 초급 과정에서 제시되고 있다. 또한 [과거]는 다음과 같이 "과거 어느 때에 직접 경험하여 알게 된 사실을 현재의

---

168 한국어 교육에서의 주의점 26.

말하는 장면에 그대로 옮겨 와서 전달한다는 뜻"을 가진 어미 {더}
를 활용하여 제시할 수도 있다.

    (11) ㈀ 어제 영수가 도서관에 가더라

        ㈁ 영수의 책상에 책이 많더라.

    (11)처럼 {더}를 활용한 과거는 현재의 시점에서 특정 상황이나
기억을 [회상]하는 의미를 추가로 인지하게 만드는 특징은 {았/었/
였}과 차이를 보이며 [회상]이란 의미의 파악을 어려워하는 학습자
가 많기 때문에 이와 관련 충분한 연습이 필요하다. 또한 {았/었/였
더라}와 같은 형태로 결합하여 [완료]와 관련된 의미를 전달할 수도
있기에 각각의 문형이 가지는 정확한 의미 파악과 그 확인이 한국
어 교육에서 중요한 과제라 할 수 있다.

〈표 15-9〉 관형사형과 시제

과거	동사+던	내가 먹던 음식은 참 맛있다. 내가 만나던 사람은 참 친절하다.
	동사+은/ㄴ	내가 먹은 음식은 참 맛있다. 내가 만난 사람은 참 친절하다
현재	동사+는	내가 먹는 음식은 참 맛있다. 내가 만나는 사람은 참 친절하다.
미래	동사+을/ㄹ	내가 먹을 음식은 참 맛있다. 내가 만날 사람은 참 친절하다.

〈표 15-9〉는 시제를 나타낼 수 있는 관형사형 어미가 활용된 예를 정리한 것이다. 이때 [과거]는 {은/ㄴ}과 [회상]의 속성이 추가된 {던} 등으로 파악이 가능하며 [현재]는 {는}, [미래]는 {을/ㄹ}을 통해 전달이 가능하다. 또한 복문으로 구성된 문장을 생성할 때 학습자들은 선행절과 후행절의 시제를 적절하게 고려하지 않아 다음과 같은 오류가 나타날 수 있기에 이에 대한 주의가 필요하다.

(12) ㉠ 학교에서 **만날 [미래]** 친구와 같이 부산으로 여행을 **다녀왔어요. [과거]**

㉡ 어제 공원에 **갔는데 [과거]** 사람이 많아서 산책을 **못 할 거예요. [미래]**

(12)처럼 관형사형의 시제와 서술어의 시제가 호응하지 못하는 오류는 학습자들에게서 흔히 나타난다. 이는 관형사형을 수식의 기능만으로 착각하고 시제는 서술어가 전달하는 영역으로 잘못 인지하고 있는 학습자들이 많기 때문이다. 이런 오류는 초급에서 '관형사형'을 배울 때 불규칙한 형태변화에 초점을 두고 특정 어휘와의 활용만을 강조하고 있는 탓이다. 이에 '시제를 고려한 적절한 사용'의 필요성을 초급에서부터 강조하지 않은 탓에 이를 인식하지 못한 학습자들에게서 흔히 나타나는 오류이다.

하지만 중급 이후에 배우는 다양한 어휘와 문형을 정확하게 활용하기 위해서는 의미를 적절하게 고려한 관형사형의 활용이 매우 중요하기 때문에 초급에서부터 형태뿐만 아니라 의미 모두에 초점을

둔 교육이 함께 진행되어야 한다.[169]

또한 다음과 같이 [시제]를 전달할 수 있는 의미를 가지고 있는 어휘의 경우에는 [현재], [미래]의 속성을 특정 문형이 활용되지 않아도 전달할 수도 있기에 관련 내용에 대한 정확한 학습에도 초점을 둘 필요가 있다.

(13)   난 지금 부산에 간다.

　　　　난 내일 부산에 간다.

　　　　*난 어제 부산에 간다.

(13)은 [시제]의 속성을 가진 {지금}, {내일}만으로 [현재], [미래]의 시제를 전달할 수 있음을 보여준다. 하지만 [과거]의 속성을 가진 {어제}는 반드시 [과거]를 전달하는 서술어의 활용이 필요하단 점에서 어휘만으로 모든 시제를 표현할 수는 없으며 적절한 표현을 위한 다양한 방법을 함께 학습할 수 있는 연습을 활발하게 진행할 필요가 있다.

---

169 현재 한국어 교육에서는 불규칙 용언과 관형어가 결합할 때 나타나는 형태의 변화에 초점을 둔 교육이 중점적으로 진행되고 있다. 가령 {싣다}가 {실어요}, {실으니까}처럼 변하는 활용뿐만 아니라 {믿다}는 {믿어요}, {믿으니까}와 같이 동일한 'ㄷ불규칙'처럼 보이는 단어일지라도 다른 활용의 특징을 보이는 특수한 언어 현상 때문에 불규칙한 형태의 결합을 묻는 교육만이 활발히 진행되고 있다. 하지만 이런 양상으로 관형사형 어미가 담당하는 수식의 기능이나 시제를 전달하여 활용되는 사실을 무시하는 학습자가 나타나며 이에 직접적인 원인이 되어 양질의 교육에 방해가 되고 있음을 인지하여 이러한 부정적인 결과를 수정할 수 있는 다른 관점의 교육이 진행될 필요가 있다.

15.4 사동법과 피동법

높임법이 초급에서 가장 중요한 목표 문법 중 하나라면 사동과 피동은 중급 학습자들에게 매우 중요하게 제시되는 문형 중의 하나라고 할 수 있다.

> (14) (ㄱ) 사동법
>
> 문장의 주체가 자기 스스로 행하는 것이 아니라 남으로 하여금 어떤 동작이나 행동을 하게 하는 방법.
>
> (ㄴ) 피동법
>
> 문장이 "남의 힘에 의하여 움직이는 일"의 의미를 가진 피동이 되게 하는 표현법.

(14)는 「표준국어대사전」을 참고한 '사동법'과 '피동법'의 어휘정보로서 이를 통해 사동은 '어떤 행위를 시키는 것', 피동은 '어떤 행위를 당하는 것'으로 정리할 수 있다. 하지만 실제 언어생활에서는 두 개념 모두를 전달하는 문형도 존재하기에 '피동'과 '사동'을 문장의 형태만으로 구분하는 것은 쉬운 일이 아니다.

15.4.1 피동

> (15) (ㄱ) 경찰이 도둑을 잡았다.
>
> (ㄴ) 도둑이 경찰에게 잡혔다.

(15)는 피동문을 설명할 때 가장 대표적으로 사용되는 어휘와 그 문장이다. 이때 (ㄱ)의 {잡았다}는 문장에서 주체가 되는 {경찰}의 의지가 반영된 '능동문'이다. 반면 (ㄴ)의 {잡혔다}는 문장의 주체가 되는 {도둑}의 행위가 아닌 (ㄱ)의 {잡았다}의 행위로 인한 수동적인 결과로서 이런 의미를 가진 문장을 피동문으로 설정할 수 있다.[170] 또한 이런 개념은 다음의 문장을 통해서도 확인할 수 있다.

(16) (ㄱ) 호랑이가 돼지를 먹었다. [능동문]

   (ㄴ) 돼지가 호랑이에게 먹혔다. [피동문]

이상의 내용을 통해 살펴본 능동문과 피동문은 이들을 실현하는 동사가 명확히 구분되어 있고 작용과 작용을 당하는 개념이 명확하게 대립하고 있기에 이러한 예를 활용하여 피동문을 설명하는 것은 어렵지 않다. 하지만 항상 이런 관계가 명확하게 성립되는 것은 아니며 문장에 따라 다른 특징을 가진 피동문도 나타날 수 있기에 학습자들의 이해가 쉽지 않다.

(17) (ㄱ) 미선 씨가 선생님에게 칭찬을 받았어요.

   (ㄴ) 미선 씨가 열심히 노력해서 좋은 점수를 받았어요.

---

170 피동문에서는 주체의 자발적 의지나 행위가 없다.

(17)은 {강요받다}, {미움받다}, {사랑받다}처럼 '피동의 뜻을 더하는 접미사'인 {받다}가 사용된 피동문이다.[171] 하지만 {칭찬을 받다}와 {점수를 받다}는 그 결과를 위해 주체의 적극적인 행위가 과정에 존재할 수 있다는 관점에서 본다면 (16), (17)과 같은 피동문과는 분명 다른 개념을 가진다.[172] 하지만 {칭찬}과 {점수}를 받는 결과에만 초점을 둔다면 '미선'이 할 수 있는 행위는 없다는 점에서 결과가 동일하기에 피동문으로 이해가 가능하다. 또한 의지가 반영된 {잡혔다}를 활용한 능동적인 피동문도 존재한다는 점에서 개념의 파악이 쉽지 않다.

(18) 도둑은 자수를 했다. 그래서 경찰에게 잡혔다.

(18)에서 도둑은 경찰에게 잡히기 위해 '자수'를 했다. 이는 자발적인 의지와 행동의 결과로서 과정만을 본다면 전형적인 피동의 개념은 아니다. 이처럼 일부 피동문은 그 과정에서 주체의 의지나 노력이 적극 반영된 '능동문'의 성격을 가진 탓에 학습자들은 피동문의 구분에 혼란을 겪기도 한다. 이에 피동의 개념을 제시할 때에는 다음과 같이 명확하게 형태적 차이를 확인할 수 있는 문형을 우선

---

171 '강요를 받다, 미움을 받다, 사랑을 받다'처럼 모두 어휘화되기 진의 형태는 '칭찬을 받다, 점수를 받다'로서 이에 {받다}가 결합한 결과로 여겨진다.

172 교과 과정에서 학습자에게 받았던 질문이다. 이때 학생은 '능동'과 '피동'을 행위자의 적극적인 행동에 초점을 맞춰 이해하려 했고 그런 이유로 관련 예문에서 혼란을 경험한 것이다.

제시하고 제한적인 양상을 활용한 전형적인 피동문만을 만드는 연습이 필요하다.[173]

(19) 피동문의 유형

　　(ㄱ) 파생접미사와의 결합

　　　먹히다, 잡히다, 끊기다, 닫히다, 쌓이다, 바뀌다

　　(ㄴ) {아/어/여 지다}와 결합

　　　밝아지다, 더워지다, 추워지다, 따뜻해지다

　　(ㄷ) {게 되다}와의 결합

　　　먹게 되다, 잡게 되다, 끊게 되다, 가게 되다.

　(19)는 형태적 특징의 차이로 피동문의 구분이 가능하기에 쉽게 학습에 활용할 수 있다.[174] 이때 (ㄱ)은 파생접미사 {히}, {기}, {이}, {리} 등과 결합한 확장 어휘가 피동문을 만들 때 활용되는 것을 뜻한다.[175] 하지만 파생 접미사가 결합하는 양상은 어휘마다 차이가 존재하기에 이를 규칙화할 수는 없으며 개별적으로 제시하여 각각 암기하는 방법으로 수업을 진행해야 한다. 또한 (ㄴ)의 {아/어/여지다}

173　'나 지금 운전하고 있어' 이 문장만을 본다면 능동문에 가깝다. 하지만 자신의 의지없이 어쩔 수 없이 운전을 할 수 밖에 없는 '아빠가 술을 마셔서 내가 대신 운전하고 있어'와 같은 문장에서는 '능동'의 개념이 없다. 이에 다양한 양상을 고려할 경우 능동문과 피동문의 구분은 더욱 힘들어지기에 우선 형태적 특징만으로 구분이 가능한 문형에 초점을 둔 교육이 우선될 필요가 있다.

174　형태에 초점을 둔 피동문을 우선 연습할 수 있다.

175　'사동사'와 형태가 동일한 경우가 많이 두 개념의 파악이 쉽지 않다.

새 선생님을 위한 한국어 문법 교육론

는 대부분 형용사와 결합하여 다음과 같이 피동의 개념을 가진 문장의 형성에 활용되고 있다.

(20) (ㄱ) 날씨가 많이 추워졌어요.

(ㄴ) 고추를 많이 넣어서 음식이 많이 매워졌네요.

불을 켜니 많이 밝아졌군요.

이때 (ㄱ)과 같은 문장에서 [피동]의 개념을 인지하는 것은 어렵지 않다. 하지만 (ㄴ)은 {매워지다}, {밝아지다}를 주체의 행위에 의한 결과로 해석하여 '피동문'으로 인지하지 못하는 경우가 많다. 그러나 (20)에서 주체의 행위에 {음식}, {방}등이 특정 결과를 당했다는 의미로 파악한다면 보다 쉽게 피동문이라는 것을 이해할 수 있을 것이다.

(21) (ㄱ) 너 머리 예쁘게 됐다.

찌개가 너무 짜게 됐다.

(ㄴ) 엄마 때문에 오늘부터 학원에 다니게 됐어.

건강이 나빠서 담배를 끊게 됐어.

{게 되다}는 (ㄱ)처럼 형용사와 결합하여 피동의 개념을 전달하는 문장을 만들 수 있다. 또한 (ㄴ)의 {담배를 끊게 되다}, {학원에 다니게 되다}와 같은 문장을 통해서도 주체의 의지와 상관없이 외부적인 요인이 작용한 결과를 가진 '피동문'을 형성할 수 있음을 확인

할 수 있다. 하지만 문장에 따라서 항상 피동의 개념을 전달하는 것은 아니기에 이에 대한 주의가 필요하다.

    (22) (ㄱ) 연세대학교에 가게 됐습니다.
        (ㄴ) 연애하다가 그 사람과 결혼하게 됐어요.

  (22)에서 {선택하게 되다}, {결혼하게 되다}를 피동의 개념을 전달하는 표현으로 인지하는 모국어 화자는 없을 것이다. 즉 (ㄱ)에서 {가게 되다}는 합격한 다른 학교를 포기하고 자신의 의지로 선택한 결과를 표현할 때 사용되었으며 (ㄴ)또한 자신의 인생에서 가장 중요한 상대를 자신의 의지로 선택한 능동의 결과를 {결혼하게 됐어요}로 완곡하게 표현했을 뿐이지 결코 '피동문'의 개념을 전달하는 것은 아니다.[176] 이처럼 현대 언어생활에서 {게 되다}는 결합하는 양상에 따라서 '피동문'이 아닌 결과를 전달할 수도 있기에 피동문에 초점을 둔 교육과 그 외의 다양한 표현이나 완곡한 표현에 대한 의미를 개별적인 요소로 설정하고 구분된 의미를 전달하는 연습이 병행될 필요가 있다.[177]

---

[176] 이런 예는 형태만으로 피동을 전달할 수 있다고 믿은 학습자에게 큰 혼란을 경험하게 한다. 이에 각각의 개념으로 다른 양상이 있음을 분류하여 제시하거나 형용사의 용법만을 우선 제시하여 혼란을 최소화시키는 방법을 학습에 우선 적용시킬 수 있다.

[177] 한국어 교육에서의 주의점 27참조.

15.4.2 사동

사동문은 다음과 같은 개념으로 정리할 수 있다.

(23) (ㄱ) 사동문

　　사동사가 서술어로 쓰인 문장.

(ㄴ) 사동사

　　문장의 주체가 자기 스스로 행하지 않고 남에게 그 행동이
　　나 동작을 하게 함을 나타내는 동사.

「표준국어대사전」은 사동문을 (ㄱ)처럼 "사동사를 서술어로 사용한 문장"으로 정리했고 사동사는 (ㄴ)처럼 "주체의 행위는 존재하지 않으며 남에게 행위나 동작을 하게 시키는 것"으로 정리하고 있다. 이에 대한 내용을 함께 고려하여 다음의 문장을 통해서 '사동문'의 개념을 보다 자세히 살펴보도록 한다.

(24) (ㄱ) 철수가 동생에게 책을 읽힌다.

(ㄴ) 엄마가 아이에게 밥을 먹인다.

(24)의 주어는 {철수}, {엄마}이며 이는 문장에서 '주체'가 되고 특정 행위를 '시키는 역할'을 담당한다. 반면 {읽다}, {먹다}의 직접적인 행위는 {동생}, {아이}가 담당하는 행위로서 이처럼 특정 행위를 '시키는 주체'와 그 행위를 직접 '수행하는 주체'가 한 문장에서 각각 존재하는 개념을 가진 문장을 사동문이라고 한다. 하지만 이런

개념은 문장의 전체 의미를 통해서 파악해야 하는 탓에 정확한 의미 구분이 쉬운 것은 아니다.

    (25) 사동문 구분의 어려움

        (ㄱ) 나무꾼은 토끼를 바위 뒤로 숨겼다.

        (ㄴ) 깜짝 생일파티를 위해 영수는 몸을 숨겼다.

    (25)의 {숨기다}는 {숨다}의 사동사로서 이를 활용한 (ㄱ)은 사동문이라고 할 수 있다.[178] 하지만 (ㄴ)을 사동문으로 볼 수 있는지에 대한 논의가 필요하다. 자신이 타인에게 보이지 않기 위한 의도로 {숨기다}의 결과가 나타나기 때문이다. 이처럼 사동문 또한 사동사가 사용된 문장이라도 그 의미가 항상 정확하지 않은 문장이 존재하는 탓에 학습에 어려움이 존재한다. 또한 다음과 같이 피동문과의 구분도 필요한 개념이기에 학습자들의 학습 부담감을 증가시키는 원인이 된다.

    (26) 사동과 피동의 구분

        (ㄱ) 호랑이가 멧돼지를 먹었다.

        (ㄴ) 멧돼지가 호랑이에게 먹혔다.

        (ㄷ) 엄마가 아기에게 젖을 먹였다.

---

[178] {숨겼다}의 주체는 '토끼'이며 그를 가능하게 한 행위를 진행시킨 주체가 '나무꾼'으로 각기 구분이 가능한 사동문이다.

(26)의 {먹다}는 '능동문', '피동문', '사동문'을 설명할 때 가장 효과적으로 활용이 가능한 어휘이다. 이는 {먹다}가 능동, 피동, 사동의 개념에 따라 다른 형태의 확장 어휘를 가지기 때문이다. 하지만 모든 어휘가 이처럼 능동, 피동, 사동의 개념을 중심으로 확장된 각기 다른 형태의 어휘소를 가지는 것은 아니다.

〈표 15-10〉 동일한 형태의 사동사와 피동사

물리다	피동사	윗니와 아랫니 사이에 끼인 상태로 상처가 날 만큼 세게 눌리다.
	사동사	윗니나 아랫니 또는 양 입술 사이로 끼운 상태로 떨어지거나 빠져나가지 않도록 다소 세게 누르게 하다.
안기다	피동사	두 팔을 벌린 가슴 쪽으로 끌어 당겨지거나 그렇게 되어 품안에 있게 되다.
	사동사	두 팔로 감싸게 하거나 그렇게 하여 품 안에 있게 하다
보이다	피동사	눈으로 대상의 존재나 형태적 특징을 알게 되다.
	사동사	눈으로 대상의 존재나 형태적 특징을 알게 하다.

〈표 15-10〉처럼 {물리다}, {안기다}, {보이다}는 사동사와 피동사로 모두 사용된다. 모국어 화자라면 "모기에게 물렸어"는 [피동], "아기에게 쪽쪽이를 물렸어"는 [사동]의 각기 다른 개념임을 문장을 통해 파악이 가능할 것이다. 하지만 어휘의 활용만으로 사동과 피동의 개념을 파악하려는 학습자들에게 〈표 15-10〉과 같은 예는 매우 큰 혼란의 원인이 된다. 또한 이를 의미만으로 파악하는 것도 쉽지 않아 학습자들에게 사동문과 피동문을 구분하고 정확하게 활용하

는 것은 매우 어려운 과제로 여겨지고 있다.

이에 사동문 또한 학습 초기에는 다음과 같은 문형을 중심으로 그를 구성하는 연습을 진행하여 그 개념을 피동문과 대조시켜 의미 파악을 가능하도록 유도하는 연습이 필요하다.

    (27) 사동문의 유형

        (ㄱ) 사동사에 의한 사동문

            {높이다}, {좁히다}, {밝히다}, {죽이다}, {속이다}, {줄이다} …

        (ㄴ) {시키다}를 활용한 사동문

        (ㄷ) {게 하다}를 활용한 사동문

(27)은 형태적으로 [사동]의 의미를 가지고 있는 문장을 제시하는 가장 기본적인 방법이나 피동문처럼 절대적인 규칙은 아니다. 하지만 그 개념을 인지하는데 활용될 수 있단 점에서 한국어 교육에서 가장 보편적으로 사용되는 유형들이다.

먼저 (ㄱ)은 피동문을 만들 때 나타났던 형태적 특징으로 〈표 15-10〉에서도 언급한 것처럼 접사에 의한 파생어를 활용하여 사동문을 구성하는 방법으로 {이}, {히}. {리}, {기}, {우}, {구}, {추} 등을 대표적으로 제시하고 있다. 하지만 파생어에서 확인한 것처럼 이들의 결합에서 100% 동일한 규칙을 발견할 수 없기에 기본이 되는 각각의 단어에서 [사동]의 의미를 가진 확장 어휘소를 개별적으로 제시하고 그에 맞게 '사동문'을 만드는 방법을 연습해야 한다.

또한 (ㄴ)의 {시키다}를 활용하는 방법은 {을/를 시키다}와 같은 문형을 사용하는데 다음과 같이 비교적 규칙적으로 사동문을 생성할 수 있단 점에서 효과적인 학습이 가능하다.

    (28) (ㄱ) 엄마가 온주에게 공부를 시켰어요.
        (ㄴ) 엄마가 온서에게 심부름을 시켰어요.

마지막으로 (ㄷ)은 {-게 하다}를 활용하여 사동문을 만드는 방법이며 '사동문'에 대한 명확한 개념을 파악하게 돕고 실제 언어생활에서 활발히 사용되고 있단 점에서 활용도가 높은 문형이라 할 수 있다.

    (29) (ㄱ) 선생님이 영수에게 발표를 하게 했다.
        (ㄴ) 그 영화는 나를 슬프게 했다.
        (ㄷ) 나는 화장을 예쁘게 했다.

{게 하다}를 활용한 사동문은 '특정 행위를 시키는 주체와 그 행위를 수행하는 대상'이 존재하는 (ㄱ)과 같은 문장을 통해서 개념을 쉽게 파악할 수 있다. 하지만 실제 언어생활에서는 (ㄴ)과 같은 형용사와 결합할 때 그러한 결과를 입은 [피동]의 개념으로도 해석될 수 있고 (ㄷ)과 같이 주체의 적극적인 행위가 고려되는 [능동]의 의미로도 해석될 수 있단 점에서 '사동문', '능동문', '피동문'의 경계가 명확하게 구분되는 문장을 제시하기가 쉽지 않음을 확인할 수

있다.[179]

　이상의 내용을 통해 살펴본 '피동문'과 '사동문'은 한국어 교육 중급과정에서 매우 중요하게 다뤄진다. 또한 이들 개념이 각기 다른 항으로 설정되어 있기에 학습자들은 '피동문'과 '사동문'을 반드시 구분해야 하는 개념으로 생각하는 경우가 많다. 하지만 지금까지의 내용을 통해 살펴본 것처럼 이들의 개념을 특정 문형만으로 명확하게 구분하는 것은 쉬운 일이 아니다. 더욱이 다양한 화용적인 양상을 모두 고려해야 하는 실제 언어생활의 측면에서 본다면 '사동문'과 '피동문'의 구분은 매우 다양한 양상을 고려해야 기에 더욱 쉽지 않다. 이에 '사동문'과 '피동문'의 개념에 대한 구분보다는 '능동문'과의 비교를 통해 이들 문장이 가진 [수동성]에 초점을 둔 의미를 파악하고 관련 문장을 정확하게 형성할 수 있는 능력에 더욱 초점을 둔 교육이 더욱 효과적인 학습에 활용이 가능할 것이다.

179 　고영근 · 구본관(2001: 364)는 [게 하다]와 '형용사'와의 결합은 자연스러운 사동문을 형성하는데 한계가 있다고 정리했다. 하지만 현대 언어생활에서 (ㄴ), (ㄷ)처럼 형용사와의 결합이 자연스럽게 사용되고 있단 점에서 이를 제한적인 요소라고 설정할 수는 없다. 여러 차례 언급한 것처럼 국어학에서 바라보는 제한적인 기준의 구분은 실제 언어생활에서 사용되는 다양한 양상을 모두 고려해야 하는 한국어 교육의 학습자들에게는 적용시킬 만큼 좋은 보기가 될 수 없기 때문이다.

제16장

한국어 교육에서의 주의점

이 장은 지금까지 논의했던 다양한 이론을 한국어 교육에 적용시킬 때 고려할 수 있는 내용을 정리한 것이다. 이는 그동안의 경험을 중심으로 정리된 것이며 교육자 개인의 주관적인 의견이 강하게 반영된 결과도 존재하고 있음을 미리 언급하며 논의를 시작하도록 한다.

16.1 '의미론, 화용론'의 활용

한국어 교육에서 유의 관계에 있는 다음과 같은 어휘의 의미는 형태론, 통사론의 관점만으로 설명하기에는 한계가 존재한다.

(1) 의미 차이

    (ㄱ) '에게서'와 '한테서'

    (ㄴ) {까맣다}와 {검다}

(1)의 어휘는 1급에서 제시된 어휘로서 유의 관계를 매우 강하게 형성하기 때문에 형태적 양상만으로 그 차이를 설명하기에는 한계가 있다. 이에 한국어 교육에서는 다음과 같이 이들의 차이를 '의미'를 중심으로 제시하는 방법을 활용할 수 있다.

(2)   (ㄱ) 친구에게서 편지가 왔어요. / 친구한테서 편지가 왔어요.

      (ㄴ) ??친구에게서 맞았어요. / 친구한테서 맞았어요.

(ㄱ)처럼 {에게서}와 {한테서}는 매우 유사하게 사용된다. 이에 학습자들은 유의 관계로 생각하는 경우가 많다. 하지만 (ㄴ)처럼 두 문형의 구분이 존재하는 양상이 있다. 즉 부정적인 속성을 가진 어휘와 {한테서}가 더욱 자연스럽게 결합되는 것이다. 이에 실제 언어생활에서 아랫사람이 윗사람에게 사용이 제한되는 양상을 가졌으며 이런 차이를 학습자들에게 제시할 수 있다.

이처럼 한국어 교육에서 문법, 어휘의 차이를 학습자들에게 가장 효과적으로 설명할 때 활용되는 학문 중의 하나가 바로 '의미론, 화용론'이다. 이에 한국어를 가르치려는 예비 교원이나 새 선생님은 이들 학문을 멀리해서는 안 된다. 또한 의미 차이는 객관적인 근거를 중심으로 논의에 활용해야 하며 교사 개인의 직관만으로 의미 구분을 활용할 수 없다는 점을 명심해야 한다.

16.2 통사론과 화용론의 관점

통사론과 화용론은 관점의 차이가 크단 점에서 다음과 같이 문법의 적절한 정도를 다른 결과로 판단하기도 한다.

  (3) 통사론과 화용론의 관점차이
      (ㄱ) 바위가 노래를 불렀어요.
      (ㄴ) 내 친구 바위가 노래를 불렀어요.

{바위}의 사전의미만을 참고한다면 (ㄱ)은 무정물이기에 비문이다. 하지만 (ㄴ)처럼 {바위}라는 이름을 가진 사람을 지칭하는 상황이라면 비문이라고 할 수 없다. 이처럼 (ㄱ)의 관점으로 문법의 적절성을 판단하는 방법은 '통사론적 관점'이며 (ㄴ)처럼 문장 이외의 다양한 상황을 고려하여 의미를 판단하는 기준은 '화용론적 관점'이다.[180] 이처럼 통사론과 화용론의 관점에 따라 문장의 적절성을 판단하는 결과는 큰 차이를 나타나게 한다.

---

180 화용론적 관점은 매우 다양한 양상으로 나타날 수 있으며 예외적인 사항을 모두 고려해야 하는 탓에 교육에 활용이 어려운 측면도 존재한다. 그렇기 때문에 화용론적 관점을 적용할 시에는 적절한 한계의 설정도 필요하다.

<표 16-1> 화용론적 관점에서의 차이

	아서/어서/여서	으니까/니까
(ㄱ)	날씨가 더워요. 냉면을 먹읍시다.	날씨가 더우니까 냉면을 먹읍시다.
(ㄴ)	날씨가 더워서, 냉면을 먹읍시다.	
(ㄷ)	날씨가 더워요. 냉면을 먹을까요?	날씨가 더우니까 냉면을 먹을까요?
(ㄹ)	날씨가 더워서, 냉면을 먹을까요?	
(ㅁ)	차가운 음식이 싫어서요. 먹지 맙시다.	차가운 음식이 싫으니까 먹지 맙시다.
(ㅂ)	차가운 음식이 싫어서, 먹지 맙시다.	

　한국어 교육에서 {아서/어서/여서}는 [청유], [명령]의 의미를 가진 문형들과 결합을 제한하여 {으니까/니까}와 구분되는 특징으로 제시하고 있다. 하지만 표처럼 {요}와 결합한 (ㄱ), (ㄷ), (ㅁ)의 결과로 본다면 각기 다른 문장인 탓에 [청유], [명령]의 의미 전달이 가능하다. 또한 (ㄴ), (ㄹ), (ㅂ)처럼 {요}가 탈락한 뒤 쉼표의 자리에 휴지를 두어 발화를 하면 그 어색함이 사라진다. 이에 {아서/어서/여서}의 제한에 대해 의문을 제기하는 학습자들이 나타나는 경우도 있다. 이는 실제 언어생활에서 발화하는 양상에 초점을 두는 방법의 차이로서 이러한 화용론의 관점에서 논의가 가능한 양상을 모두 고려하게 된다면 문법론을 중심으로 설정한 기존의 규칙은 무너지게 된다. 이에 한국어 교육에서는 특정 학문의 관점만을 따라서는 안 된다. 가장 보편적인 결과를 교육에 활용할 수 있는 객관적인 기준의 마련이 무엇보다 중요하다.

16.3 교사의 직관

한국어 교육에서 교사의 직관은 매우 중요하게 활용되고 있다. 학습자의 질문에 가장 적절한 답을 할 수 있는 방법이 바로 '직관'이라고 믿기 때문이다. 하지만 이는 말뭉치가 구축되기 전, 예전의 방법일 뿐이며 객관적인 연구가 가능한 지금의 시점에서 교사의 직관만을 활용하는 것은 결코 좋은 방법은 아니다.

가령 교육현장에서 오랜 기간 교육을 진행한 교사는 자신들의 직관이 곧 사전과 같은 절대적인 참고 자료라고 착각하는 경우가 많다. 이에 학습자들이 흔히 물어오는 '유의어', '사용양상'과 관련된 질문을 직관만으로 설명한다. 하지만 교사 또한 한국인 중의 한 명일 뿐이며 오랜 경력을 쌓았다는 것은 그만큼 교사의 연령이 높음을 의미한다. 이는 실제 언어생활의 사용양상과 관계없는 고연령인 교사 자신의 언어 사용습관이 적용될 수 있다는 가능성을 뜻한다. 또한 교사마다 직관의 차이가 다른 탓에 각각의 교실에서 전달하는 의미가 통일될 수 없다는 가능성도 직관을 활용한 수업의 한계가 될 수 밖에 없다.

이에 실제 언어생활에서 특정 어휘나 문형이 사용되는 양상을 확인할 수 있게 구축된 말뭉치 자료를 중심으로 교육에 적용할 수 있는 방안의 마련이 필요하다. 실제로 말뭉치를 중심으로 특정 어휘의 사용양상을 정리한 논의가 지속되고 있으며 한국어 교육도 이러한 방법을 활용하여 학습자에게 객관적인 언어정보를 전달할 수 있는 자료를 구축하는 방안을 마련하여 '직관'에 의존하여 수업을 진행하는 현재의 비전문적인 방식에서 벗어날 때, 향상된 질적 발전의 모습을 보일 수 있을 것이다.

16.4 접사와 조사의 경계

'접사'는 단어를 구성하는 요소이며 '조사'는 하나의 단어로 9품사에 포함되는 단위로 구분되는 개념이나 다음과 같이 영역의 구분이 혼란스러운 경우가 있다.[181]

들⁴「조사」그 문장의 주어가 복수임을 나타내는 보조사.

–들⁵ → –질.

들–⁶「접사」'야생으로 자라는'의 뜻을 더하는 접두사.

들–⁷「접사」'무리하게 힘을 들여', '마구', '몹시'의 뜻을 더하는 접두사.

–들⁸「접사」'복수(複數)'의 뜻을 더하는 접미사.

〈그림 16–1〉「표준국어대사전」의 검색결과

「표준국어대사전」에서 {들}은 하나의 조사와 세 개의 접사로 검

---

181 학습자에게 질문을 받은 경험을 토대로 작성한 글이다.

색된다. 이때 접미사로 사용되는 {-들}은 '복수의 뜻'을 가지는데 이에 대한 정확한 구분을 학습자에게 기대하기는 어렵다.

〈표 16-2〉 조사{들}과 접미사{-들}

조사 {들}			접미사 {-들}
(ㄱ)	다들 떠나갔구나	(ㄷ)	사람들, 그들, 너희들, 친구들, 우리들
(ㄴ)	방에서 텔레비전을 보고들 있어라. 다 떠나들 갔구나		

(ㄱ), (ㄴ)에서 조사 {들}은 "그 문장의 주어가 복수임을 나타내는 보조사"로 사용되고 있으며 (ㄷ)은 접미사로 사용되는 예이다.[182] 이처럼 두 개념은 유사하나 문장에 활용된 예에서는 '조사', 단어로 확장된 예는 '접사'로 구분하고 있다. 문제는 한국인들에게는 특별히 중요하지 않은 '조사'와 '접사'라는 개념을 일부 학습자가 객관화된 규칙을 얻고자 관련 질문을 시도한다는 점이다. 이는 반 전체의 분위기가 불필요하게 바뀔 수 있으니 주의가 필요하다.

즉, 두 개념의 구분이 학습에 도움이 될 것으로 잘못 인지한 학습자의 생각을 바꾸고 이를 설명할 때 다른 학습자에게 불필요하게 노출된 정보가 어휘의 사용양상에 초점을 둔 교육의 진행을 방해할 수 있단 점을 교사는 명심해야 한다.

---

182 {사람들}, {그들}, {너희들}은 「표준국어대사전」에 등재된 어휘소는 아니다. 하지만 접미사 {-들}의 설명에 활용된 용례다.

16.5 접사

‘어간, 어미’, ‘어근, 접사’의 경계에 대한 구분이 한국어 교육에서 중요한 것은 아니다. 하지만 파생어를 형성하는 접사들이 가진 의미를 파악할 수 있다면 배우지 않은 어휘의 의미추측에 활용할 수 있단 점에서 효율적인 학습이 가능하다.

(4) 접사에 대해 주의할 점
(ㄱ) 접사가 가진 다양한 의미를 인지해야 한다.
(ㄴ) 사전의미가 접사의 모든 의미를 전달하는 것은 아니다.

(4)는 접사를 수업에 활용할 때 주의해야 할 내용을 정리한 것이다. 이때 접사는 (ㄱ)처럼 의미를 가진 ‘최소의 단위’인 형태소 중의 하나이나 실질형태소가 아닌 탓에 어휘의 의미 파악에 중심으로 활용되어서는 안 된다는 점이다. 가령 한국어 교육에서 제시하는 {풋감}, {풋고추}, {풋과실} 등과 같은 어휘를 우선 학습한 후 이를 통해 {풋-}의 의미를 [-익다]로 인지하여 모든 어휘와의 결합에 활용해서는 안 된다. 즉 [-익다]는 특정 어휘와의 결합에서 나타나는 제한적인 의미일 뿐이며 실질형태소와 결합한 양상에 따라 각기 다른 의미가 전달될 수 있기에 이를 정확하게 이해하며 학습이 진행되어야 한다.

「접사」

「1」 ((일부 명사 앞에 붙어)) '처음 나온', 또는 '덜 익은'의 뜻을 더하는 접두사.

　　풋감.
　　풋고추.
　　풋과실.

「2」 ((몇몇 명사 앞에 붙어)) '미숙한', '깊지 않은'의 뜻을 더하는 접두사.

　　풋사랑.
　　풋잠.

〈그림 16-2〉 {풋-}의 「표준국어대사전」에서의 검색결과〉

〈그림 16-2〉는 접두사 {풋-}의 사전정보로서 두 개의 의미로 정리되어 있음을 알 수 있다. 하지만 실제 언어생활에서 {풋-}이 확장된 어휘소는 다음과 같이 매우 다양하단 점에서 (ㄴ)처럼 사전의미가 모든 양상을 반영할 수 없음을 인지해야 효과적인 학습에 활용이 가능하다.

(5) {풋-}의 다양한 의미

　　(ㄱ) [익지 않은 상태]: 풋사과, 풋머루, 풋고추, 풋배, 풋대추, 풋게

　　(ㄴ) [다 자라지 않은]: 풋강냉이, 풋마늘

　　(ㄷ) [여리고 부드러운 상태]: 풋나물, 풋미역, 풋김치

　　(ㄹ) [익숙하지 않은 서투른 상태]: 풋내기, 풋손, 풋바둑, 풋솜씨

　　(ㅁ) [잘 알지 못하는]: 풋술, 풋담배, 풋사랑, 풋정

　　(ㅂ) [얼마되지 않은 정도]: 풋돈, 풋눈, 풋거름, 풋잠

(ㅅ) [친하지 않은 사이]: 풋낯, 풋면목, 풋인사

(ㅇ) [어설프다]: 풋심, 풋기운

(ㅈ) [풀]: 풋소, 풋내

(5)처럼 {풋-}은 매우 다양한 양상으로 사용되고 있다.[183] 이처럼 특정 접사가 실제 언어생활에서 확장된 어휘를 중심으로 의미를 구분하면 사전의미에서 정리한 것보다 더 다양한 양상을 보이는 경우가 나타난다. 이에 수업을 진행하는 교사는 이를 인지하고 사전의미만으로 접사의 양상을 설명해서는 안 되며 결합하는 어휘에서 인지할 수 있는 다양한 양상을 고려한 개별적인 의미에 초점을 둔 수업을 진행할 필요가 있다.

16.6 어미

한국어학에서 '어미'를 단어로 설정하는 것에 대한 논의는 꾸준히 진행되고 있다. 현재 한국어 교육은 '학교문법'의 체계를 따르는 탓에 이를 단어로 보지는 않는다. 하지만 한국어 교육에서 '어미'는 다른 단어보다 중요한 요소로 학습에 활용되고 있다.

---

[183] 더욱 세부적인 기준을 활용하면 더 구체적인 분류가 가능하다. 또한 (ㅈ)의 [풀]은 동음이의어와 같은 양상을 보이며 사전에 등재되지 않았다는 점에서 '접사'의 구분은 쉽지 않음을 보여준다.

<표 16-3> 「새연세한국어1」의 어미

고[1]	고[2]	는	는군
는데	습니다	습니까	아서/어서/여서[1]
아서/어서/여서[2]	아요/어요/여요	은/ㄴ	으니까/니까[1]
은/는[1]	은/는[2]	은/는[2]	을/ㄹ
을까[1]	을까[2]		

〈표 16-3〉은 「새연세한국어1」에서 제시된 '어미'로서 모두 중요한 문형으로 교육에 활용되고 있다. 뿐만 아니라 대부분의 용언은 어미를 중심으로 활용되고 다양한 불규칙 현상이 나타나는 탓에 학습자를 평가하는 기준으로도 활발히 사용되고 있다. 또한 대부분의 고급 문형들은 초급의 어미를 중심으로 구성되기에 한국어 교육에서 어미는 매우 중요한 개념이다. 이에 교사는 초급에서부터 배우는 '어미'가 다양한 문형의 확장에 관여하기 때문에 의미를 정확하게 학습할 경우 고급의 문형 파악에 효과적으로 활용할 할 수 있음을 인식하고 정확한 학습을 초급에서부터 진행해야 할 것이다.

16.7 사이시옷이 첨가된 합성어

현대 한국어에서 다음과 같이 사이시옷이 첨가된 형태를 가진 합성어는 한국인들에게도 잘 알려지지 않은 낯선 형태를 가진 탓에 이를 수업에 적용시켜야 할 지에 대한 고려가 필요하다.

제30항 사이시옷은 다음과 같은 경우에 받치어 적는다.

1. 순우리말로 된 합성어로서 앞말이 모음으로 끝난 경우

[1] 뒷말의 첫소리가 된소리로 나는 것

고랫재	귓밥	나룻배	나뭇가지	냇가
댓가지	뒷갈망	맷돌	머릿기름	모깃불
못자리	바닷가	뱃길	볏가리	부싯돌
선짓국	쇳조각	아랫집	우렁잇속	잇자국
잿더미	조갯살	찻집	쳇바퀴	킷값
핏대	햇볕	혓바늘		

[2] 뒷말의 첫소리 'ㄴ, ㅁ' 앞에서 'ㄴ' 소리가 덧나는 것

멧나물	아랫니	텃마당	아랫마을	뒷머리
잇몸	깻묵	냇물	빗물	

[3] 뒷말의 첫소리 모음 앞에서 'ㄴㄴ' 소리가 덧나는 것

도리깻열	뒷윷	두렛일	뒷일	뒷입맛
베갯잇	욧잇	깻잎	나뭇잎	댓잎

〈그림 16-3〉 '한글맞춤법'에서의 '사이시옷' 관련 조항

〈그림 16-3〉은 '한글맞춤법 제30항 사이시옷 현상'과 관련된 내용이다. 이들 어휘소는 모두 '합성어'이며 다음과 같은 기준을 충족했을 때 나타나는 현상이다.

(6) 사이시옷의 첨가

　(ㄱ) 순 우리말로 된 합성어의 앞말이 모음으로 끝날 때

　(ㄴ) 순우리말과 한자어로 결합한 합성어의 앞말이 모음으로 끝날 때

　(ㄷ) 뒷말의 첫소리가 된소리로 나는 것

　　뒷말의 첫소리 'ㄴ, ㅁ' 앞에서 'ㄴ' 소리가 덧나는 것

　　뒷말의 첫소리 모음 앞에서 'ㄴㄴ' 소리가 덧나는 것

새 선생님을 위한 한국어 문법 교육론

'사이시옷과 관련된 현상'은 (ㄱ), (ㄴ)처럼 합성어를 구성하는 실질 형태소가 순우리말인지, 순우리말과 한자어로 구성되었는지를 확인하고 (ㄷ)의 조건을 충족시켰을 때 '사이시옷'을 첨가 시킨다. 하지만 한자어, 순우리말을 구분하는 것은 외국인에게 쉬운 일이 아니다. 더욱이 (ㄷ)처럼 정확한 발음을 구분하는 것은 한국인에게도 쉽지 않기에 이를 학습에 활용하기가 매우 힘들다.

(7) (ㄱ) {훗날(後날)}, {전셋집(傳貰집)}

   (ㄴ) {해님}, {햇빛}

   (ㄷ) 값: 절댓값, 덩칫값, 죗값 / 길: 등굣길, 혼삿길, 고갯길

   • 집: 맥줏집, 횟집, 부잣집 / 빛: 장밋빛, 보랏빛, 햇빛

   • 말: 혼잣말, 시쳇말, 노랫말 / 국: 만둣국, 고깃국, 북엇국, 순댓국

(7)은 사이시옷이 첨가된 합성어의 일부로서 (ㄱ)은 '한자어'와 '순우리말'이 합해진 단어로서 {전셋집}은 초급에 노출되어 있다. 반대로 함께 초급에 제시되는 {전세방傳貰房}은 한자어로 구성되어 있어 사이시옷을 첨가하지 않는 것이다.[184] (ㄴ)의 {해님}은 '순 우리말로 구성'되었고 '뒷말의 첫소리 모음 앞에서 'ㄴㄴ' 소리'가 덧나는 탓에 사이시옷첨가의 조건을 충족하지만 합성어가 아니기에 {해님}

---

184 하지만 한자로 구성된 {찻간(車間)}, {툇간(退間)}, {(곳간(庫間)}, {횟수(回數)}, {숫자(數字)} 등은 '사이시옷' 규정을 따르지 않는 예외 조항이 존재하여 절대적인 규칙이라고도 할 수 없다.

으로 적고 {햇빛}은 합성어이기에 '사이시옷'을 첨가한다. (ㄷ)은 모국어 화자에게도 낯선 형태로서 {등굣길}, {하굣길}, {혼잣말}, {노랫말}, {고깃국}, {북엇국}, {순댓국}등이 바른 표기이나 지켜지지 않는 경우가 많다. 또한 {인사말(人事말)}, {머리말}은 {혼잣말}, {노랫말}처럼 동일한 규정의 적용이 필요하지만 관용적으로 '사이시옷'을 넣지 않는 예외조항이며 {피자집}, {오렌지빛}은 영어와 결합했다는 이유로 '사이시옷'을 첨가하지 않는다. 이처럼 사이시옷첨가와 관련된 규정은 예외조항이 많고 실제 언어생활에서 자연스럽게 사용되지 않아 설명이 어렵기 때문에 한국어 교육에 적용이 쉽지 않다. 이에 어휘소를 하나하나 제시하는 방법이 가장 효과적이나 학습자는 '사이시옷이 첨가'된 원인을 설명받기 원하고 예외조항과의 차이를 알고 싶어하기에 관련 내용을 학습에 적용시키는 것은 쉽지 않다.[185]

16.8 조사의 중요성

조사는 생략하여 발화해도 의미 전달이 가능하다고 여기는 경우가 있다. 하지만 다음과 같은 조사는 문장의 의미에 중요한 역할을 담당한다.

---

[185] 그 밖에 다음과 같은 한글맞춤법 31항이 적용된 {머리카락}, {살코기}, {안팎}, {수캐}, {수컷}, {수탉}, {암캐}, {암탉}, {암퇘지}도 모국어 화자들에게 잘 지켜지지 않는 규정이란 점에서 이에 대한 논의도 함께 진행될 필요가 있다.

(8) (ㄱ) 영수가 집에 갑니다.

(ㄴ) 영수가 집에서 갑니다.

(8)에서 조사 {에}와 {에서}의 다른 선택으로 (ㄱ)에서 {집}은 [도착점]이 되며 (ㄴ)에서 {집}은 [출발점]이 된다. 이는 조사의 사용만으로 문장의 의미가 완전히 달라질 수 있음을 뜻한다.

〈표 16-4〉 조사에 따른 의미차

| 이 식당은 반찬이 맛있네 | 이 식당은 반찬도 맛있네 | 이 식당은 반찬만 맛있네 |
| 이 식당은 반찬은 맛있네 | 이 식당은 반찬까지 맛있네 | 이 식당은 반찬부터 맛있네 |

실제로 〈표 16-4〉처럼 조사만으로 다양한 의미를 전달할 수 있단 점에서 '조사'를 생략이 가능한 단위로 여겨서는 안 된다. 하지만 실제 교육현장에서 조사는 '이형태'를 중심으로 교육과 평가에 초점을 두는 경우가 많다. 이는 〈표 16-4〉의 조사들이 대부분 초급에서 제시되는 반면, 조사의 차이로 인지될 수 있는 의미를 학습자들이 이해할 수 있을 만큼의 한국어 능력을 갖추지 못했기 때문이다. 이에 조사의 의미를 중요하지 않게 여기는 경우가 있는데 이는 매우 잘못된 것으로 '조사'가 한국어에서 담당하는 역할이 중요함을 반드시 전달하고 중급, 고급에서라도 조사의 의미 차이를 학습 목표로 설정하여 학습자들이 조사를 중요하게 파악하고 다양한 의미를 전달할 수 있는 양상에 대한 학습이 진행되어야 한다.

16.9 조사의 평가

조사에 대한 평가는 '이형태'를 중심으로 적절한 선택에만 초점을 두는 경우가 많다. 이에 교사는 '조사'의 실수를 단순한 형태의 실수만으로 인지하고 잘못된 의미를 전달하는 경우에도 중요하지 않은 작은 실수로 여기기도 한다.

(9) [선생님이 학교에 가다]를 표현하는 문장의 오류

(ㄱ) 선생님<u>가</u> 학교에 갔어.

(ㄴ) 선생님이 학교<u>를</u> 갔어.

(ㄷ) 선생님이 학교<u>에서</u> 갔어.

(ㄱ)은 {이/가}를 잘못 선택한 형태적 오류다. 또한 (ㄴ)은 목적격 조사 {을/를}을 잘못 선택한 예이며 (ㄷ)은 [도착]을 의미하는 {에}가 아닌 [출발점]을 뜻하는 {에서}를 잘못 선택한 오류로서 이는 전혀 다른 의미를 전달하게 된다. 반면 (ㄱ)의 경우 동일한 주격조사를 잘못 선택했을 뿐이기에 의미 차이가 존재하는 것은 아니다. 이런 이유로 조사를 평가할 때 각기 다른 기준을 적용해야 한다는 의견이 존재할 수 있다. 하지만 분명한 사실은 어느 의견을 따르든 조사를 평가할 때 객관적인 기준을 미리 설정하는 것은 매우 중요하다는 점이다. 가령 이형태로 선택이 가능한 조사를 잘못 선택해도 이를 모두 감점으로 처리하는 기준과 이형태를 가진 조사와 그렇지 않은 조사를 두 개로 분류하여 평가의 기준을 각기 달리 설정하는 방법

등을 설정해야 한다. 분명한 사실은 '조사의 평가'에 적용될 기준은 동일하게 적용되어야 한다는 점이다.

16.10 보조동사

한국어 교육에서 보조동사는 문형으로 설정되어 제한적인 양상으로 학습에 활용되고 있다. 하지만 실제 언어생활에서는 매우 다양한 양상으로 사용되는 '다의어'의 성격을 보이는 경우가 많다.

> (10) {아/어/여 보다}의 다의성 1
>> (ㄱ) 한 번 먹어봐!!
>> (ㄴ) 나는 제주도에 가 봤어.
>> (ㄷ) 그 음식 먹어봤어?

「새연세한국어2」는 {아/어/여 보다}를 3과 1항, 5과 1항에서 각기 다른 문형으로 제시하고 있다. 즉 (ㄱ)에서 {아/어/여 보다}는 [시도], (ㄴ)의 [경험]과 같은 다른 의미로 수업에 제시하고 있다. 하지만 (ㄷ) 은 '너무 매워서 먹지 못하는 음식을 시도'하라는 의미와 '특정 장소에서 판매하는 음식을 먹은 적이 있는지 경험'을 묻는 두 의미를 모두 가지고 있는 탓에 이들의 경계를 명확하게 구분한 문장만을 수업에 활용하는 것은 쉬운 일이 아니다. 또한 이런 이유로 학습자는 의미를 구분한 교과서의 전문성을 의심할 수 있기에 근거없이 보조동사의 의미를 분리하여 학습에 활용하는 것은 큰 부담감이 생길 수 있다.

> (11) 보조동사의 다의성 2
>
>> ㈀ 동생이 과자를 다 먹어 버렸다. [완료]
>>
>> ㈁ 그 사람 앞에서 참지 못하고 울어버렸다. [완료], [후회]
>>
>> ㈂ 화가 나서 참지 못하고 그 사람을 때려 버렸어. [완료], [실수]
>>
>> ㈃ 오랫동안 사용하지 않은 물건을 버려 버렸다. [완료], [불필요]

또한 (11)에서 {아/어/여 버리다}는 [완료]라는 동일한 속성을 중심으로 [후회], [실수], [불필요]와 같은 추가적인 양상을 전달하는데 이런 속성의 차이에 따라 학습자가 달리 인식하는 경우도 있기에 보조동사의 의미를 한국인이 사용하는 다양한 모든 양상에 초점을 두기란 쉬운 일이 아니다. 이에 목표 문형으로 설정한 양상을 정확하게 확인하고 이를 학습자가 이해할 수 있게 관련된 예만을 제시하여 추가적인 양상의 의미 학습을 제한해야 학습 목표로 설정한 보조동사의 효율적인 학습이 가능하게 될 것이다.

16.11 품사의 통용

한국어에서 특정 단어는 두 개 이상의 품사를 가지는 경우가 있는데 이를 '품사의 통용'이라고 한다.

(12) 품사의 통용

　(ㄱ) 명사 → 부사: 정말, 참, 어제, 오늘, 내일, 모레

　(ㄴ) 부사 → 명사: 다, 모두, 조금, 스스로, 서로, 오래

　(ㄷ) 대명사 → 부사: 여기, 거기, 저기, 언제, 이리, 그리, 저리

　(ㄹ) 관형사 → 대명사: 이, 그, 저

　(ㅁ) 명사 → 대명사: 군君, 신臣, 생生, 우愚, 고명高名

　(ㅂ) 형용사 → 동사: 크다, 밝다, 있다

　(12)는 품사의 통용과 관련된 양상을 이정택(2012: 58)을 참고하여 정리한 것으로 다양한 품사에서 나타날 수 있는 특징으로서 대부분 이를 인식하지 않아도 문법 규칙에 적용시키는데 큰 무리가 없다. 하지만 용언의 통용 현상은 다른 문법 규칙을 적용해야 하는 탓에 정확하게 파악할 필요가 있다.

(13) (ㄱ) 동사+{은/ㄴ} + 명사　→ [과거]

　　　동사+{는}+명사　　　→ [현재]

　　　동사+{을/ㄹ}+명사　→ [미래]

　　　동사는 [명령], [권유], [제안], [청유]를 전달하는 문형과 결합.

　(ㄴ) 형용사+{은/ㄴ}+명사 → [시제 개념이 없음]

　　　형용사는 [명령], [권유], [제안], [청유]를 전달하는 문형과 결합하지 않는다.

(13)처럼 형용사는 명령문, 청유문, 권유문 등을 만들 수 없고 관형사형으로 활용될 때 동사와 적용하는 규칙이 다르기에 용언에서 나타나는 품사의 통용 현상은 중요하다. 이에 초급에 학습하는 {크다}, {있다}, {밝다}가 다음과 같이 통용 현상을 보이는 단어임을 제시하고 이제 맞는 적절한 사용을 제시해야 한다.

〈표 16–5〉 {크다}, {밝다}, {있다}의 품사

단어	형용사	동사
크다	사람이나 사물의 외형적 길이, 넓이, 부피, 높이 따위가 보통 정도를 넘다. 〈13개 의미를 더 가지는 다의어〉	동식물의 몸의 길이가 자라다. 사람이 자라서 어른이 되다. 수준이나 능력이 높은 상태가 되다.
밝다	불빛 따위가 환하다 《6개의 의미를 더 가지는 다의어》	밤이 지나고 환해지며 새날이 오다. 예) 벌써 새벽이 밝아 온다. 　　　어느새 밤이 밝네.
있다	사람이나 동물이 어떤 상태를 계속 유지하다 예) 가만히 있어라. 　　　우리 모두 함께 있자.	사람이나 동물이 어느 곳에서 떠나거나 벗어나지 아니하고 머물다. 예) 그는 내일 집에 있는다고 했다. 　　　내가 갈 테니 너는 학교에 있어라.

16.12 불규칙 용언 그리고 평가의 기준

한국어 교육에서 어미와 결합하는 일부 용언은 불규칙 용언이라는 이름으로 매우 중요하게 강조되고 있다. 이는 초급에서부터 고급까지 매우 다양한 양상에서 나타나기 때문에 형태뿐만 아니라 의미의 정확한 학습 또한 매우 중요하다.

(14) 불규칙 용언의 예

    ㉠ ㄹ불규칙: 알다, 살다, 만들다, 놀다, 열다, 멀다, 달다.

    ㉡ ㄷ불규칙: 걷다, 묻다, 믿다, 닫다.

    ㉢ ㅂ불규칙: 돕다, 맵다, 덥다, 차갑다, 뜨겁다, 입다, 좁다, 씹다,
       잡다.

    ㉣ ㅅ불규칙: 낫다, 젓다, 짓다, 잇다

    ㉤ ㅎ불규칙: 빨갛다, 파랗다, 하얗다, 까맣다, 노랗다, 그렇다,
       이렇다.

    ㉥ 르불규칙: 모르다, 다르다, 바르다, 고르다.

초급에서 제시되는 불규칙 용언은 (14)와 같다. 이는 관련 단어를 함께 학습하며 이를 배운 문형에 적용하기에 학습 분량이 매우 많아 학습자들의 부담이 크다. 또한 형태가 변하지 않는 불규칙 용언들도 존재하기에 이에 대한 학습도 병행되어야 한다.[186]

---

186 가령 {더워요}, {매워요}와 같이 변하는 'ㅂ불규칙 용언'과는 달리 {입어요}, {좁아요}처럼 그 형태가 변하지 않는 어휘는 개별적으로 학습해야 한다. 또한 그 이유를 설명하기가 쉽지 않아 학습자는 이를 암기해야 하는 범주로 인지하게 되며 그런 이유로 불규칙 용언과 관련된 단원은 다른 단원과 비교하여 학습자들의 학습 부담감이 매우 크다.

〈표 16–6〉 ㄹ불규칙 용언의 제시방법

단어	- 고	습니다/ㅂ니다	아서/어서/여서	으니까/니까	으면/면	아요/어요/여요	으세요/세요
알다							
놀다							
만들다							
열다							
달다							
멀다							

불규칙 용언은 〈표 16-6〉과 같은 방법으로 제시하는 것이 일반적이다. 이때 교사는 형태가 변하지 않는 어미와 불규칙 현상이 적용되는 어미를 비교할 수 있도록 적절히 제시하고 형태의 변화를 각각 고려하여 빈칸에 알맞은 답을 채워가는 연습을 진행해야 한다. 또한 단어가 가진 품사에 따라 결합이 제한되는 양상에 대해서도 함께 제시하여 용언이 활용될 때 고려해야 하는 다양한 요소가 존재하는 것을 학습자 스스로가 인식할 수 있게 다양한 요소를 고려하는 수업을 진행해야 한다.

또한 용언은 어미와 결합하여 다양한 형태로 활용되기에 쓰기 능력을 평가할 때 아주 중요하게 활용되고 있다. 이에 다음과 같이 다양하게 나타나는 오류를 어떻게 처리할지 그에 대한 명확한 기준을 설정하는 것도 교사에게 중요한 업무 중의 하나이다.

〈표 16-7〉 활용의 오류 유형

활용 오류 유형	(ㄱ) 형태	날씨가 <u>덥워서</u> 밖에 나갈 수 없어요. 가: 어제 수업은 잘 끝났어요? 나: 너무 바빠서 수업을 <u>끝나지</u> 못 했어요.
	(ㄴ) 의미	가: 어제 만난 사람이 누구예요? 나: 제가 <u>만날</u> 친구는 고등학교 동창이에요. 가: 영수 씨, 발표준비는 어디에서 할까요? 나: 오늘은 아르바이트가 있으니까 <u>내일합니다.</u>

〈표 16-7〉는 용언과 관련된 오류 유형의 일부로서 (ㄱ)은 형태, (ㄴ)은 의미와 관련된 오류이다. 문제는 (ㄱ)과 달리 (ㄴ)의 오류는 적절하지 못한 의미를 전달하게 된다는 점이다. 이와 달리 (ㄱ)의 형태적 오류는 적절한 어휘를 선택했단 점에서 의미 전달은 가능하다. 이런 이유로 어떤 기준을 평가에 활용해야 할지에 대한 근거의 마련이 필요하다.

(15) (ㄱ) 모두 감점

    (ㄴ) 형태 오류는 모두 감점, 의미 오류는 부분 점수.

    (ㄷ) 형태 오류는 부분 점수, 의미 오류는 모두 감점.

    (ㄹ) 형태 오류, 의미 오류 모두 부분 감점.

한국어 교육에서 문형의 오류를 평가하는 기준을 크게 (15)와 같이 나눌 수 있다. 먼저 (ㄱ)은 모든 오류를 다 감점으로 처리하는 것을 뜻한다.[187] 이는 '한국인의 언어 사용습관'이 아니라는 근거를 바탕으로

---

187 조사와 관련된 오류도 모두 비문으로 처리하는 것을 뜻한다.

가장 객관적인 평가가 가능하다. 하지만 쓰기 평가의 결과가 다른 과목과 비교하여 매우 낮아질 수 있기에 적절한 난이도의 조절이 필요하다. 반면 (ㄴ), (ㄷ)처럼 특정 오류를 감점시키는 방법이나 (ㄹ)처럼 모든 오류를 감점하는 방법은 (ㄱ)보다 학습자의 평가 점수를 높일 수는 있으나 교사의 직관에 의한 주관적인 평가가 진행될 수 있기에 세부적인 기준의 제시가 우선되어야 한다. 평가는 각각의 기관에서 동일한 기준만이 적용된다면 기관마다의 차이가 존재하여도 큰 문제는 없다. 하지만 적어도 동일한 기관이라면 급과 관계없이 평가 기준이 동일해야 한다. 그래야 학습자들은 자신을 평가한 기관에 신뢰를 보이기 때문이다.

16.13 형용사와 동사의 구분

용언은 '형용사와 동사'을 뜻하며 9품사를 구성한다. 하지만 이 결과를 중요하지 않게 여기는 기관이 존재한다.

7과 쇼핑	1. 이 검은색 반바지를 입어 봐도 돼요?	-어도 되다 -으면 안 되다	반바지, 흰색, 갈아입다, 유행이다, 특별히	보라색, 분홍색, 색깔, 양복, 운동복, 원피스, 점퍼, 조끼, 청바지, 하늘색, 회색, 떠들다, 뛰다, 만지다, 목이 마르다
	2. 가방이 얼마나 가벼운지 몰라요	ㅎ동사 얼마나 -는지 모르다	사이즈, 월급, 주머니, 멋있다, 빨갛다, 첫, 마음에 들다	· 디자인, 모양, 단순하다, 맞다, 밝다, 비슷하다, 어둡다, 화려하다 · 그렇다, 까맣다, 노랗다, 빨갛다, 어떻다, 이렇다, 저렇다, 파랗다, 하얗다

〈그림 16-4〉 한국어 교재에서 형용사의 분류

〈그림 16-4〉에서 표시된 단어 {그렇다}, {어떻다}, {이렇다}, {저렇다}는 지시형용사이며 {까맣다}, {노랗다}, {빨갛다}, {파랗다}, {하얗다}는 성상형용사이다. 하지만 「새연세한국어2」는 이를 'ㅎ불규칙동사'로 정리하고 있다. 그러나 이 교재는 동사와 형용사를 구분한 9품사 체계로 구성되어 있단 점에서 이 분류에 대한 의문을 갖게 한다. 여러 차례 언급한 것처럼 한국어 교육에서 동사와 형용사의 구분은 매우 중요한 요소인데 위와 같이 '동사'로 정리했다면 이들 어휘는 {으십시오/십시오}, {읍시다/ㅂ시다}등과 결합이 가능해야 한다. 하지만 이는 결코 한국어에 적용할 수 있는 문법이 아니며 「새연세한국어2」 또한 이러한 내용으로 구성된 교재는 아니다. 그런 이유로 위와 같은 내용은 전문성을 의심할 수 밖에 없단 점에서 근거가 제시되어야 할 것이다.

16.14 기초어휘와 사전의 의미

한국어 교육에서 색채어는 1급에서 제시된다. 이때 기초어휘는 다음과 같이 {희다}, {검다}, {붉다}, {푸르다}, {노르다}이다.

(16) (ㄱ) 희다: 눈이나 우유의 빛깔과 같이 밝고 선명하다.

　　　하얗다: 깨끗한 눈이나 밀가루와 같이 밝고 선명하게 **희다**.

　　(ㄴ) 검다: 숯이나 먹의 빛깔과 같이 어둡고 짙다.

　　　까맣다: 불빛이 전혀 없는 밤하늘과 같이 밝고 짙게 **검다**.

ⓒ 붉다: 빛깔이 핏빛 또는 익은 고추의 빛과 같다.

빨갛다: 피나 익은 고추와 같이 밝고 짙게 **붉다**.

ⓔ 푸르다: 맑은 가을하늘이나 깊은 바다, 풀의 빛깔과 같이 밝고 선명하다.

파랗다: 맑은 가을 하늘이나 깊은 바다, 쌔싹과 같이 밝고 선명하게 푸르다.

ⓜ 노르다: 달걀노른자의 빛깔과 같이 밝고 선명하다.

노랗다: 병아리나 개나리꽃과 같이 밝고 선명하게 **노르다**.

(16)에서 기초어휘는 {희다}, {검다}, {붉다}, {푸르다}, {노르다}이며 {하얗다}, {까맣다}, {빨갛다}, {파랗다}, {노랗다}는 확장어휘다. 하지만 한국어 교육에서는 확장된 어휘를 우선 제시하여 'ㅎ불규칙'에 활용하고 있다. 물론 {푸르다}, {누르다}의 경우 실제 언어생활에서 {파랗다}, {노랗다}와 비교하여 활발하게 사용되는 것은 아니기에 빈도에 초점을 둘 경우 더 중요한 어휘소라 할 수 있다. 그러나 {희다}, {검다}의 경우 사용빈도 또한 {하얗다}, {까맣다}보다 높기에 기초어휘임을 부정할 수 없다. 허나 색채어를 학습목표로 설정하지 않고 불규칙 용언을 중요하게 생각한 탓에 이에 대한 고려를 하지 않은 채 교재가 구성된 것이다. 이는 한국어 초급의 어휘는 기초어휘로 구성되어야 하는 객관적 기준에서 벗어난 예로서 평가를 위한 방법을 중심으로 대부분의 교재가 구성되고 있는 것은 아닌지 비판적 관점의 새로운 검토가 필요한 내용이라 할 수 있다.

16.15 우리말의 순화.

현대 언어생활에서 '외래어'의 사용이 정착되어 자연스럽게 여겨지는 것은 사실이다. 이에 국립국어원에서는 정기적으로 외래어 순화작업을 지속하고는 있으나 실제 언어생활에서 사용되는 빈도는 낮기에 효과적인 결과를 얻지는 못하고 있다.

〈표 16-8〉 순화작업의 예

바이 소셜 (buy social)	→ 상생소비	소셜 미디어 (social media)	→ 누리소통매체
밀레니얼 세대 (millennial 世代)	→ 새 천년세대	빅텐트(big tent)	→ 초당파 연합

이러한 노력과는 달리 외래어가 실제 언어생활에서 기초어휘의 자리를 차지해 가는 비율이 증가하는 것은 세계적인 현상이고 모국어 화자들이 매우 자연스럽게 사용하는 탓에 순화된 단어를 무조건 학습에 활용할 필요는 없다. 다만 '사이버 공간에서 활동하는 사람'을 뜻하는 {네티즌Netizen}이 현대 언어생활에서 {누리꾼}으로 순화되어 정착된 예처럼 순화작업이 의미있는 가치를 보일 수 있다는 점에서 앞으로도 꾸준히 진행되어야 할 것이며 한국어 교사들이 먼저 순화된 어휘를 찾아 학습자들에게 소개하여 이런 작업이 꾸준히 진행되고 있음을 알리는 것도 의미있는 교육의 하나가 될 수 있다.

'외래어'가 실제 언어생활에서 활발히 사용되는 양상과는 달리 사전에 등재되지 않은 탓에 한국어 교육에 활용할 수 있는 객관성을 확보할 수 있는 근거가 부족한 경우가 있다.

> (17) 외래어의 확장 양상의 예
>> (ㄱ) 「표준국어대사전」에 등재된 외래어.
>>> 예) {키스하다}, {섹시하다}, {드라이브하다}, {점프하다}, {터치하다}
>> (ㄴ) 「표준국어대사전」에 등재되지 않은 외래어.
>>> 예) {스터디하다}, {핫하다}, {쿨하다}, {파이팅하다}, {헬스하다}

(ㄱ)은 사전에 등재된 어휘이며 (ㄴ)은 사전에 등재되지 않은 어휘다. 하지만 모두 실제 언어생활에서 모국어 화자들에게 매우 활발하게 사용되는 어휘임에는 분명하다.

가령 비표준어는 뉴스, 신문, 인터뷰와 같은 공식적인 자리에서 사용이 제한되나 (ㄴ)의 외래어는 가장 공식적인 성격을 가진 뉴스에서 사용될 정도로 공식성을 확보한 어휘소다. 또한 실제 언어생활에서 사용되는 빈도를 검색해도 비표준어인 {헬스하다}는 네이버 '블로그'에서 약 3,010,000건의 검색 결과를 보였고, 표준어 {키스하다}는 약 2,020,000건으로 빈도가 사전의 등재에 절대적인 기준으로 활용되는 것도 아니란 점에서 외래어의 설정에 대한 표준어의 명확한 기준이 존재하는 것은 아니다.[188] 이에 나타날 수 있는 문제점은 사전에 등재되지 않은 어휘를 비문으로 설정하여 교육에 활용하지 않는 기준과는 달리 '외래어'는 한국어 교육에 활용되고 있단 점이다. 그런 이유로 학습자는 사전에 등재되지 않은 유행어, 신조어 또한 학습이 가능한 어휘범주로 잘못 인지하고 이를 다양하게 활용하고 있단 점에서 외래어를 학습자에게 제시할 수 있는 근거의 마련이 우선되어야 한다. 이는 모든 외래어를 학습에 수용할 수 없고 현대 한국어에서 외래어는 기초어휘처럼 중요도가 증가하기 때문이다.

16.17 한국어 교육에서의 방언교육

서울에서 생활하는 사람들에게 지역 방언은 어색한 표현이다. 하지만 그 지역을 기준으로 본다면 서울의 표준어가 어색한 표현이된다. 이는 학습자의 생활지역 혹은 목표에 따라 방언 교육의 필요성이 존재하는 것을 뜻한다. 실제로 이정택(2013)은 방언 교육의 대상이 되는 대부분의 잠재적 학습자인 이주여성들의 경우에는 그들이 생활하는 지역의 말을 습득해야 일상생활의 유지가 가능하단 이유를 중심으로 방언 교육이 필요성을 언급했다.

이는 실제 언어생활에서 사용되는 양상에 초점을 맞추는 한국어

---

188 반면 [헬스클럽], [헬스]는 사전에 등재되어 있다.

교육의 가장 근본적인 기준에 부합하는 조건이다. 이러한 필요성은 많은 교육자들이 인식하고 있지만 실제 교육에 활용하는 것은 다음과 같은 이유로 쉽지 않다.

(18) 방언 교육의 어려움

　㉠ 학문 목적 학습자가 다수인 교육현장.

　㉡ 다양한 방언을 가르칠 교사와 교재의 부족.

　㉢ '방언' 교육의 대상이 되는 범주의 설정에 대한 문제.

　㉣ 방언 학습이 필요한 학습자와 주변인들의 학습에 대한 열정의 부재.

위와 같은 이유로 한국어 교육에서 방언 교육은 쉽지 않다. 먼저 ㉠처럼 지방에서 한국어를 학습하더라도 대부분의 학습자는 '대학 진학'을 목표로 두기 때문이다. 이들을 '학문 목적 학습자'라고 하는데 대부분 수도권 진학을 목표로 하며 대학 생활에 필요한 과제 작성과 표준어로 구성된 교과서를 이해하기 위해 한국어를 배우기 때문이다. 또한 학습자의 한국어 능력을 객관적으로 평가하는 '토픽시험'은 표준어로 구성되었기 때문에 대부분의 학습자들이 표준어를 학습하기를 희망하고 있다.

또한 ㉡처럼 학습자를 가르칠 교사와 교재가 부족하단 점도 방언 교육을 어렵게 한다. '지역방언'은 문법적인 특징뿐만 아니라 음성 언어로 발화될 때 나타나는 강세, 억양, 음장의 길이와 같은 요소가 중요하게 작용하는데 이는 표준어를 구사하는 교사가 전달할 수 없는 특수한 용법이다. 이에 그 지역 방언을 유창하게 사용하는 교사가 필요하고 교육에 활용할 교재가 부족한 탓에 객관적인 수업의 진행에 방해가 된다.

또한 ㈄처럼 '지역방언'의 범주 설정도 쉬운 일이 아니다. 보통 '경상도 방언'을 경상도에서 사용하는 보편적인 표현으로 생각할 수 있다. 또한 경북과 경남 정도로 구분하여 이들의 특징에 맞춰 교육을 진행할 수 있다고 여길 수 있다. 하지만 같은 경상북도임에도 김천, 구미지역은 '문장종결 어미'로 {여}를 사용하는 아주 특이한 '지역방언'이 존재한다. 이는 그 지역에만 사용되는 제한적인 특징에 초점을 맞춰 세부적인 분류에 대한 기준의 설정이 쉽지 않기에 방언 교육의 한계로 작용할 수 밖에 없다.

무엇보다 방언 교육의 가장 큰 방해가 되는 요소는 ㈃처럼 가장 방언 학습이 필요한 대상들은 정작 학습의 필요성을 느끼지 않는다는 점이다. 이정택(2013)은 방언 학습이 가장 필요한 대상은 '이주여성'이나 이들은 언어를 '습득하는 것'으로 여기는 한국인들과 생활을 하기에 학습의 필요성을 인지하지 못 함을 언급했다. 이에 정부의 다양한 정책에도 불구하고 성취도가 매우 느리며 가족과의 대립 혹은 갈등으로 학습을 지속하지 못하거나 의욕이 매우 낮아 교과 과정을 진행할 수 없기에 지역 주민을 대상으로 실시하는 교육의 한계가 있음을 언급하고 있다.

이러한 이유로 현재까지도 한국어 교육은 표준어만을 교육의 대상으로 삼는다. 하지만 '다문화 가정'이라는 표현이 자연스러운 지금의 시점에서 이들의 한국 생활의 적응과 국민으로서의 기본적인 생활의 영위를 위해서라도 '지역방언'을 한국어 교육의 대상으로 삼는 연구는 반드시 진행되어야 할 것이다.

16.18 남성어와 여성어

얼핏 남성어와 여성어를 쉽게 구분할 수 있을 것으로 생각한다. 가령 {아요/어요/여요}는 여성, {습니다/ㅂ니다}는 남성에게 주로 사용될 것 같은 어미로 여겨진다. 하지만 다음과 같은 실제 연구 결과는 그러한 구분이 명확한 것은 아님을 보여준다.

> (19) 남성어와 여성어의 차이
> (ㄱ) 구어에서는 큰 차이가 없다.
> (ㄴ) 공적인 상황에서 여성은 남성 화자의 말투를 사용한다.
> (ㄷ) 남성 발화는 형식성을 지향하고 여성 발화는 비형식성을 지향한다.

(19)는 한나래 · 강범모(2009)에서 정리한 남성어와 여성어의 차이로서 (ㄱ)처럼 남성의 발화와 여성의 발화가 구어로 사용되는 상황에서는 큰 차이가 없음을 보여준다. 또한 공적인 상황에서 여성 화자는 남성화자의 말투로 알려진 {습니다/ㅂ니다}와 같은 문형을 의도적으로 사용하여 남성과 여성의 언어 사용양상이 나타나지 않는 것을 보여준다.

하지만 이를 통해 추측할 수 있는 분명한 사실은 ㉢처럼 남성어가 [형식성], 여성어가 [-형식성]을 지향하는 것처럼 본질적인 차이가 존재한다는 점과 [친밀]이나 [공식성]이 고려되는 말하기 상황에서 성별의 차이가 언어 사용에 중요한 요소가 되지 못하여 유사하게 사용되는 양상을 보인다는 점이다.

16.19 사전의 활용

「표준국어대사전」의 어휘정보를 항상 한국어 교육에서 절대적으로 활용할 수 있는 것은 아니다. 가령 「표준국어대사전」에서 {엄마}는 '격식을 갖추지 않아도 되는 상황'에서 사용하는 것으로 정리되어 있으나 다음과 같이 실제 언어생활에서는 [격식]과 관계없이 사용되는 경우도 많기 때문이다.

> (20) ㉠ 엄마가 쓴 자서전, "아버지 왜 난 학교에 안 보냈어요?"
>
> ㉡ '엄마, 정말 사랑해요'라는 말이라도 제대로 한 적이 있었나 싶다.

㉠은 신문기사, ㉡은 문재인 대통령이 2020년 설 연휴 첫날, 라디오 인터뷰에서 {엄마}를 사용한 예이다. 이들은 모두 [격식]과 관계있는 공식적인 상황에서 대화가 진행되고 있음에도 {엄마}의 사용이 어색하지 않다. 이는 사전정보가 실제 언어생활의 사용양상을

반영하지 못하고 있음을 뜻한다. 이에 한국어 교육을 위한 어휘정보가 필요하며 사전에서 정리된 정보를 절대적인 결과로 여기는 인식은 위험하다고 할 수 있다. 또한 교사는 실제 언어생활에서 사용되고 다양하게 변하는 언어를 항상 인지하고 이를 고려한 어휘정보를 제시할 노력을 지속해야 할 것이다.

16.20 상의개념과 하의개념을 활용한 '어휘망'의 구축

상의어와 하의어의 속성을 중심으로 특정 확장 어휘를 제시하는 '어휘망'은 한국어 어휘교육에서 활발히 활용되고 있다. 하지만 이는 구축하기 전 객관적인 기준이 적용되어야 학습에 활용이 가능하다. 만약 그 기준이 적절치 않다면 어휘망을 제시해서는 안 된다.

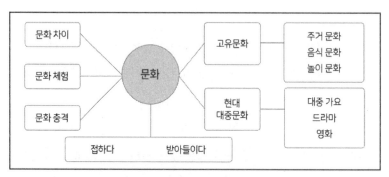

〈그림 16-5〉 어휘망을 활용한 「새연세한국어4」의 어휘제시

〈그림 16-5〉는 「새연세한국어4」에서 정리한 어휘망의 하나이며

가장 중심에 있는 어휘 {문화}가 가장 '상의어'라 할 수 있다. 문제는 이를 중심으로 확장된 어휘소에서 동일한 규칙이 적용된 결과를 찾기가 어렵다는 점이다.

가령 {고유문화}는 [시대時代]를 기준으로 분류한 하의어이며 {주거 문화}, {음식문화}, {놀이문화}는 그 [종種]을 중심으로 분류한 하의어다. 하지만 이와는 달리 달리 {현대 대중문화}는 [시대時代]만으로 {고유문화}와 대립 관계를 형성하는 {현대문화}가 아니며 [대중]이 추가된 더 아래 범주의 확장의 어휘란 점에서 {현대문화}와의 차이를 설명해야 하는 번거로움이 있다. 또한 {문화차이}, {문화체험}, {문화충격}은 {문화}를 어근으로 삼고 확장된 어휘란 점에서 또 다른 기준이 적용된 결과임을 보여준다. 또한 {접하다}, {받아들이다}의 경우 {문화}와 공기관계를 형성하는 어휘라는 점에서 하의어라 할 수 없으며 다른 어휘들과 비교할 때 제시된 기준이 명확하지 않다. 이처럼 〈그림 16-5〉는 어휘의 설명을 위해 어휘망을 활용했으나 통일된 기준으로 구성된 것은 아니며 교재를 구성한 연구자들의 직관으로 어휘가 제시된 것 같은 주관적인 분류 결과를 보이는 탓에 효과적인 학습 적용에 한계가 있다. 이는 어휘망을 효과적으로 활용하지 못한 예라고 할 수 있으며 각각의 양상에 달리 적용되는 불필요한 규칙과 관련 어휘망이 형성하게 된 과정에 대한 추가적인 설명이 필요하다. 이는 어휘망의 활용이 어휘교육을 더욱 힘들게 할 수도 있음을 보여주는 예라고 할 수 있다.

16.21 한국어 교육에서 관형사형 어미

한국어 교육에서 '관형사형 어미'는 학습된 이후부터 전 과정에서 다양한 문형에 확장·사용된다는 점에서 중요도가 높은 문형이기에 정확한 학습이 필요하다.

> (21) 초급에서 관형어 제시
> ㈀ 동사+는 + 명사 : [현재]
> ㈁ 동사+은/ㄴ +명사 : [과거]
> ㈂ 동사+을/ㄹ + 명사 : [미래]
> ㈃ 형용사+은/ㄴ +명사
> ㈄ 명사+인(일)+명사

관형사형 어미는 그와 결합하는 단어의 품사에 따라 (21)과 같이 활용된다. 이때 동사는 시제에 따라 각기 달리 활용되는 형태가 존재하기에 정확한 구분이 필요하다. 또한 이런 관형사형 어미를 중심으로 확장된 문형이 고급에서도 제시된다는 점에서 기본양상에 대한 정확한 학습은 매우 중요하다고 할 수 있다.

> (22) 동사의 활용
> ㈀ (어제) 주영 씨가 **간** 식당은 유명한 맛집이다.
> ㈁ (지금) 주영씨가 **가는** 식당은 유명한 맛집이다.
> ㈂ (이따가) 주영씨가 **갈** 식당은 유명한 맛집이다.

일반적으로 동사의 시제는 (22)와 같이 적용할 수 있다. 단어의 품사를 확인하고 '동사'일 경우 (22)처럼 [과거], [현재], [미래]의 시제에 맞춰 활용하면 된다. 또한 그에 따라 {어제}, {지금}, {이따가}와 같은 단어가 제외되어도 [과거], [현재], [미래]의 의미 파악이 가능한 것은 관형사형으로 활용된 각각의 형태에서 인지할 수 있는 중요한 특징임을 초급에서 명확히 제시하여 활용되는 형태뿐만 아니라 시제도 정확하게 학습할 수 있도록 돕는다. 특히 다음과 같이 중급 이후의 문형에서 제시되는 일부 문형은 매우 복잡한 형태로 사용되어 정확한 사용이 쉽지 않기에 초급부터 정확한 사용에 초점들 둔 교육은 매우 중요하다.

(23) ㈀ 수업이 끝나고 **가는** 곳이 어디예요?

수업이 끝나고 **갈** 곳이 어디예요?

㈁ 영수가 지금 도서관에서 공부**하는** 줄은 상상도 못했어요.

영수가 지금 도서관에서 공부**할** 줄은 상상도 못 했어요.

㈀에서 {가는}은 [미래]의 의미를 가진 {갈}과 치환이 가능하다. 즉 [현재]뿐만 아니라 [미래]의 시제를 나타낼 때에도 사용될 수 있다. 뿐만 아니라 ㈁과 같은 문장에서 {을/ㄹ줄}은 [미래]뿐만 아니라 [현재]의 속성을 전달하기도 한다. 하지만 이는 보편적인 양상은 아니며 문장을 통해 고려해야 하는 개별적인 양상이란 점에서 관련 내용의 학습이 쉽지 않음을 보여주는 예이다.

16.22 생략과 문장

한국어에 익숙해진 학습자는 한국인들처럼 특정 양상을 생략하는 경우가 많다. 이중에서는 실제 언어생활에서 사용되는 양상에 초점을 맞춘다면 비문이라고 할 수 없을 만큼 자연스러운 생략도 존재한다. 하지만 학습자들에게서 나타나는 '생략'을 모국어 화자들에게서 나타나는 '자연스러운 현상'으로 여겨서는 안 된다.

어떤 학습자는 의도하지 않은 상태에서 자신의 실수만으로 생략과 관련된 양상이 나타났을 수도 있고 생략이 가능한 상황을 이해하지 못하고 단순히 흉내만 냈을 경우도 있을 것이다. 하지만 모국어 화자는 모든 상황에서 생략이 자연스러운 것은 아니며 충분한 정보를 전달했다고 여겨지는 문형, 어휘의 생략만이 가능한 것을 알고 있기에 대화가 진행되는 상황에서 생략을 자연스럽게 사용할 수 있는 것이다. 반면 이런 과정을 인지하지 못한 상황에서 나타나는 결과라면 충분한 정보를 전달하지 않아 지속적인 대화를 방해할 요소가 될 수도 있단 점에서 학습자에게서 나타나는 '생략'을 결과만으로 판단해서는 안 되며 교사는 이를 명심해야 한다. 이에 교사는 학습자가 특정 문형을 생략한 정확한 문장을 발화했을지라도 '생략'을 한 이유와 그렇게 표현한 과정에서 충분한 정보를 인지하고 있는지에 대한 질문을 통해 '생략'의 적절성을 판단해야 할 것이다.

16.23 한국어 교육에서 주의점: {아요/어요/여요}

종결어미로 사용되는 {아요/어요/여요}는 문장에 따라서 '평서문, 의문문, 명령문, 청유문'의 기능을 모두 담당한다. 뿐만 아니라 부사를 적절히 사용할 경우 '감탄문'으로 활용도 가능하다. 이처럼 다양한 문장을 실현시키는 성격 때문에 학습자는 실제 문장에서 활용된 문장을 통해 언어 사용자의 의도를 우선적으로 파악하는 것이 원활한 대화를 가능할 수 있게 돕는 첫 시작임을 인지해야 한다.

> (24) {아요/어요/여요}의 종결표현
>
> ㉠ 오늘은 영수가 조용해요.
>
> ㉡ 영수가 조용해요?
>
> ㉢ 영수 씨, 조용해요.
>
> ㉣ 우리 너무 시끄러워요, 우리 조용해요.
>
> ㉤ 영수 씨, 정말 조용해요.

(24)처럼 {아요/어요/여요}는 평서문, 의문문, 명령문, 청유문, 감탄문을 모두 실현하는 어미로 사용할 수 있다. 특히 ㉢의 [명령], ㉣의 [청유]와 같은 문형은 청자의 적절한 반응이 필요하기에 이를 정확하게 파악하는 능력은 적절한 대화의 진행에 아주 중요한 요소가 된다고 할 수 있다. 하지만 학습자는 특정 문형을 통해서만 이런 양상이 실현되는 것으로 잘못 인지하는 경우가 많고 (24)와 같

은 다양한 성격의 문장으로 활용이 가능한 것을 알지 못하는 경우가 있다. 그런 탓에 문장에 맞는 적절한 반응을 보이지 못하는 오류가 나타날 수 있다는 점을 주의해야 한다.

16.24 형용사와 결합이 가능한 {말다}

보통 {말다}는 특정 행위를 금지시키는 부정의 표현으로 흔히 동사와의 결합에 초점을 둔 수업이 진행된다. 하지만 다음과 같은 일부 형용사와도 결합이 가능한 예외적인 양상도 존재하기에 주의가 필요하다.

(25) ㉠ 영수 씨, 아프지 말아요.

㉡ 미선 씨, 모든 사람에게 친절하지 마세요.

(25)처럼 형용사 {아프다}, {친절하다}는 {말다}의 결합이 가능하다. 또한 {너무 예쁘지 마요}, {너무 똑똑하지 마세요}와 같은 표현이 가능한 탓에 학습자는 모든 형용사와 {말다}의 결합이 가능한 것으로 잘못 인식하는 경우도 있다. 하지만 {비싸지 마세요}, {너무 춥지 마세요}, {너무 맵지 마세요}처럼 대부분의 형용사는 {말다}와 결합이 어색하기에 이를 관용적인 양상으로 설정해야 한다. 학습자에게 제시하는 규칙은 보편성이 중요한데 {말다}와 결합이 가능한 형용사는 제한적이기 때문이다.

(26) '안'부정과 '말다'부정의 치환

　　(ㄱ) 혼자 가지 않기를 바래요.[189]/ 혼자 가지 말기를 바래요.

　　(ㄴ) 거짓말 하지 않기를 바래요./ 거짓말하지 말기를 바래요.

　　(ㄷ) 슬퍼하지 않기를 원해요./ 슬퍼하지 말기를 바래요.

　　또한 일부 어휘의 경우 (26)처럼 {안} 부정과 {말다} 부정의 치환이 가능한 경우가 있다. 고영근·구본관(2011: 343)은 {희망하다}, {바라다}, {원하다}와 같은 동사는 {안}과 {말다}가 치환이 가능한 관계임을 언급했다. 하지만 이 또한 특수한 상황으로 제한적이라는 점에서 학습에 초점을 맞춰서는 안 된다. 전형적이며 보편적인 특징만을 수업에 활용해야 하며 관용적인 양상으로 나타나는 개별적인 사용은 특수한 예외 사항으로 설정하는 것이 규칙을 적용한 학습에 활용될 수 있기 때문이다.

16.25 상거래 행위에서 나타나는 높임법

　　손춘섭(2010)은 상거래 행위가 진행되는 공간에서 특정 호칭어를 의도적으로 선택하여 상대방의 체면을 유지하려는 전략을 사용한다고 언급한 바 있다. 이처럼 상거래 행위가 진행되는 공간은 상대

---

189 {바라요}가 어법상 바른 표현이나 실제 언어생활에서 그 표현이 모국어 화자에게 자연스럽고 활발하게 사용되지 않고 {바래요}가 더욱 자연스럽게 사용된다는 점에서 {바래요}를 사용하도록 한다.

방에게 높임의 속성을 전달하기 위한 내용에 초점을 맞추는 탓에 특정 전략이 선택되는데 이런 이유로 다음과 같이 높임법의 규칙에서 어긋난 표현들이 자연스럽게 사용되고 있다.

> (27) ㄱ 커피가 뜨거우시니까 조심하세요.
>
> ㄴ 고객님, 옷이 좀 크시니까 제가 봐 드릴게요.
>
> ㄷ 이 제품은 조금 비싸시니까 비슷한 제품으로 안내해 드릴게요.

일반적으로 높임법은 [사람]에게 사용하는 것을 기본 원칙으로 삼는다. 하지만 (27)은 [-사람]인 {커피}, {옷}, {제품}에 높임법이 적용된 예이다. 이는 현재 문법체계에서 어긋난 양상으로 언론에서도 이러한 극존칭의 사용을 제한해야 함을 언급하고 있다. 하지만 이러한 표현은 상거래 행위가 이뤄지고 '서비스'를 중요하게 여기는 직종에서 매우 활발하게 사용되고 있고 학습자들은 이런 상황에 노출되는 빈도가 높은 탓에 (27)과 같은 비문법적인 용법을 익숙하게 인지하고 있다.

16.26 높임법 실현의 대상

한국어 교육에서 높임법은 {할머니}, {할아버지}, {아버지}, {어머니}, {선생님}, {교수님}, {사장님} 등의 대상을 제시하고 적절한 문형을 선택하는 방법으로 교육이 진행된다.

하지만 실제 언어생활에서 '높임법'이 실현될 때 고려해야 하는 대상은 더욱 다양하다. 가령 [연령]이 낮아도 [직위]를 중심으로 '높임법'이 실현되는 것이 한국어의 특징이기 때문이다. 하지만 초급 이후의 과정에서는 '높임법'의 실현에 초점을 맞추지 않아 실제 언어생활에서 높임법이 실현되는 구체적인 양상에 대한 추가적인 교육이 진행되지 않기 때문에 높임법의 적절한 사용에 오류가 많이 나타난다. 또한 상대방의 체면을 유지하는 중요한 역할을 담당하기에 정확한 사용을 위한 지속적인 교육이 필요하다.

(28) 높임법의 실현 양상

　　(ㄱ) [±친밀]을 중심으로 선택한다.

　　(ㄴ) [공적인 말하기], [사적인 말하기]를 중심으로 선택한다.

한국어에서 높임법의 실현은 [연령], [직위]보다는 [±친밀]을 공유한 정도를 기준으로 삼는 것이 더 적절하다. 현대 언어생활에서 모국어 화자의 나이가 어려도 [-친밀]의 관계라면 높임법을 실현해야 상대방에게 부정적인 속성을 전달하지 않기 때문이다. 이에 [친밀]을 기준으로 [-친밀]의 속성을 가진 대상에게는 높임법을 실현하고 [친밀]의 속성을 공유하여 '반말'의 사용을 허락받은 대상이라면 [연령], [직위]와 관계없이 높임법을 실현할 필요가 없음을 전달할 수 있다. 또한 [공식성]의 속성을 가진 대화의 상황에서는 [친밀]의 공유와 관계없이 높임법을 실현해야 함을 추가로 알려서 '사적인 말하기'의 상황과 다른 양상으로 높임법이 실현되어야 하는 것을 알리고 그 특징에 맞춰 실제 언어생활에서 사용되는 다양한 양상을 고려한 수업에 초점을 맞춰야 할 것이다.

16.27 {하다}와 {되다}의 사용

{되다}는 다음과 같이 피동의 개념을 가진 문장을 만들 수 있다.

(29) {되다}이 사전의미

　(ㄱ) '피동'의 뜻을 더하고 동사를 만드는 접미사.

　　예) 가결되다, 사용되다, 형성되다.

　(ㄴ) 형용사를 만드는 접미사.

　　예) 거짓되다, 참되다, 어중되다.

(ㄱ)처럼 {되다}는 피동사를 만들 수 있고 이를 활용해 피동의 개념을 가진 문장에 활용된다. 또한 {하다}로 확장된 다음과 같은 어휘를 통해 의미 차이를 제시할 수 있다.

〈표 16-9〉 {하다} · {되다}의 확장 어휘소

	하다	되다
(ㄱ)	시작하다, 승인하다	시작되다, 승인되다
(ㄴ)	걱정하다, 증가하다, 감소하다, 축소하다	걱정되다, 증가되다, 감소되다, 축소되다

표 (ㄱ)의 {시작하다}, {승인하다}, {시작되다}, {승인되다}는 [능동]과 [피동]의 의미 구분이 비교적 명확하다.

(30) (ㄱ) 선생님이 수업을 시작했어요.
　　　→ 선생님이 와서 수업이 시작됐어요.
　　(ㄴ) 사장님이 이번 프로젝트를 승인하셨어요.
　　　→ 우리 팀의 프로젝트가 승인됐어요.

(ㄱ)처럼 {수업이 시작하다}는 '교사'의 능동적인 행위가 반영된 결과이며 {시작되다}는 그러한 행위로 동반된 결과라는 점에서 피동의 의미를 나타낸다. 이는 (ㄴ)의 {승인하다}와 {승인되다}의 관계를 통해서도 관련 양상을 파악할 수 있어 이들 어휘만을 사용하는 경우에는 {하다}, {되다}의 설명이 비교적 쉽게 진행될 수 있을 것이다. 하지만 다음과 같은 {하다}와 {되다}의 확장어휘는 사용 양상이 유사한 탓에 [능동], [피동]의 의미 구분하기가 쉽지 않다. 실제로 고영근·구본관(2011: 352)는 {걱정되다}뿐만 아니라 {걱정하다} 또한 피동적인 의미가 나타남을 언급했고 「표준국어대사전」의 어휘정보에서도 이를 정확하게 구분을 짓지 못할 만큼 유사한 양상으로 정리되어 있기 때문이다.

(31) 어휘정보
　　(ㄱ) {걱정하다}: 안심이 되지 않아 속을 태우다.
　　(ㄴ) {걱정되다}: 안심이 되지 않아 속이 타다.

ⓒ {증가하다}: 양이나 수치가 늘다.

ⓓ {증가되다}: 양이나 수치가 늘다.

(31)과 같은 {걱정하다}, {걱정되다}, {증가하다}, {증가되다}의 사전 정보만으로는 [능동]과 [피동]의 개념을 인지하기가 쉽지 않다. 가령 "전 시험이 걱정돼서 잠을 잘 수가 없어요"와 같은 문장은 [걱정]의 주체가 분명히 존재하는 탓에 외국인 학습자들이 [피동]의 개념을 인지하기가 쉽지 않다. 또한 {증가하다}의 경우 {증가되다}와 대부분의 문장에서 치환이 자연스럽단 점에서 [능동]과 [피동]의 개념을 {하다}, {되다}의 결합만으로 설명할 수 없게 한다.[190] 이러한 내용은 [능동]과 [피동]의 개념을 특정 문형만으로 정확하게 구분할 수 없다는 것을 보여준다. 이에 능동문과 피동문에 대한 개념은 학습자들에게 매우 혼란스럽고 많은 비문을 만들 수 있단 점을 명심하고 어휘의 개별적인 양상에 초점을 두고 능동문, 피동문을 만드는 연습을 각각 실현하는 방법이 가장 효과적이라 할 수 있다.

---

[190] 토픽 쓰기 시험에서 중요하게 사용되는 어휘인 탓에 중급 이상의 학습자들에게 노출된 빈도가 높다. 또한 {되다}와 {하다}의 개념을 구분하기 힘든 유사성을 가진 탓에 학습자들에게 큰 혼란을 주게 된다.

참고문헌

강범모(2013) 남성과 여성 발화의 어휘적 차이―코퍼스 기반의 남녀 판별 연구. 한국어학 58.

고영근·구본관(2011) 「우리말 문법론」, 집문당.

김광순(2015) 친족어의 호칭어로서 확장 사용 양상, 한국어의미학 48.

김광순(2017) 「한국어 친족어의 의미 연구」. 박문사.

김광순(2019) 색채어 {검다}, {까맣다}의 사용 양상과 의미 유형, 담화와 인지 제26권 3호.

김광순(2020) 색채어 {빨갛다}의 용법과 의미, 언어 제45권 1호.

김광순(2020) 친족어 {아버지}·{어머니}의 사용 양상, 담화와 인지 제27권 3호.

김광해(2004) 「국어 어휘론 개설」, 집문당.

김미형(2000) 국어 완곡 표현의 유형과 언어 심리 연구, 한말연구 7집.

김진해(2010) 관용표현 연구의 새로운 쟁점, 한국어학 49.

김한샘(2003) 자연언어처리를 위한 관용표현 연구, 한국어의미학 13.

김홍석(2008) 국어 어휘 범주의 완곡어(婉曲語) 고찰, 한국어문교육 19.

민현식(1995) "국어의 여성어 연구," 아세아여성연구 34.

박진호(2003) 관용표현의 통사론과 의미론, 국어학회 41.

손춘섭(2010) 현대국어 호칭어의 유형과 특성에 대한 연구, 한국어 의미학 33.

신현숙(2014)「문법과 문법교육론」, 푸른사상.

우형식(2003) 한국어 교재의 단원 구성요소, 우리말연구 13.

유경민(2010) '구체명사+하다':통사 구성의 어휘화 과정, 국어국문학 156.

유현경(1998)「국어 형용사 연구」, 한국문화사.

윤평현(2009)「국어의미론」, 역락.

이금희(2017) 한국어에 나타나는 문법화와 어휘화 현상에 대하여, 국어학 81.

이민우(2012) 유의어 동사 '놓다'와 '두다'의 사용 양상 비교 분석, 어문논집 51.

이정택(2012) 품사분류와 품사의 통용, 인문논총 24.

이정택(2013) 농촌에 거주하는 결혼 여성을 위한 한국어교육, 인문논총 26.

임지룡(2003)「국어 의미론」, 탑출판사.

임지룡(2007)「인지의미론」, 탑출판사.

임지룡 · 김령환(2013) 어순에 반영된 인지적 특성, 한글 300.

전나영 외 9(2009)「한국어교수법의 실제」, 연세대학교 출판부.

국립국어원「표준국어대사전」

국립국어원「한국어 어문규정」

찾아보기